PRÉMIO
DR. JOÃO LOPES CARDOSO

Trabalhos premiados

I

CONSELHO DISTRITAL DO PORTO
DA ORDEM DOS ADVOGADOS

PRÉMIO
DR. JOÃO LOPES CARDOSO

Trabalhos premiados

I

ALMEDINA
2002

TÍTULO:	PRÉMIO DR. JOÃO LOPES CARDOSO
EDITOR:	LIVRARIA ALMEDINA – COIMBRA www.almedina.net
LIVRARIAS:	LIVRARIA ALMEDINA ARCO DE ALMEDINA, 15 TELEF. 239851900 FAX 239851901 3004-509 COIMBRA – PORTUGAL livraria@almedina.net
	LIVRARIA ALMEDINA ARRÁBIDA SHOPPING, LOJA 158 PRACETA HENRIQUE MOREIRA AFURADA 4400-475 V. N. GAIA – PORTUGAL arrabida@almedina.net
	LIVRARIA ALMEDINA – PORTO R. DE CEUTA, 79 TELEF. 222059773 FAX 222039497 4050-191 PORTO – PORTUGAL porto@almedina.net
	EDIÇÕES GLOBO, LDA. R. S. FILIPE NERY, 37-A (AO RATO) TELEF. 213857619 FAX 213844661 1250-225 LISBOA – PORTUGAL globo@almedina.net
	LIVRARIA ALMEDINA ATRIUM SALDANHA LOJAS 71 A 74 PRAÇA DUQUE DE SALDANHA, 1 TELEF. 213712690 atrium@almedina.net
	LIVRARIA ALMEDINA – BRAGA CAMPUS DE GUALTAR UNIVERSIDADE DO MINHO 4700-320 BRAGA TELEF. 253678822 braga@almedina.net
EXECUÇÃO GRÁFICA:	G.C. – GRÁFICA DE COIMBRA, LDA. PALHEIRA – ASSAFARGE 3001-453 COIMBRA E-mail: producao@graficadecoimbra.pt
	NOVEMBRO, 2002
DEPÓSITO LEGAL:	187611/02

Toda a reprodução desta obra, por fotocópia ou outro qualquer processo, sem prévia autorização escrita do Editor, é ilícita e passível de procedimento judicial contra o infractor.

NOTA DE ABERTURA

O Prémio Dr. João Lopes Cardoso, instituído em homenagem a este insigne Advogado portuense, pelo Conselho Distrital do Porto da Ordem dos Advogados, é atribuído ao melhor dos trabalhos apresentados pelos Advogados Estagiários no final do estágio.

Entendeu o Conselho Distrital que, sem desprimor para outros trabalhos que, porventura, também mereciam publicação, os que foram galardoados com o Prémio Dr. Lopes Cardoso poderão enriquecer as bibliotecas jurídicas, por constituirem estudos muito válidos dos diversos temas tratados.

Aos autores dos trabalhos agradece o Conselho Distrital do Porto da Ordem dos Advogados a autorização que lhe concederam para que fosse possível esta publicação.

À Livraria Almedina agradece também o Conselho o ter permitido levá-la a cabo, continuando o seu notável empenho na produção editorial jurídica nacional.

Orlando Guedes da Costa
Presidente do Conselho Distrital do Porto
da Ordem dos Advogados

NOTA BIBLIOGRÁFICA

O DR. JOÃO ANTÓNIO LOPES CARDOSO, de seu nome completo João António de Castro Pereira Lopes Cardoso, nasceu no Porto em 25 de Março de 1910, filho do Conselheiro Dr. Artur Alberto Camacho Lopes Cardoso e da Sr.ª D. Adelaide de Castro Pereira Lopes Cardoso, integrado numa já tradicional família com várias gerações de juristas. Licenciado em Direito pela Faculdade de Direito de Lisboa em 1930, iniciou a sua actividade profissional como Conservador do Registo Predial em Miranda do Douro, a que se seguiu brilhante carreira judicial como magistrado do Ministério Público, até atingir um dos três lugares na época de Procurador da República, colocado junto do Tribunal da Relação do Porto, tinha então 31 anos, situação impar nessa altura. Por razões de hombridade política demitiu-se do seu prestigiado cargo em 8-7-1944 e abraçou a Advocacia, a que passou desde então a dedicar-se intensamente com escritório na cidade do Porto e mais tarde, já em 1973, na cidade de Gaia, cidade esta onde residiu desde o ano em que deixou a Procuradoria da República. Tendo feito parte da Comissão Revisora do Código de Processo Civil de 1939, veio a publicar pouco tempo depois a sua primeira obra de referência «Processo de Inventário», cuja edição se esgotou em seis meses. Desenvolvendo o mesmo tema até à exaustão, publicou de seguida a obra em dois volumes «Partilhas Judiciais», primeira edição a que se seguiram mais três edições em três volumes, a última das quais quando o autor já tinha oitenta anos de idade. Durante quatro mandatos foi membro do Conselho Superior da Ordem os Advogados, sendo os seus acórdãos doutrinais, alguns deles publicados, reputados como exemplares. Advogado muito prestigiado, eram nele referenciadas em similitude as qualidades do barrista e de jurisconsulto, sob uma moldura deontológica e Ihaneza de trato por todos reconhecida. Trabalhou indefectivelmente até ao fim dos seus dias, sem perda intelectual, quando, tendo intervindo em Tribunal na véspera, foi surpreendido pela morte ia fazer oitenta e seis anos.

Advocacia a cores

Mariana Albuquerque de Oliveira

Eis o magno, o dramático problema! Qual é a medida e o alcance da ética na nossa profissão? Até que ponto a nossa liberdade de opinião e de consciência está vinculada a esses imperativos definidos, sem designação nem sanção, e que, não obstante, são o eixo do mundo?

Angel Ossorio e Gallardo

I. INTRODUÇÃO

O tema é controverso. Opiniões, há-as para todos os gostos. No campo do direito comparado, há previsões de todos os tipos, desde as que proíbem, pura e simplesmente, a publicidade, até às que, em nome da liberdade de expressão, julgam inadmissível qualquer proibição. Nos mais variados países, assalta-nos a realidade a que a proibição ou a permissão levaram – concorrência desleal de outro tipo de actividades, para alguns; espaços indefinidos que podem ou não caber na previsão legal; a actividade profissional pintada como uma montra de saldos, em que só falta proclamar *"pague um contrato e leve de bónus a alteração"*, ou *"dois divórcios pelo preço de um"*.

Na época actual, em que a Advocacia enquanto profissão nos surge como tentando dar o passo derradeiro para a sua dignificação, em que muitos valores ficaram já pelo caminho, em que os preceitos deontológicos começam a ser considerados por alguns como regras absurdas e sem sentido, o problema é, sem dúvida, pertinente [1]. Até porque, no caminho

---

[1] Veja-se, a este propósito, as conclusões do III Congresso dos Advogados Portugueses.

para a tão falada *"dignificação"*, que se traduz no anúncio de uma dignidade que pode deixar de ser acreditada, rota obrigatória se torna a discussão do tema.

II. PUBLICIDADE NO NOSSO ORDENAMENTO

> *"É lícito proclamar "Eu vendo bom café", mas é inadmissível anunciar "Eu tenho talento e sou honrado". Quem se atravesse a fazê-lo demonstraria absoluta carência dos dotes mais delicados e indispensáveis da psicologia forense."*
>
> Angel Ossorio y Gallardo, "A alma da toga", Coimbra Editora, 1956, p. 66.

A. A PUBLICIDADE

Considera-se publicidade *"qualquer forma de comunicação feita por entidades de natureza pública ou privada, no âmbito de uma actividade comercial, industrial, artesanal ou liberal, com o objectivo directo ou indirecto de*
a) promover, com vista à sua comercialização ou alienação, quaisquer bens ou serviços;
b) promover ideias, princípios, iniciativas ou instituições"
(Cfr. n.º 1 do art. 1.º do Código da Publicidade).
A publicidade é uma forma de comunicação – *"transmissão intencional de informação por meio de um sistema de sinais"* [2], havendo ainda quem defenda que a mensagem publicitária se deve limitar àquele tipo de mensagens que tem como conteúdo a actividade económica.
A publicidade como um processo visa, enfim, dirigir-se ao público numa tentativa de personalização, como forma de facilitar o contacto e chamar a atenção dos consumidores com o objectivo final de promoção de bens ou serviços.

---

[2] Lyons, "Semântica" – 1, 1977, p. 38.

B. O art. 80.º DO ESTATUTO

Os n.ᵒˢ 1 e 2 do art. 80.º do Estatuto da Ordem dos Advogados assim dispõe:

"*1. É vedada ao Advogado toda a espécie de reclamo por circulares, anúncios, meios de comunicação social ou qualquer outra forma, directa ou indirecta, de publicidade profissional, designadamente divulgando o nome dos seus clientes.*

2. Os Advogados não devem fomentar, nem autorizar, notícias referentes a causas judiciais ou outras questões profissionais a si confiadas."

É, logo em seguida, feita a enumeração de menções que podem ser utilizadas e não constituem formas de publicidade, como a indicação de títulos académicos, a menção de cargos exercidos na Ordem dos Advogados, a referência à sociedade civil profissional de que o Advogado seja sócio, o uso de tabuletas no exterior dos escritórios, a inserção de meros anúncios nos jornais e a utilização de cartões de visita ou papel de carta, desde que com a simples menção do nome do Advogado, endereço do escritório e horário de expediente.

Nas publicações específicas dos Advogados é ainda lícito inserir-se o *curriculum vitae* académico e profissional, bem como uma eventual referência à especialização, se previamente reconhecida pela Ordem (cfr. n.º 5 do referido artigo).

É, assim, proibido qualquer espécie de expediente que se destine a promover o Advogado, com o fim de angariação de clientes, que, de resto, sempre se enquadraria na proibição contida no art. 78.º do Estatuto da Ordem dos Advogados.

Neste ponto, vai o sistema português claramente contra a actual tendência europeia, em que o crescente número de países que optam por uma postura permissiva e liberal neste campo (Reino Unido, Dinamarca, Holanda, Áustria, Bélgica, Finlândia, Alemanha, Irlanda, Noruega e Suécia) é claramente superior àqueles em que é proibida. Portugal mantém-se no pequeno grupo de países "resistentes" a tal vaga, juntamente com França, Espanha, Itália, Grécia e Chipre.

É de realçar ainda que o presente artigo trata apenas a publicidade individual, e não a colectiva. Muitos são de opinião que a publicidade colectiva é, não apenas favorável, mas indispensável. A Ordem dos Advogados terá, não o direito, mas o dever de dar a conhecer a profissão e as suas possibilidades, bem como de informar o público por todos os meios [3].

---

[3] Veja-se, por exemplo, o art. 30.º do Réglement du Barreau de Versailles, que assim

III. PUBLICIDADE – PORQUE NÃO?

"Todas as misérias e grandezas da alma humana se confiam à sabedoria e probidade moral do advogado, à sua ciência e responsabilidade".

Eduardo de Melo Lucas Coelho, ROA, ano 53, p. 191.

Como vimos, está vedada ao Advogado toda a espécie de reclame por meios de comunicação social, não devendo o mesmo fomentar nem autorizar notícias referentes a causas judiciais que lhe estejam confiadas.

Mais e mais razões surgem actualmente a favor da permissão da publicidade, e cada vez mais os defensores da tese oposta só vislumbram duas razões, que são erguidas, no entanto, com a mesma convicção de sempre:

- o fim social e de interesse público da Advocacia, por um lado;
- a independência e dignidade da profissão, por outro.

São comuns afirmações do tipo daquelas proferidas por MAURITS VAN DEM WALL BLAKE, Advogado holandês, que, na palestra "Lawyers in Europe" se interrogou:

"Porque diabo não devem ter os advogados direito a fazer o que os outros profissionais comparáveis na área dos serviços podem fazer livremente – tornarem-se, a si próprios e ao que são capazes de fazer, conhecidos do público? Não estarão as razões para a proibição da publicidade obsoletas?"

Numa tentativa de resposta a estas duas questões, será de analisar os fundamentos esgrimidos a favor da proibição, ou seja, a Advocacia como profissão de interesse público e a dignidade da profissão.

a) *A Advocacia como profissão de interesse público*

Um dos fins essenciais do Estado é o da realização do Direito, consagrado no art. 9.º da Constituição da República Portuguesa. Com efeito,

---

dispõe: "a publicidade funcional é exclusivamente confiada à Ordem dos Advogados, e não aos seus membros agindo individualmente (...)". Neste sentido, vd. ainda a decisão do Tribunal Correccional de Lyon, no sentido de lembrar a necessidade de uma publicidade funcional da Ordem, a fim de assegurar ao público o conhecimento da natureza da prestação dos serviços do Advogado no exercício da sua profissão, e da Ordem dos Advogados em geral. Esta ideia surge como corolário da existência de um "monopólio da defesa" reconhecido por lei aos Advogados (Tribunal Lyon, 9MAI80, Gaz. Pal., 1980.2.526).

e como *"tarefa fundamental do Estado"*, surge a garantia dos direitos e liberdades fundamentais e o respeito pelos princípios do Estado de Direito democrático.

Duas profissões são, por excelência, realizadoras de tal fim – a Magistratura e a Advocacia, em diálogo em busca da Justiça. A primeira, tendo por missão aplicar o direito; a segunda, assegurar o correcto exercício de tal missão, pondo a descoberto a verdade dos factos [4].

O Advogado é, assim, uma pedra basilar no sistema de garantia e protecção dos direitos fundamentais – é ele que constrói a realidade dessa tarefa primordial do Estado no dia a dia – é ele o possuidor do mais directo contacto com a realidade da aplicação do Direito.

É ele, além disso, que detém o monopólio da assistência e representação das partes em juízo (cfr. art. 53.º do n.º 1 do EOA).

A Advocacia é a profissão da luta pela Justiça. Alimenta-se da eterna tensão entre o justo e o injusto, da verdade e a sua defesa.

Surge-nos o Advogado como servidor da Justiça e do Direito, como o eterno defensor dos princípios basilares *"honeste vivere, alterum non laedere, suum cuique tribuere"*. E servir o Direito é *"contribuir, através de uma acção criadora, para a manifestação dos conteúdos jurídicos e o desenvolvimento do direito"*[5].

Como profissão de interesse público, ou o *"exercício privado de funções públicas"*, a Advocacia não se mostra compatível com a publicidade, ou pelo menos com uma ideia de "comercialização", subjacente a toda a filosofia do marketing, tal como a existência de "concorrentes", de rivalidades, de angariação de clientela, de "venda" de serviços-tipo a preços pré-fixados. É impensável a utilização desse expediente para "promover serviços"[6].

A profissão de Advogado, neste contexto, insere-se num plano mais elevado do que aquele que está reservado à maior parte das profissões. E não se diga que tal distanciamento é puramente artificial ou o desejo de uma classe elitista, que se eleva a si própria numa tentativa desesperada de reconhecimento. Tal distanciamento advém, pelo contrário, do próprio papel do Advogado enquanto servidor da Justiça e defensor da Verdade.

---

[4] Sobre este tema, relações dos Advogados com os Magistrados, vd. os relatórios e comunicações do Terceiro Congresso dos Advogados Portugueses, Porto, 1990.

[5] ALBERTO LUIS, "A Advocacia como profissão de interesse público", comunicação no III Congresso dos Advogados Portugueses.

[6] Mais uma vez, é de cfr. o art. 1.º do Código da Publicidade.

b) *Dignidade da Profissão*

> *"Convém ao Advogado a severidade. É severa a sua toga: negra, uniforme, igual. Se ao orador das grandes reuniões políticas, religiosas ou sociais, ficam bem os adereços amplos e ostentadores, ao Advogado, cujo verdadeiro auditório é o Juiz ou o Tribunal, convém os simples."*

> Jose Maria Martinez Val, "Abocacia e Abogados", Bacelona, 1991

Não é uma palavra oca, nem tão-pouco sem sentido.

A dignidade de que se fala, que caracteriza o Advogado no exercício da sua profissão e fora dela, obriga-o a evitar todo o tipo de comportamentos ou situações que possam abalar o respeito que deve inspirar em seu redor.

A dignidade, e outros valores seus satélites, tais como a simplicidade, a probidade e a severidade, constroem uma barreira de moralidade em que o Advogado permanece inatingível perante todo o tipo de interesses, daí resultando a sua independência.

Já desde o séc. III a.c., na Suméria, que a actividade do Advogado nos surge sempre como uma actividade de sábios, que podiam aconselhar – a troco de nada – quem necessitasse da sua ajuda para se defender perante autoridades ou tribunais. O Antigo Testamento fala de igual tradição entre os Hebreus. Na Grécia, era actividade de cidadãos livres e selectos. Em Roma, dos patrícios ricos e poderosos.

Desde sempre, um traço une os iniciadores da profissão – a pureza de origens e de costumes. Advogar era um privilégio de cidadãos exemplares, de cavalheiros. A Advocacia era um acto privado, que ficava fora do "património" – o cliente não tinha obrigação de pagar, nem o Advogado o direito de cobrar honorários pelos seus serviços.

São profundas as raízes da falada dignidade e "não comercialização" da profissão. O Advogado surge-nos como o sábio desligado de interesses materiais, o verdadeiro servidor da justiça.

A publicidade, à partida, poderia não interferir nesta visão do Advogado como um homem digno, severo e simples. Não é esse, porém, o resultado que nos mostram os países que adoptaram uma posição permissiva neste campo.

O poder da publicidade é muito mais forte do que possa parecer à primeira vista, e pode deitar por terra, num ápice, mercê do impacto que causa ao nível do público em geral, um complexo de valores que se criaram e preservaram ao longo de séculos. Se não, veja-se o prestígio de que goza um Advogado nos Estados Unidos, por exemplo (sempre o caso mais extremo), em que a ausência de regras básicas de comportamento e deontologia levaram à redução do Advogado à condição de autêntico "palhaço", acerca do qual se contam, diaria e ininterruptamente, anedotas em linhas telefónicas de valor acrescentado.

Há valores a preservar. E a tentativa, hoje tão falada, de "dignificação" da profissão, terá que passar pela existência de limites, de proibições que, sendo ultrapassados, conduzirão à decadência da profissão, tal como ela é hoje concebida.

A ideia de um reclame de um Advogado, ou uma Sociedade de Advogados, no espaço publicitário do intervalo de uma telenovela, entre o anúncio da lixívia e da pasta de dentes é, só por si, assustadora.

Por outro lado, verdade é que o *"auto-elogio é desprimoroso e eticamente reprovável"* [7], e *"ao Advogado convém a severidade"*. A Advocacia não é, na sua essência, uma actividade comercial.

É indiscutível que vivemos uma época de grande oferta de profissionais, e em que as actividades "sucedâneas" da Advocacia se lançam cada vez mais na propaganda mediática dos seus serviços. Mas perdendo-se a dignidade e o respeito que ainda nos assistem enquanto profissionais, então aí estará irremediavelmente perdido o crédito de que gozamos perante o cliente, o Juiz, e o público em geral.

III. OS ESPAÇOS CINZENTOS

> *"À clara dicotomia existente entre o que era publicidade (e como tal vedado aos Advogados), e o que não era (e, por conseguinte, permitido), acrescentou-se hoje uma longa faixa cinzenta de comportamentos e actos".*
>
> Alfredo Castanheira Neves, "Questões polémicas", ROA, ano 52, p. 839.

"1. Deve considerar-se como socialmente útil toda e qualquer iniciativa que vise estreitar e simplificar a relação entre a norma jurídica e o seu destinatário, designadamente através da rádio ou da televisão.

---

[7] Cfr. JORGE DE JESUS FERREIRA ALVES, "Os Advogados na Comunidade Europeia", Coimbra Editora, 1989, p. 245.

2. Não deve, por isso, sofrer qualquer reparo e deve ser apoiada pela Ordem dos Advogados a atitude dos Advogados que apoiem iniciativas de divulgação do Direito, salvaguardados que sejam os valores da independência e dignidade da profissão e o respeito pelos valores deontológicos".

Acórdão do Conselho Geral da Ordem dos Advogados de 03JUL87[8]
O Conselho Geral da Ordem dos Advogados considerou que, com a tecnicização crescente do Direito, o papel de divulgação do mesmo *"não deve ser feito por profanos, mas por quem dê sérias garantias de competência técnica"*, sendo o Advogado o jurista mais vocacionado para tal missão. Missão esta que, porém, deve ser levada a cabo sempre dentro do espírito da correcção, isenção, independência e dignidade que devem pautar a actividade do Advogado enquanto "servidor da Justiça e do Direito".

Várias questões se têm colocado a propósito de iniciativas de divulgação do Direito feita por Advogados ou Sociedades de Advogados, que se inserem, de uma maneira ou de outra, no problema da publicidade que temos vindo a tratar.

– Poderá um Advogado, ou uma Sociedade de Advogados organizar seminários ou conferências com a expressa menção da sua qualidade de sociedade promotora?

A resposta tem sido negativa. Em nome dos valores da independência, isenção, respeitabilidade e dignidade, proíbe-se a organização de seminários por parte dos Advogados e das Sociedades de Advogados.

De acordo com o parecer do Conselho Distrital do Porto da Ordem dos Advogados de 31 de Maio de 1994[9], tal promoção iria cair no âmbito do art. 80.º do Estatuto, porquanto aí se vislumbra uma clara intenção de promoção por parte das sociedades, e uma encapotada oferta de serviços. E essa intenção iria claramente contra a filosofia subjacente a toda a legislação profissional, que *"coloca a Advocacia (...) num plano mais elevado do que o mero exercício de uma actividade de prestação de serviços de carácter profissional".*

Assim sendo, não parece ser fácil articular a posição da Ordem dos Advogados neste caso com aquela relativa aos chamados "consultórios jurídicos", que nos assaltam cada vez mais na imprensa, nas rádios e na televisão.

---

[8] Publicado na ROA, ano 48, p. 620

[9] Publicado na "Revista Semestral do Conselho Distrital do Porto da Ordem dos Advogados", ano 1995, n.º 5, p. 31.

Com efeito, qualquer revista, por menor circulação que tenha, possui o seu espaço destinado às dúvidas jurídicas dos leitores, que contam experiências e colocam problemas, a maior parte das vezes omitindo dados fundamentais para uma resolução clara do caso, o que obriga a fantásticos exercícios mentais por parte daqueles que têm o pelouro de responder.

Já quanto a esses casos, é clara a posição assumida pela Ordem: *"Deve considerar-se como socialmente útil toda e qualquer iniciativa que vise estreitar e simplificar a relação entre a norma jurídica e o seu destinatário, designadamente através da rádio ou da televisão"*.

Qual a diferença, então, entre tais iniciativas que, na verdade, divulgam junto do mais comum dos cidadãos o Direito, e a organização de seminários?

O Advogado não pode ser considerado pela própria Ordem como *"um comerciante"*, totalmente irresponsável e sem qualquer outro tipo de objectivos que não o lucro.

Parece que decisões de proibição da organização de seminários vão totalmente contra o Acórdão do Conselho Geral atrás citado. Não se vê porque não se poderão enquadrar os referidos seminários na categoria de *"iniciativas que visam contribuir para o desenvolvimento da cultura jurídica"*. O Direito tem que *"ser conhecido para poder ser cumprido"*, aí começando o papel do Advogado enquanto seu servidor.

Os argumentos utilizados para esta proibição, de resto, não colhem. As Sociedades de Advogados, ou os Advogados, que visem promover iniciativas de divulgação do Direito não o poderão fazer porque, aos olhos da Ordem, nada mais visam do que a auto-promoção e a angariação de clientela. Parece, afinal, que todos os valores de que vimos falando, e que devem caracterizar o Advogado enquanto profissional – a dignidade, o respeito pela verdade, a probidade, os valores éticos que enformam a deontologia em geral – nada mais são do que palavras sem qualquer conexão com a realidade.

A considerar-se um processo de agenciamento de clientela iniciativas deste tipo, não se vislumbra como podem ser admitidos os "consultórios jurídicos" nos órgãos de comunicação social, que além de terem maior repercussão ao nível do público, conferindo maior notoriedade àqueles que nele colaboram, sempre ficarão aquém, no plano técnico, das iniciativas de organização de conferências e seminários.

Acresce que, se é permitida a intervenção de Advogados nos referidos seminários e conferências, não se vê porque não será possível a sua organização.

E não se diga que os Advogados estariam a beneficiar das intervenções dos outros, alcançando benefício pessoal, uma vez que a qualidade de "organizador" seria expressamente mencionada.

Por outro lado, os clássicos argumentos de que a "publicidade engana o público", "prejudica o bom nome da profissão", "tem efeitos negativos na qualidade dos serviços prestados", e "é contrária à ética" não se podem aplicar ao caso em apreço.

O parecer do Conselho Distrital do Porto, ao proibir a realização de seminários e conferências com base no argumento de que se enquadram na proibição de publicidade, sendo intrinsecamente artificiosas, e têm apenas como escopo a obtenção de lucros, foi demasiado rigoroso, esquecendo os princípios por que, *a priori*, se pautam os Advogados.

IV. O CASO AMERICANO

Caso paradigmático, que merece alguma reflexão, é o caso dos Estados Unidos. É, sem dúvida, o mais poderoso argumento, que fala por si só contra a excessiva permissibilidade neste campo.

Com efeito, uma rápida incursão aos meios de comunicação social, ou apenas às Páginas Amarelas, deita por terra todo e qualquer argumento que os mais convictos defensores da publicidade livre possam usar.

Desde a famosa decisão no processo "Bates v. State Bar of Arizona, 433 U.S. 350", em 1977, se considera o direito à publicidade, por parte dos profissionais da Advocacia, como um direito protegido pela First Amendent, no âmbito da liberdade de expressão.

A partir de tal "justificação", todo e qualquer excesso é permitido, e contrariá-lo seria ir contra o direito "sagrado" da liberdade de expressão.

Actualmente, as sociedades de Advogados disputam as atenções dos "media". A maior parte tem no seu quadro de pessoal peritos de relações públicas ou técnicos de marketing. Nas grandes sociedades de Advogados existe um vice-presidente para a área do marketing e um director de marketing responsável pela gestão da imagem da sociedade e pela gestão dos clientes.

Quanto às técnicas adoptadas, há-as de todos os géneros: enquanto alguns recorrem às Páginas Amarelas, outros preferem cartazes de rua ou caixas de fósforos com inscrições como *"Don't perish in jail/ Call Murphy for bail"*, além do "mailing", que se tornou já comum. A maior sociedade de Advogados americana, Baker & Mackenzie, mandou publicar um anúncio de seis páginas a cores na revista "California Lawyer Magazine". Um dos sócios explicou que lhes trouxe *"enorme projecção, que inevitavel-*

mente conduziu ao aumento do negócio" (Wall Street Journal, 17 de Setembro de 1990).

Por outro lado, anúncios de Advogados que trabalham "vinte e quatro horas por dia", "nenhum Advogado lutará mais pelos seus direitos!" e "Só ganhamos se você receber", "O Advogado que você escolher vai fazer a diferença", "protegemos os seus direitos 24 horas por dia", são comuns. Chega-se mesmo a ler, num anúncio das Páginas Amarelas:

"Se você perdeu um ente querido num desastre de automóvel, gostaríamos de o ajudar. Só ganhamos se você receber uma indemnização. Além disso, ajudamo-lo a alugar um carro, sem custos adicionais, a reparar o seu próprio carro, lidar com os telefonemas das companhias de seguros, conseguir imediato tratamento médico, além de receber tudo aquilo a que tem direito para compensar as dores e o sofrimento" – cfr. anúncio "Accident and Injury", adiante junto.

Os Advogados americanos, a coberto da liberdade de expressão, estão legitimados para fazer qualquer tipo de publicidade. Não há limites, nem sequer aqueles impostos pelo bom senso. E a classe tem vindo a sofrer, perante o público em geral, do espectáculo de alguns, que de tudo fazem para chamar a atenção de potenciais clientes.

Problemas começam a surgir com a proliferação dos gabinetes de Advogados americanos nas grandes capitais europeias. Além disso, muitas vezes os Advogados americanos, legitimando a sua actividade de consulta, juntam-se a Advogados regularmente inscritos nas Ordens locais (os chamados escritórios morcego).

V. CONCLUSÃO

O melhor marketing, ou a melhor publicidade que os Advogados, enquanto classe, poderão fazer, será o de utilizar um conjunto de princípios e estratégias que passam pelo bom atendimento ao cliente e a moralização no exercício da profissão.

Os resultados a que tem conduzido a permissão da publicidade são totalmente desincentivadores, e incapazes de afastar a profissão da crise que se avizinha, resultante do aumento de profissionais e da consequente perda de valores que tem vindo a acentuar-se.

A melhor publicidade que poderá existir a este nível é a da boa qualidade dos serviços prestados, aliada à idoneidade, moral e intelectual, dos profissionais. Soluções que passam pelo anúncio fantasioso nos meios de comunicação social, ou pelo reclame com referência a preços e ao bom atendimento são de rejeitar liminarmente.

Por outro lado, haverá que adoptar uma postura mais liberal no que toca à organização de seminários, conferências ou outras iniciativas que contribuam para a divulgação do Direito por parte dos Advogados, uma vez que tais iniciativas não poderão ser vistas, liminarmente, numa perspectiva de pura angariação de clientes, ou comercialização da profissão.

Publicidade sim, mas com limites.

"A profissão de Advogado só poderá ser exercida a contento se sempre acompanharem esse exercício uma dignidade e uma integridade moral inatingíveis. Uma vez postos em causa esses valores essenciais corre-se o risco de não se estar perante um "Advogado" mas perante um qualquer outro "comerciante do foro" que com aquele nada tem a ver. É, pois, para protecção daquela dignidade que o Estatuto proíbe aos Advogados qualquer forma de publicidade. Contudo, a protecção apriorística daquele valor só é legítima e só pretende ir até um certo ponto tido como necessário. Para lá desse ponto, a norma perde todo o seu sentido útil, tornando-se, ao invés, contraproducente. Ora, nesse sentido se dirá que a publicidade vedada aos Advogados é publicidade comercial, de tipo propagandístico, com todos os artifícios geralmente utilizados para o chamamento massivo do público. Tal é, creio eu, o bastante para assegurar a dignidade da profissão" – *ALFREDO CASTANHEIRA NEVES, loc. cit., p. 840 e 841.*

BIBLIOGRAFIA

Hamelin, Jacques e Damien, André, "Les regles de la profession d'avocat", Dalloz, 1987;

Val, Jose Maria Martinez, "Abocacia e Abogados", Bosch, Casa Editatorial, S.A., Barcelona, 1981;

Gillers, Stephen, "Regulation of Lawyers – Problems of Law and Ethics", Little, Brown and Company, U.S.A., 1992;

Costa, Orlando Guedes, "Do exercício da advocacia", Ed. Policop., 1992;

Gaspar, Alfredo, "Estatuto da Ordem dos Advogados Anotado";

"Relatórios e Comunicações do III Congresso dos Advogados Portugueses", Porto, 1990;

Alves, Jorge de Jesus Ferreira, "Os Advogados na Comunidade Europeia", Coimbra Editora, 1989.

A Deontologia profissional
e o "Direito de protesto"
de um advogado estagiário

Andrea Gonçalves

«o técnico (...) tem de conhecer não só a técnica que o distingue dos outros, mas também possuir a cultura que o une à comunidade onde vive, e compreender a civilização que o enquadra e o mundo onde existe.»

Luís M. Teixeira Pinto, Homens e Técnicos, Universidade Técnica de Lisboa, Lisboa 1967. Oração de sapiência proferida na abertura das Universidades.

I. CONFISSÃO DE FÉ

Desde muito nova decidi ser advogada. Foi uma decisão curiosa porque tomada quando ainda adolescente. Provavelmente nessa altura era apenas a expressão da ânsia de uma ordem social mais justa.

Porque, mais do que por uma profissão, eu optava por uma forma de vida, passei a preparar a minha educação em face desta decisão. Comecei a ler Filosofia, a tentar reconstruir, para perceber, o pensamento que fundamenta a civilização ocidental.

Nesta viagem pelos tempos, encontrei alguns "amigos". Eram os "homens da Liberdade".

Descobri, um dia, que um desses filósofos estava vivo, e através dos seus livros, fomos mantendo grandes conversas e criamos uma profunda relação de amizade.

Reconstruí toda a minha interpretação do mundo: deixei de ter medo de afirmar que a civilização ocidental é a melhor de todas as civilizações.

24 A deontologia profissional e o "Direito de protesto" de um advogado estagiário

Passei a acreditar no futuro como algo a construir, isto é, apaixonei-me pela ideia de *Liberdade*.

Quando há cerca de dois anos Sir Karl Popper morreu, chorei. E não obstante, não sabia ainda como era forte a necessidade que viria a sentir da sua imagem. Tenho todos os jornais, nacionais e internacionais, desse dia, guardados. O meu Mestre tinha morrido, e agora ? Nessa altura já era Advogada Estagiária, mas só na sua imagem conseguia encontrar alento, para continuar avante com a minha opção de vida.

Efectivamente, o princípio de vida de um licenciado em Direito é de molde a deixar para trás todos os sonhos. E um Advogado que perde os sonhos de Justiça e Liberdade quebra definitivamente os seus laços com a ideia de civilização, tornando-se em mero técnico de Leis. Contra isto, teria eu que reagir, sob pena de todo o esforço ter sido em vão.

Precisava naturalmente de um guia, de alguém que dissesse: Atenção, ser Advogado não é ser um técnico de prazos, é muito mais, é uma entrega à Verdade, é ajudar a construir um futuro melhor, é em suma, servir os Homens em cada acto.

Estranhamente frequentei um curso de estágio na Ordem dos Advogados, onde nada disto foi dito. Ouvi falar do regime próprio do processo do trabalho, da parte "prática" do processo penal. Adormeci em algumas aulas. Trabalhava todo o dia, fazia simultaneamente uma pós-graduação, e à noite ia para o meu "curso" de *prazos em três meses*.

O que é que se passa, Senhores Doutores ?

Porque é que ninguém nos falou da Humildade que seria necessária e do Orgulho que deveríamos sentir por nos ser dada a possibilidade de sermos Advogados?

Lamento imenso. Sei como os prazos podem ser importantes, mas de que nos servem se não compreendemos a sociedade em que vivemos?!

I.A. *Do exame eliminatório*

Depois fiz um exame escrito, eliminatório. Confesso que foi demais... Entrávamos no campo do vexame. Como era possível colegas sujeitarem colegas a semelhante situação?! Como era possível que o Estado Português o tivesse consentido?!

Não é só o art. 58.º da Constituição da República Portuguesa e a liberdade de acesso e exercício da profissão que está em causa. Julgo que a própria ideia de Estado de Direito sai, de tudo isto, muito mal tratada, visto esta implicar, sempre, que quem julga e avalie esteja imbuído de especiais prerrogativas, de molde a assegurar um total estatuto de imparcialidade, objectividade e isenção.

Este é, talvez, o único caso que eu conheço de licenciados a avaliarem e excluírem licenciados.

É verdade, estranhamente, quem avalia e examina é parte em todo o processo.

Como puderam, Senhores Doutores?

Não teremos todos nós, particulares responsabilidades no que toca à interpretação, aplicação e cumprimento das Leis e normas jurídicas?!

Não é verdade que o Exm.º Senhor Provedor de Justiça, demonstrou publicamente sérias dúvidas no que toca à constitucionalidade deste exame eliminatório?!

Porque é que a Ordem dos Advogados tomou e executou uma decisão de duvidosa constitucionalidade?

É este o exemplo que fazemos passar para a sociedade civil? Sim, se já nem os Advogados respeitam a Constituição da República Portuguesa... Esta é uma decisão de efeitos perversos na própria sociedade. Cria uma espécie de inconsciente colectivo de anomia, de desobediência legítima à Lei, pelo qual, todos nós, Senhores Doutores, somos responsáveis! Resta saber como poderemos assumir a responsabilidade por tal atitude.

E eu, Advogada Estagiária, fui obrigada a participar em tudo isto, sob pena de não poder, jamais, realizar-me profissionalmente.

Obviamente, fiz o exame, mas antes de iniciar as respostas, deixei registado o meu "veto de consciência", ao que se estava a fazer aos Advogados Estagiários, os Advogados de amanhã.

---

[1] "Só vês subir de lá um grande fervor e a poeira dourada do trabalho. E não reparas nos gestos falhados. Porque este povo debruçado sobre a obra, bem ou mal, lá vai edificando os palácios ou as cisternas ou os grandes jardins suspensos. As obras nascem-lhes como que necessariamente, do encantamento dos dedos. E eu afianço-te que elas nascem tanto daqueles que falham os gestos como daqueles que os acertam, porque tu não podes dividir o homem. Se só salvas os grandes escultores, ficas privado de grandes escultores. Ninguém cairia em escolher um ofício que desse tão poucas possibilidades de viver. O grande escultor nasce do terreno de maus escultores. Servem-lhe de degrau e são eles que o elevam. E o fervor a dançar exige que todos dancem, mesmo aqueles que dançam mal. A não ser assim, deixa de haver fervor e passa a haver apenas academia petrificada e espetáculo sem significação" – Antoine de Saint-Exupérie, *Cidadela,* Editorial Presença.

I.B. *Do argumento da qualidade*

Na base desta decisão está o argumento da Qualidade [1]: há muitos licenciados em Direito, pelo que se impõe seleccionar os "aptos" (tal como no Serviço Militar, Senhores Doutores?).

Como diria Popper, este argumento não só é antipático, como é falso. E é-o porque:

1. Quem tem legitimidade para seleccionar, numa Sociedade Tolerante, Pluralista e Aberta, é o Mercado, e não a Ordem dos Advogados que pretensamente deveria, ao invés, existir para proteger os interesses daqueles que nela se inscrevem, e não para impedir o funcionamento do Mercado de uma Sociedade que soube conquistar o seu estatuto de Democracia e Liberdade, de Maioridade como diria Kant.

2. Depois, como não há critérios objectivos fixados, para a selecção dos Formadores e dos Examinadores, para além de um conceito indeterminado de "reconhecido mérito" (quem reconhece o mérito? O Mercado não o será certamente, pois está impedido de funcionar pela própria actuação da Ordem dos Advogados. Serão pois, os jornais e os *mass media*?!), não se garante uma selecção justa e eficaz, criando-se, pelo contrário, um clima generalizado de suspeição que, ainda que sem fundamento, está instalado.

A Ordem dos Advogados, ao invés de unir, está a desunir os Advogados.

I.C. *Da neo-responsabilidade da Ordem dos Advogados*

Parece-me que a Ordem dos Advogados está também, sem disso ter uma clara noção, a assumir responsabilidades para as quais não está preparada: o Advogado Estagiário que é "aceite" como Advogado passará, daqui para a frente, a levar a "chancela" de qualidade da Ordem.

E se este colega cometer um grave erro? O prejudicado não deverá, obviamente, demandar apenas o Advogado em causa, mas também a própria Ordem dos Advogados porque esta não cumpriu a sua função: de não permitir que os menos "aptos" ou os "inaptos" cheguem ao Mercado, exercendo as funções de Advogado.

É curioso, faz quase lembrar a Responsabilidade objectiva do produtor pelo produto defeituoso!!!

V. Exas, não tinham o direito de nos colocar nesta situação. Como é possível?

II. A ORDEM DOS ADVOGADOS E A DEONTOLOGIA PROFISSIONAL;

"A PRETENSA ELITE"

Ensinaram-me na Ordem dos Advogados, que eu, como Advogada Estagiária, deveria ser independente, devendo apenas obediência à minha consciência, que deveria ser leal para com o meu cliente, que deveria ser uma parte activa na construção da Justiça,...

Pois bem, Senhores Doutores, perdoem-me a arrogância, mas julgo que já era independente, leal, honesta, antes de me ter licenciado em Direito, e era-o já, em cada um dos meus actos que pressupõe alteridade.

Como muitos não licenciados também o serão.

Na London Schooll of Economics, Karl Popper[2] dizia: "Começo, regra geral, as minhas lições sobre o Método Científico dizendo aos meus alunos que o método científico não existe. Acrescento que tenho obrigatoriamente de saber isso, tendo eu sido, durante algum tempo, pelo menos, o único professor desse inexistente assunto em toda a Comunidade Britânica.

(...) Primeiro, o meu assunto não existe porque os assuntos, em geral, não existem. Não há assuntos; não há ramos do saber – ou, melhor, da pesquisa: há somente problemas, e o impulso para os resolver. Uma ciência (...) é, defendo eu, apenas uma unidade administrativa. Os Administradores das universidades têm, de resto, um trabalho difícil, e é de grande conveniência para eles trabalhar supondo que há alguns assuntos determinados, (...). Não estou de acordo: até os alunos competentes são enganados por este mito do assunto. E eu sou relutante a chamar a algo que engane uma pessoa uma conveniência para essa pessoa. Isto quanto à não existência de assuntos em geral".

Sinto-me quase como Popper. É sempre curioso ser formando de uma coisa que não existe, como assunto autónomo. E não existe como assunto, porque:

1. Os valores éticos da profissão de Advogado, não são um património exclusivo desta profissão, mas de uma ideia civilizacional: a **de dignidade da pessoa humana.** A Responsabilidade, a Liberdade, a Justiça, dão conteúdo a essa Dignidade, enunciada logo no art. 1.º da Constituição da República Portuguesa, sendo, portanto, fundamento do próprio Estado de Direito.

---

[2] Karl R. Popper. O *Realismo e o Objectivo da Ciência*, pág. 39.

28 *A deontologia profissional e o "Direito de protesto" de um advogado estagiário*

Juro por minha honra, Senhores Doutores, que já antes de me ter inscrito na Ordem dos Advogados, compartilhava destes valores, porque além de ser cidadã de um Estado de Direito, sou-o na civilização ocidental.

2. Inexistente e inútil a Deontologia, porque ou esses valores que a constituem, já foram interiorizados ao longo de um todo um processo de educação, ou então não se aprendem em três meses. Como ensinar em três meses o que é a Liberdade, a Responsabilidade, a Lealdade, fazendo-o, ainda por cima num sistema de aulas obrigatórias, portanto num sistema intolerante e cego às suas repercussões e efeitos?

"Todos conhecem, com certeza, a história do soldado que descobriu que todo o seu batalhão (excepto ele, é claro) estava com o passo trocado. Dou constantemente comigo nessa posição divertida. E tenho muita sorte, pois, regra geral, alguns dos outros membros do batalhão estão dispostos a acertar o passo. Isto aumenta a confusão; e como não sou um admirador da disciplina, fico satisfeito enquanto suficientes membros do pelotão estão com o passo suficientemente trocado uns em relação aos outros"[3].

III. UMA REALIDADE VIRTUAL. O SONHO DE UM ADVOGADO ESTAGIÁRIO

Julgo que a Ordem dos Advogados esqueceu o fundamental: o de que não constitui um "assunto" o facto de o número de advogados ter aumentado muito. Num Mercado[4] em que a Oferta é vasta os índices de qualidade de serviço em causa terão que aumentar, porque desde que na posse de informação, o Mercado tomará necessariamente a decisão racional: que neste caso, será obviamente, a procura dos serviços com mais qualidade. Tudo o mais é reconhecer um Estatuto de Menoridade ao Mercado.

Passo a apresentar algumas sugestões para uma Ordem dos Advogados "Moderna", isto é, uma Ordem que "não se cale porque não houve escutar".

1. A Ordem dos Advogados passaria a realizar protocolos com as Universidades de Direito, assegurando desta forma uma estreita cooperação, no sentido de acompanhamento dos estudantes que pretendam ser Advogados.

2. Nos centros de estágio passariam a estar Formadores, Advogados no auge de carreira, relatando não matérias que não existem, mas a sua

---

[3] Karl R. Popper, *Op. Cit.*, pág. 41.

[4] Tal como F. A. Hasek propõe, em Los Fundamentos de la Libertad, a palavra "Mercado" é aqui utilizada como sinónimo de "Grande Sociedade".

vivência enquanto Advogados, compartilhando desta forma a sua experiência, com quem, por estar no início, necessita de alento para continuar.

3. A manter-se o exame eliminatório, este passar a ser, tal como em França e na Itália, um exame de Estado, constituindo-se uma Comissão de âmbito nacional, sob a tutela do Ministério da Justiça, com funções de avaliação e correcção dos exames, formada por Juízes com determinados anos de carreira; por Docentes Universitários, com pelo menos o grau de Mestre, e também por Advogados nomeados pela Ordem.

Tudo porque, Senhores Doutores, a natureza humana, segundo parece, permanece a mesma inserida nas actuais circunstâncias; porque ainda enfrentamos os mesmos problemas, ainda que com diferentes disfarces, e temos a necessidade caracteristicamente humana de os resolver, muito embora a nossa consciência e as nossas forças se tenham debilitado.

IV. EM JEITO DE CONCLUSÃO

São estas as sombras lançadas pela Ordem dos Advogados sobre o novo membro. Em conjunto representam o que a Ordem dos Advogados tem a dizer sobre o Homem e a sua educação, e elas não projectam uma imagem coerente. As diferenças e as indiferenças são demasiado grandes. É difícil imaginar que haja quer os meios quer a energia, dentro da Ordem dos Advogados, para construir ou reconstruir a ideia de um ser humano culto e estabelecer de novo uma educação liberal. A falta evidente de **Totalidade**[5] que a Ordem dos Advogados demonstra, num empreendimento que claramente a exige, não pode deixar de inquietar alguns dos seus membros. As questões estão todas aí. Precisam apenas de ser colocadas continuamente e com seriedade para que exista a aprendizagem Liberal; pois ela não consiste tanto em respostas como no diálogo permanente.

PÓS FÁCIO

Tinha obrigatoriamente que expressar o meu desalento, visto a tal me obrigar a consciência.

Estranha Pós – Modernidade[6] esta: os anjos silenciaram-se; não se ouvem as vozes dos poetas. Perdeu-se a noção que um poema é mais que

---

[5] No sentido de "Integridade", conceito defendido por E. Kant em, *Crítica da Razão Pura*, como "Esta Totalidade Absoluta".

[6] Boaventura de Sousa Santos. *Introdução a uma ciência Pós-Moderna*.

um conjunto de rimas, que um Tribunal é mais que um amontoado de pedras...

Fica porém o meu mais profundo reconhecimento e agradecimento para com o meu patrono, o *Senhor Doutor José Rodrigues Braga,* que depois de tudo, ainda me faz acreditar, pelo seu exemplo, que vale a pena ser Advogado.

BIBLIOGRAFIA

Dahrendorf, Ralf – *Ensaios Sobre o Liberalismo,* Editorial Fragmentos, LDA, 1993.

Hayek, Friedrich A. – *Derecho, legislación y libertad:* Vol. I: Normas y Orden; Vol. II: El espejismo de la justicia social; Vol. III: El orden político de una sociedad libre, Union Editorial, S.A., Madrid, 1985.

– *Los fundamentos de la libertad,* Union Editorial, S.A., Madrid, 1985.

Sousa Santos, Baoventura de – *Introdução a uma Ciencia PósModerna,* Edições Afrontamento, Porto, 1989.

Popper, Kari R. – *Em Busca de um Mundo Melhor,* Editorial Fragmentos, LDA, Lisboa, 1983.

– *Um Mundo de Propensões,* Editorial Fragmentos, LDA, 1991.

– *A Sociedade Aberta e os Seus Inimigos:* Vol. I: Platão; Vol. II: Hegel e Marx, Editorial Fragmentos, LDA, 1993.

– *O Realismo e o Objectivo da Ciência,* Publicações Dom Quixote, LDA,1987.

– *Lógica das Ciências Sociais,* Editora Universidade de Brasília, 1978.

ÍNDICE

I – Confissão de Fé 23
    I.A – Do Exame Eliminatório 24
    I.B – Do Argumento da Qualidade 26
    I.C – Da Neo – Responsabilidade da Ordem dos Advogados 26

II – A Ordem dos Advogados e a Deontologia Profissional. "A Pretensa Elite" ... 27

III – Uma Realidade Virtual. O Sonho de um Advogado Estagiário 28

IV – Em Jeito de Conclusão 29

Pós Fácio 29

Bibliografia 31

www.advogado.pt

As novas tecnologias
ao serviço do advogado

Pedro Guilherme-Moreira

NOTA PRÉVIA DO AUTOR

A exposição que se segue resultou de uma investigação realizada entre Setembro de 1996 e Janeiro de 1997. Dado o objecto da mesma, era de todo conveniente realizar uma revisão e actualização dos seus conteúdos. No entanto, concluí pela desnecessidade dessa diligência, por duas razões: a) pareceu-me aconselhável publicar o texto premiado no seu estado onginal, que foi, obviamente, o que o levou àquela graça: b) infelizmente, passados seis anos, o trabalho não ficou obsoleto, no essencial. O Dr. Silva, advogado em exercício no ano de 2015, cujo meio-dia virtual vai descrito adiante, ainda é uma miragem.

E disse "infelizmente" porque, se este trabalho estivesse completamente obsoleto, só podia ser bom sinal. Era sinal de que os advogados, em geral, tinham acordado de um longo sono que sempre os levou a perder o comboio do devir. Talvez porque a estação de onde ele parte, muda de aparência, e de sítio, a cada minuto. O microcosmos de Bachelard e o baralho (bem)viciado de Einstein, levam-nos, frequentemente, a reflexões do género. Mas os advogados, e contra mim falo, ainda olham para esse bicharoco que é a tecnologia por um óculo de regulamentação. Esquecem-se que urge escravizá-la às (grandes) necessidades do mundo forense.

Só que o mundo forense corre o risco de não saber saber (a duplicação de "saber" não é erro de impressão). E uma atitude socrática nunca fez mal a ninguém.

As notas pontuais de revisão vão inseridas nos locais próprios.

As referências bibliográficas, por questão de economia de espaço, foram suprimidas, mas poderão ser consultadas no original do trabalho, que pode ser pedido por e-mail para info@portolegal.com.

"Há uns anos, o mundo era estúpido, e nós inteligentes. Hoje, sentimos que o mundo é mais esperto que nós."

Derrick Kerckhove

"Depois dos Lusíadas, toda a terra é a nossa casa."

Eduardo Lourenço

1. Um "clique" prévio em jeito de introdução

Afastemo-nos por momentos de Kelsen, e da sua Teoria Pura do Direito como unidimensionado no cinzentismo da *Grundnorm,* e vamos sussurrar com delicadeza, quase em súplica, ao ouvido dos mais cépticos, um pedido prévio: use-se na abordagem a estas linhas uma receita que contenha algo que medeie entre o método cartesiano e a humildade socrática, formatando o conhecimento e esvaziando-o de preconceitos.

Será a frase de Derrick Kerckhove, citada na página anterior, inquietante? Se num contexto global, a ideia é quase caricatural, exibindo posições extremadas, um tudo nada para além da realidade efectiva, no mundo forense tem toda a pertinência. A frase é inquietante e é para inquietar.

Nós, Advogados, estamos, em regra, na "pré-história da pré-história" das inovações tecnológicas. É que, se a Internet é para nós, ocupantes da última carruagem deste comboio infernal, ainda uma fórmula mágica quase por desvendar, lá à frente, na locomotiva, os condutores já consideram estafado o actual modelo de Internet, assim como os recursos informáticos, o *hardware* e o *software*, são já vistos como primitivos, lentos e pouco práticos. Porquê, veremos adiante nestas páginas.

A proposta, extremamente ingrata para o autor, é desempenhar a dupla e paradoxal tarefa de convidar e estimular os colegas que ainda não tomaram contacto com esta tecnologia da chamada teia global (a tal WWW: World Wide Web) a embarcar, esfregando connosco os olhos, e depois dizer-lhes, delicadamente, que o comboio tem problemas, está demasiado lento, e pode nem sequer sair da estação.

Mas a questão fulcral não é essa, mas sim a consciência, que todos devemos ter, de que não podemos ficar apeados. Ainda aqui vale o velho provérbio: "Mais vale tarde do que nunca". Ou melhor, neste caso, mais vale devagar do que parado.

A informação é poder. Alvin Toffler a isso se refere quando nos diz que "Na era industrial, a nossa preocupação era produzir coisas. Agora é dirigir coisas". Os Juristas são os grandes responsáveis por conduzirem a evolução no campo legislativo, mas isso é impossível se não há capacidade de acompanhamento. "A morosidade da lei faz com que esta encontre um novo mundo quando entra em vigor".

A citação de Kerckhove também permite apoiar outra ideia: a aceleração e ampliação dos procesos evolutivos, que a tecnologia provoca de um modo reflexo, num efeito "bola de neve". Ou seja, a evolução tem um ritmo descontínuo, e cada dia que passa se processa de modo mais rápido.

Mas não dramatizemos: apetece abrandar, como faz Eduardo Lourenço, também citado, junto a Kerckhove, e exaltar a súbita transformação do mundo numa pitoresca aldeia. Pitoresca, porque, nas suas relações inter-subjectivas, os cibernautas têm contribuido de uma forma notável para uma harmonia universal atípica, escudada nas particularidades de cada indivíduo, e que está a chegar, felizmente, bem depressa, superando as mais ousadas utopias.

Algumas referências finais:

a) **Ao método que vamos adoptar** – não haverá preocupação com o rigor de expressões técnicas. Pelo contrário, pretendemos dispensar glossários e "traduzir" de forma imediata, em pleno texto, as palavras, expressões e conceitos técnicos, do ponto de vista da linguagem informática. Por isso, o rigor cederá intencionalmente lugar à linguagem corrente, porque este trabalho pretende-se essencialmente prático e acessível. Estamos em crer que o leigo que resolva mergulhar no mundo informático rapidamente se ambientará a determinada terminologia. Foi o que aconteceu connosco. A informática, se peca, é pela simplicidade.

b) **Ao ponto de vista** – vamos colocar-nos num ângulo radicalmente diferente do que é normalmente utilizado pelos juristas na abordagem a temas de Informática. Normalmente, a preocupação é usar o Direito como ferramenta reguladora dos "devaneios" tecnológicos. Aqui, passa-se quase contrário: a ferramenta vai ser essa tecnologia, ao serviço dos diversos actores do mundo forense. Vamos tentar provar que já não é só a caneta, mas também o computador, a enxada do trabalhador intelectual.

Como resulta do que acabámos de dizer, a bibliografia disponível que adopta exclusivamente o nosso ponto de vista é, senão nula, escassíssima. No entanto, bebendo um pouco de todas as fontes, e navegando alguns meses na Internet, recolhemos matéria-prima suficiente para elaborar um grosso volume. Temos consciência, pois, do desafio à capacidade de síntese.

Afinal, a inacreditável realidade que o autor foi descobrindo, com a ponta do dedo indicador, nos últimos meses, é um imenso oceano, em que estamos permanentemente em alto-mar, reduzidos ao horizonte da nossa consciência.

0. Meio dia na vida do doutor Silva

Viajemos um pouco no tempo, com os pés bem assentes na terra. Observemos meio dia de trabalho de um advogado, daqui a 13 anos. O que se vai ler a seguir constitui uma opção do autor, no sentido de reforçar a exposição teórica, que por vezes é necessariamente fastidiosa, com uma linha de força: uma gravura, esplanada em texto. Todos os meios técnicos referidos são, já hoje, uma realidade Outros pormenores não jurídicos, que a primeira parte do texto abarca, são um mero enquadramento, fazendo as vezes de um cenário. Há problemas laterais que, contudo, terão concerteza a sua relevância, em sede própria.

"As proverbiais águas mil do ano da graça de 2015 haviam ficado apenas na boca do povo. O Dr. Silva, entre bocejos, mentalizava-se para uma pequena alteração da sua rotina matinal, enquanto saía do elevador do seu bloco de apartamentos.

Com efeito, a greve dos maquinistas do Metro do Porto, ouvira na rádio, estava a ter aderência plena. O Metro era o seu transporte diário, desde que o Governo instituíra aquela louvável medida do acesso limitado dos veículos particulares ao interior da cidade. Pouco mais de cinco minutos entre Gaia-S.º Ovídio e Porto-Trindade. Qualquer diligência urgente não era óbice a que regeressasse a casa em dois tempos, e pegasse no seu carro.

Aquele dia, contudo, era ímpar, e com a greve, ficava reduzido à hipótese de utilizar os bólides eléctricos públicos, pequenos carros com dois lugares, que estavam estacionados em grupos de dez, em "ilhas", e que eram acessíveis a qualquer pessoa, mesmo sem carta de condução, por intermédio de cartão de crédito, podendo utilizar livremente o corredor de BUS. O destino era, obviamente, uma "ilha" idêntica próxima do local que se pretendia.

Levantara-se mais cedo, para evitar muito tempo de espera. Quinze minutos depois, estava já a comprar o seu jornal no quiosque do velho "Fuínha", que o tratava com todas as mordomias. O Dr. Silva, a rondar os quarenta anos de idade, estava arreigado em velhos hábitos e rotinas, que gostava de saborear diariamente, com a lentidão bastante para travar por momentos a marcha alucinante do mundo. Pelo menos, do seu mundo. Quem lhe tirava o jornal do "Fuínha" e a torrada e galão de cimbalino na pastelaria do "Zé", durante meia-hora inviolável, arrancava-lhe um pedaço de alma. E essa meia-hora era, em plena segunda década do século XXI, uma verdadeira eternidade, tempo suficiente para resolver uma dezena de assuntos e ainda fumar recostado um cigarro.

40 As novas tecnologias ao serviço do advogado

Fechado o jornal e bebido o galão, era esse mesmo cigarro, raro privilégio nos dias que corriam, que ia saborear, enquanto tirava do bolso o seu computador portátil. Entrava todos os dias àquela hora num canal global de comunicação, em que dava dois dedos de conversa com um velho amigo a exercer na Alemanha. Lá estava ele, sempre bem disposto. Digitou algumas considerações acerca da nova lei processua) civil, finalmente um novo código de raiz, desde a revisão de 1997. Fecharam o canal poucos minutos depois.

Ainda à mesa do café, antes de dar por findo o pequeno-almoço, avançou para a antecâmera do seu dia de trabalho, como era costume, conferindo o correio electrónico (e-mail). Tinha uma mensagem do Tribunal – devia ser a resposta ao seu requerimento de consulta electrónica dos autos –, que só poderia ver no escritório, onde estava o descodificador; uma de um cliente – que esperava ser o envio dos tão importantes documentos e fotografias, que prefendia juntar no julgamento dessa tarde; e uma da secretária – provavelmente a simulação virtual de acidente de viação que lhe pedira.

As outras eram "lixo cibernético", que já reconhecia pelo remetente. Para evitar isto, já havia requisitado um outro endereço de e-mail, este encriptado, para fornecer apenas a meia-dúzia de pessoas.

Já no escritório, avançou para o computador de mesa, menos autónomo, mas deveras mais funcional.

Abriu o correio electrónico. Lá estava a combinação de algoritmos que lhe permitia aceder, ali, no seu escritório, aos autos. Digitada a combinação, aí estava ele no ambiente informático do tribunal, a ler, em primeiro lugar, e curiosamente, o despacho do juiz que lhe deferira a pretensão.

Prosseguiu a triagem dos e-mails, observando com atenção os documentos enviados pelo cliente, a juntar no julgamento dessa tarde. As fotografias tinham uma resolução baixa, com uma qualidade mediana. Ia ter de insistir numa nova remessa, desta vez sem recurso a técnicas de compressão de dados. Enviou um e-mail breve, e recebeu uma resposta satisfatória.

Finalmente, conferiu a simulação do acidente de viação, que seria objecto da mesma audiência de julgamento. Conferiu se as permissas estavam todas correctas, e observou o resultado com uma ruga vincada a cavar-lhe a testa. A versão do seu cliente aguentava-se mal, perante o que via. Mesmo que colocasse o veículo da parte contrária a uma velocidade superior, as coisas pouco melhoravam. E sabia que, mesmo que não requeresse a simulação ao juiz, o seu colega estaria habilitado a fazê-lo, pois conhecia o potencial técnico do seu escritório. Por esta hora, o colega devia estar a estregar as mãos.

O Dr. Silva utilizara o novo expediente processual, e requerera que a audiência fosse feita por videoconferência. As partes eram ambas do Porto, e o julgamento era na comarca de Vila Real de Santo António O colega aceitou, o juiz deferiu. Por isso, sobrava-lhe tempo para continuar a ditar o articulado de uma Acção de Despejo ao aparelho de reconhecimento de voz.

Usava o aparelho de reconhecimento de voz nas partes mais repetitivas, e quando tinha de citar parte de livros. Era miraculoso e poupava-lhe imenso tempo. No entanto, ainda tinha prazer em escrever o resto no teclado, apesar de saber que não era obrigado a fazê-lo. Podia recostar-se para trás, e ditar, que a máquina escrevia. Mas, de algum modo, ainda tinha a sensação que só conseguia raciocinar direito ao sentir a corrente passar-lhe da ponta dos dedos para as teclas. O seu pai sofria do mesmo, mas a outro nível: não pensava sem a caneta.

Outro problema dos modernismos era a consulta de jurisprudência. No seu computador portátil, que lhe cabia no bolso do casaco, ao lado da carteira, e pesava uns gramas insignificantes, tinha gravada toda a Colectânea de Jurisprudência, o BMJ, os códigos anotados de qualquer lei, minutas, etc. No entanto, o Dr. Silva não conseguia raciocinar sobre um texto digital. O trabalho de busca, por temas, estava simplificadíssimo. Mas, quando encontrava o que queria, tinha de imprimir. Foi o que fez com um dos últimos acordãos do Tribunal de Justiça Europeu sobre o direito dos governos a limitar a codificação de ficheiros comerciais, já que muitos eram exportados em tempo real, via internet, sem se sujeitarem a um controlo fiscal.

Teve ainda tempo de atender meia-dúzia de chamadas, e de almoçar longamente com um antigo colega de Coimbra, sobrando-lhe ainda uma hora para ultimar os preparativos da audiência electrónica.

Antes da entrada em vigor das novas regras processuais, em Janeiro de 2015, várias experiências piloto de videoconferência haviam sido feitas em tribunais seleccionados, um pouco por todo o país, e com resultados excelentes, principalmente em Comarcas que ficavam muito distantes dos centros cosmopolitas de Lisboa e Porto. O problema é que, ao que parecia, depois disso, os meios técnicos ficaram-se apenas pelas experiências piloto.

Por acaso, V.R.S. António tinha sido uma das comarcas escolhidas, e bem. O sistema funcionava tecnicamente com um feixe de câmaras de vídeo concentradas no tribunal e nas salas homologadas dos advogados, produzindo uma imagem digital de alta qualidade. O Juiz requisitava por deprecada um funcionário judicial da comarca onde as partes tinham as salas homologadas, e a audiência processava-se normalmente".

Qualquer semelhança com a realidade que viveremos, é de tomar a sério. Digamos que foram utilizados "métodos indiciários", mas fez-se desta "gravura" um mote para a reflexão que se segue.

A) QUESTÕES TÉCNICAS

1. **O advogado cibernauta não é um advogado virtual**

1.*a*) O nosso Dr. Silva não é um advogado virtual, só pelo facto de ser cibernauta. Pelo contrário, sem dispensar a sua personalidade e os seus hábitos de anos, vai saboreando os pequenos prazeres da vida, sem deixar de aproveitar os recursos tecnológicos que estão à sua disposição. Sabe correr à velocidade de cruzeiro exigida pela sociedade do ciberespaço, onde as fronteiras se esbatem e cada dia tem dois dentro.

Nega-se, pois a ideia de uma nova advocacia, divorciada das tradições e dos rituais forenses de séculos, e exalta-se sim a ideia de um novo advogado, que não tem de ser um advogado novo, e que bem pode gozar das velhas virtudes, e cumulá-las com as novas, tentando extinguir, isso sim, os velhos defeitos.

Pergunta então o leitor avisado: e os novos defeitos? É extremamente pertinente focar também esta questão: sim, claro que há defeitos neste novo e aparentemente maravilhoso mundo. Referia Rossi Capelani, Conselheiro da Magistratura italiana, a este propósito, que "o indivíduo numa sociedade informatizada é como um peixe num vaso de cristal".

Existe o perigo da falsidade, da dissimulação, do resguardo ideal para um novo tipo de crime, da massificação de determinadas rotinas que, ao criarem novos vícios, novos ritos, criam também um novo tipo de alienados que, na ausência de uma consciência orientadora, podem tornar-se perigosos. Clifford Stoll, astrónomo na Universidade de Berkley, diz-nos que "A Internet é a coisa mais próxima da verdadeira anarquia jamais criada". Mas, repetimos, a informação é poder. Não podemos reagir como avestruzes. E o Advogado, no século XXI, se quer contribuir para a correcta utilização desse poder, deve colocar-se na vanguarda.

Para que o Direito domestique a informática, tem de saber lidá-la primeiro. E são precisos largos passos para resolver um estado de coisas que já se instalou: quem resolve os problemas que a lei deveria resolver, é a própria tecnologia. Está a chegar-se sempre tarde demais, porque há

As novas tecnologias ao serviço do advogado   43

alguém que ainda não se apercebeu que os velhos e morosos processos legislativos são incompatíveis com o já falado efeito "bola de neve" da evolução.

O que é realmente necessário é ir direito ao cerne das questões, sem andar com preocupações fúteis e ideias pre-concebidas. Um exemplo: já ouvimos dizer que "A informática vai arruinar o livro clássico, de papel, generalizando os livros em suporte digital". Nós perguntamos: por que razão é que, só em 1996, em Inglaterra, foram inauguradas mais de cem livrarias, algumas delas em megaformato? Parece que as instâncias inglesas com responsabilidades culturais, conjuntamente com empresários astutos, não perderam tempo com considerações inúteis. Lembraram-se que até as ideias e a arte são já apetecíveis ao consumidor médio. E, neste caso, que bom que assim é.

1.*b*) Resolução de um paradoxo: **a sociedade cibernética diminui a distância Advogado-cliente e repersonaliza a função.** Expliquemos porquê:

Com a utilização inteligente dos recurso técnicos de vanguarda, devidamente articulados, o Advogado tem um extraordinário e exponencial ganho de tempo.

Vamos a mais um exemplo, antes de mais comentários, e que implique, unicamente, a redacção de uma página de uma Petição Inicial, com modificação do texto por corte de um parágrafo, e correcção de erros:

aa) **Manuscrita:** cada corte, significa a redacção de uma nova página, se não mais. O tempo que se perde nunca andaria abaixo dos quinze minutos, no mínimo.

bb) **Máquina de escrever:** as antigas, sem sistemas de correcção, poderiam significar, se a agilidade do operador não fosse das maiores, ainda mais tempo perdido do que na versão manuscrita. Com correcção de erros, poderia perder-se cerca de dois a três minutos, mas o tempo aumentava se fossem necessárias modificações, caso em que poderia ser necessário, igualmente, redigir uma nova página.

cc) **O actual processamento de texto por computador:** Uma correcção de um erro pode demorar menos de cinco segundos, e uma modificação, significando um corte, não ultrapassa o mesmo período de tempo.

Num exemplo simples, já que poderíamos introduzir dezenas de variantes, que conclusão podemos tirar? Há uma simples e contundente: as operações descritas demoram, com o método de processamento de texto por computador, cerca de, pelo menos, cento e oitenta (180!) vezes menos que nos outros dois métodos. Ou seja, o advogado utilizador de um processador executa idealmente 180 tarefas, enquanto o outro executa apenas uma. Em termos absolutos, são 15 minutos poupados no dia do advogado, isto numa única tarefa. Se pensarmos no tal efeito "bola de neve", concluímos também, sem nos afastarmos muito da realidade, que este ratio vai aumentar, quando comparado o processamento de texto com técnicas futuras, como, por exemplo, os aparelhos de reconhecimento de voz.

Outro exemplo, que nos permite raciocinar com as mesmas permissas, mas sem grande necessidade de expender comentários, são as peças processuais simples, estandartizadas por massificação, como os requerimentos iniciais de certo tipo de Execuções, muitos deles já elaborados pelos funcionários dos advogados, que se limitam a um controle final.

Um melhor aproveitamento dos recursos técnicos permite, pois, um ganho de tempo exponencial, que liberta o advogado para as tarefas que exigem mérito (os casos mais complexos), e para contactos mais personalizados, como o atendimento de clientes ou almoços de negócios. O Dr. Silva (vide ponto 0) fez numa manhã aquilo que muitos advogados, provavelmente, não fariam numa semana, e fê-lo com calma e rigor.

Permite também ao advogado uma maior aceitação de mandatos. Os colegas sabem, provavelmente porque até têm disso uma experiência pessoal, que o excesso de tarefas, muitas delas pequenas, pulverizam a atenção, e exigem que se caia, muitas vezes, no chamado método de trabalho "em cima do joelho". É inevitável.

Por outro lado, poderia aventar-se que, por exemplo, uma reunião por videoconferência é uma despersonalização chocante. O nosso ponto de vista é, contudo, bem diverso: O esforço exigido pelos contactos pessoais (o formalismo, a etiqueta, o coloquialismo) atira frequentemente o advogado para situações de quase permanente indisponibilidade. Para evitar perder tempo, o advogado dá instruções ao seu secretariado para que o coloque permanentemente em reuniões ou ausente. O sitema de videoconferência pode reduzir essas situações, como também extingue a sala de espera.

A frieza da falta de contacto pessoal talvez não releve tanto quanto se pensa: não se utiliza a videoconferência para almoçar com um amigo, mas como método de trabalho. Por outro lado, mesmo que o contacto seja de amizade, concerteza que a videoconferência é um avanço em relação ao telefone.

Resolve-se, assim, o aparente paradoxo: a tecnologia permite, não só mais quantidade e facturação, como também um aumento qualitativo da actividade forense. E, porque não, recuperar velhos e saudáveis hábitos que pensávamos perdidos...

2. Definição de coordenadas

2.*a*) O inevitável enquadramento histórico – A Internet começou calmamente o seu caminho há cerca de 30 anos atrás, mais exactamente em 1969.

Ao ver, ou melhor, ao absorver a luz do mundo, a jovem e fervilhante realidade tinha o nome de *ARPANET (Advanced Research Project Agency Network)* e o seu progenitor foi o Departament of Defense dos Estados Unidos, para manutenção da comunicação entre os militares americanos e os cientistas, prevenindo a eventualidade de um ataque militar.

Desde essa altura até hoje, sofreu mutações na nomenclatura e foi objecto de múltiplas experiências, até que, há cerca de dez anos, teve uma explosão tal que, brevemente, todos nós teremos em casa uma ligação à rede global.

Aliás, o fenómeno atingiu dimensões, não só gigantescas como dantescas, que superou as previsões mais optimistas dos mais argutos "merchandisers". Quem não ouviu já falar do caso da empresa americana Amencan On Line (AOL)? A AOL facilitou e embarateceu de tal modo o acesso à rede, que a adesão foi massiva, por parte do público em geral. Tão massiva que, certo dia, os canais de comunicações entupiram, deixando todos de "rato" na mão, sem nada poder fazer. Hoje em dia, gera-se um curioso caso de "snobismo" entre os utilizadores da rede à escala mundial: o utilizador cuja morada de rede (URL), ou endereço de correio electrónico, contém a sigla AOL, é extremamente mal visto, e discriminado, quase encarado como a "ralé" dos cibernautas.

Entretanto, também a Internet sofre uma desactualização em ritmo acelerado. Hoje em dia, como já foi vagamente referido, o cibernauta bem informado e utilizador frequente, dir-nos-á que a navegação na rede atingiu o limite de um patamar do devir. Existe demasiada informação que não serve rigorosamente para nada, e, com maus sistemas de navegação, pouco selectivos, pode perder-se muito tempo, o que pode constituir a negação quase absoluta da tão apregoada funcionalidade e eficiência da net.

Mais, com a generalização da transmissão de imagens e de sons na Internet, navegar torna-se, por vezes, um fastidioso e lentíssimo processo, que desafia a paciência do mais estóico. Para aceder a uma página é necessário, muitas vezes, esperar largos minutos, sem se saber bem por quê. Pode-nos surgir uma página (a chamada "site", ou "sítio", como já se vê escrito, numa tradução quase fonética) sem qualquer interesse, ou pode até não nos sugir nada.

Fala-se, pois, no esgotamento deste degrau da evolução, e de um salto para uma nova revolução. Os recursos e meios comunicacionais, como estão desenhados hoje, são já limitados, vistos até como primitivos – a tecnologia já permite a difusão em massa de imagens e som, mas esses processos não podem ser instantâneos, porque as máquinas já não correspondem às necessidades. Recorre-se hoje a técnicas de compressão de dados, como único meio de obviar às dificuldades, já que as imagens e os sons ocupam infinitamente mais espaço que o texto. Isso significa, contudo, perda de qualidade. Estamos, sem dúvida, às portas de um novo salto: máquinas cada vez mais pequenas, leves, potentes e rápidas, como o computador pessoal do Dr. Silva, que cabia na palma da mão. E o futuro é a instantaneidade.

Hoje em dia já só se fala em Intranets, em detrimento da Internet, conceito aquele bem mais denso que este: são pequenas redes dentro da Internet, mais seguras e mais fiáveis (exemplo: Intranets dentro de uma empresa multinacional, entre empresas do mesmo ramo, entre colegas, entre os tribunais e os advogados, entre a Procuradoria e as polícias, etc.).

No entanto, aproveitemos os meios que temos hoje, que para muitos são ainda pura magia, e mostremos como é possível reduzir a burocracia, desmaterializar os contratos, sem descurar os problemas da segurança, da privacidade e da autenticidade.

2.*b*) Navegar é preciso – Se eu dissesse ao colega que nunca experimentou a Internet, que em menos de cinco minutos o punha a navegar na rede sem precisar da minha ajuda, dificilmente acreditaria. Mas o facto é que não anda muito longe da verdade. Navegar na internet é positivamente mais fácil que caminhar. De orgãos externos, só precisamos do dedo indicador e dos olhos (ás vezes, também dos ouvidos). Vamos então zarpar?

Ao olhar para o ecran do computador ligado à rede, temos disponíveis várias figuras que representam os apontadores. Estes são uma espécie de índice, ou motor de pesquisa. Basta digitar uma área específica que nos interessa explorar, e o apontador abre-nos um leque de hipóteses, às vezes imenso. Para visitar uma página, basta "clicar" com o rato nas palavras ou frases sublinhadas, ou em imagens, desde que a pequena seta orientadora do "rato" se transforme numa mãozinha de dedo indicador em riste. Dentro das próprias páginas, podem existir ligações a outras páginas (os chamados "links"), cujo acesso se faz exactamente da mesma forma.

Outro meio alternativo é digitar, se se souber, directamente a morada da página que procuramos. Saber a morada da rede é, simultaneamente, saber onde mora determinado assunto ou instituição, e ter autorização de entrar dentro da sua casa. Por exemplo, para entrar na página da Ordem dos Advogados, temos duas formas: através de um apontador, digitando "Ordem dos Advogados", ou directamente, pela morada: "www.oa.pt".

Coisa diferente desta, porque não nos deixa entrar "dentro da casa" do destinatário, mas apenas enviar-lhe mensagens, imagens ou sons, é o endereço de e-mail. O endereço de e-mail é uma espécie de caixa de correio, e é talvez a ferramenta mais prática e de uso mais generalizado no ciberespaço, com apetência de substituir rapidamente o fax.

3. Novos rumos

3.*a*) As Faculdades de Direito Virtuais – Concordamos que a ideia é, à partida, um pouco chocante. Formar juristas por correspondência?

Não. Não é bem assim. Este aspecto é já uma realidade em algumas universidades americanas, e podemos dizer que supera, em termos de eficiência, e até em qualidade de ensino, o velho sistema do voluntariado, também existente no ensino superior português, em que os alunos são dispensados das aulas, e só vão aos exames.

Ora, nas Faculdades de Direito virtuais acontece precisamente o mesmo, só que é possível, por um sistema de acesso com password, ter e ler aulas on-line, o envio de trabalhos pelos alunos, a colaboração estreita com os professores, a criação de grupos de trabalho e de discussão, a disponibilização da consulta de obras jurídicas em Bibliotecas virtuais, a encomenda de livros jurídicos, enviados pelos meios postais tradicionais, etc..

Esta experiência está a ser levada à prática mesmo ao nível do ensino secundário, por exemplo, na Escócia, mas neste caso a professora desloca-se periodicamente a casa dos alunos, ou vice-versa, quando isso é julgado pertinente.

As vantagens deste sistema são óbvias: de algum modo, através de custos reduzidos, permite-se que pessoas de regiões remotas, e com poucas possibilidades económicas, tenham acesso a uma formação de qualidade, e devidamente orientada, reduzindo as barreiras do espaço e do tempo, e esbatendo a barreira social e económica, colocando as oportunidades a um nível igualitário.

É necessário que se refira que, as mais das vezes, estes alunos não estão em casa a fazer o seu curso, mas reunem-se em pequenos centros sociais em que são instalados os recursos necessários, e cumprem horários e prazos rigorosos, além de poderem ter aulas em tempo real, através do sistema da vídeoconferência.

3.*b*) A realidade virtual nos tribunais para reconstituição de factos – este método é também já usado em algumas comarcas americanas, embora em casos contados.

Claro que se levantam sérios problemas da admissibilidade da prova baseada em simulações, mas este expediente, além de restringido judicialmente a questões que permitam definir permissas rigorosíssimas do ponto de vista científico, tem um imenso campo de expansão na Advocacia, como já foi brevemente aflorado no ponto 0 deste trabalho, quando o Dr. Silva observou a simulação de um acidente de viação que seria objecto de uma audiência de julgamento, em que interviria como mandatário.

As simulações são, aliás, há muito usadas no ensino da condução de automóveis e da pilotagem de aviões. O que acontece é um alargamento do seu âmbito de aplicação, sem esquecer que, de dia para dia, são desenvolvidos sistemas cada vez mais sofisticados.

3.*c*) A imensidão de bases de dados e bibliotecas jurídicas – se elas já existiam às dezenas no suporte multimédia de CD-ROM (curiosamente, um meio técnico que reduz a um pequeno disco uma sala cheio de livros, e que os advogados estão a descobrir apenas na sua decadência, pois tende a desaparecer), agora são centenas de milhares nos cantos e recantos da Internet. E atenção: falamos apenas de bases de dados e bibliotecas jurídicas!

Umas são de acesso livre, outras exigem o pagamento de taxas de utilização, ou assinaturas mensais. Reinvoca-se aqui o problema da pulverização de informação. A quantidade é tal, que o mais difícil é descobrir a qualidade.

Esse não é, contudo, o caso português. E não dizemos felizmente, porque o panorama nacional está no outro extremo: é desolador. Que nos tenhamos apercebidos, bibliotecas e bases jurídicas organizadas e sistematizadas não existe uma única de aceso livre on-line! E, como dissemos atrás, se é um facto que poucos advogados portugueses possuem no seu escritório uma base de dados em suporte multimédia ou em disco rígido, via disquete ou CD-ROM, a conclusão é uma só:

A maioria dos advogados portugueses perde dias inteiros em busca de jurisprudência ou diplomas legislativos, quando, com uma simples base de dados, essa tarefa pode ser executada em poucos minutos – ou segundos! O raciocínio que foi expendido atrás, quando se falou da comparação entre o processamento de texto por computador e do manuscrito, vale perfeitamente aqui: perde-se tempo precioso, e acaba por se cair na cultura da advocacia em cima de joelho, quando os clientes se tornam excessivos para os recursos existentes.

Tem perfeito cabimento aqui o conceito económico da "Economia de escala": se se esgotam os recursos produtivos, há que subir um degrau na sua renovação, aumentando-os quantitativa e qualitativamente, ou cai-se no perigo do estrangulamento.

3.d) A consulta juridica em rede – Outro rumo que está já a ser tomado por diversas instituições públicas e alguns advogados é a consulta jurídica "on-line", em que consuiente e o consultor não têm, ou não precisam de ter, contacto físico. Vamos deixar a exploração deste tema para a segunda parte deste trabalho, relativa às questões deontológicas, embora possamos já referir alguns dos problemas que se nos podem atravessar no espírito.

Não será difícil descortinar que o que está aqui em causa é a articulação da consulta jurídica on-line com algumas regras deontológicas, nomeadamente as atinentes ao Sigilo Profissional e à Publicidade. Estes problemas não parece tê-los o "site" italiano "Avvocato on Line", a quem formulamos determinadas questões relacionadas com este trabalho, e de quem obtivemos resposta célere e satisfatória.

Uma segunda questão, de algum modo ligada com esta última, é a influência, perniciosa ou não, que a consulta jurídica dada por juristas não-advogados pode ter na nossa profissão, e se é legítimo tentar controlá-la ou pô-la em causa. O mesmo efeito poderá ter a informação prestada por organismos oficiais.

Em conclusão, e chamando as coisas pelos nomes: a consulta prestada por não-advogados ou por instituições públicas retira campo de acção aos advogados. A seu tempo, se analisará a grande vantagem do consulente de advogado: o sigilo profissional.

Esta é, contudo, uma visão quase economicista, já que a actividade dos advogados radica também no interesse público. Obviamente, não se pode aplicar à prestação de informações por instituições publicas. Devemos exaltar, e estimular, o melhor esclarecimento possível da comunidade em termos legais. O cidadão deve estar devidamente informado dos seus direitos e obrigações.

O que duvidamos é que os mais carenciados sejam utilizadores da internet. Há um fosso que se vai alargando.

3.e) Uma breve viagem pelas instituições portuguesas já disponíveis na rede – Restringidos a este contexto dos "Novos Rumos", vamos comentar brevemente algumas das páginas já disponíveis na Internet, que podem proporcionar uma mais-valia no quotidiano pessoal e profissional do público em geral e, porque não, dos próprios advogados. (Nota prévia: neste campo, existiu uma relevante evolução nos últimos seis anos – o leitor deve, pois ter em conta que este diagnóstico foi efectuado no final de 1996).

– **Os Advogados:** questão delicada, que vamos mais uma vez remeter para a secção de deontologia destas páginas, mais propriamente a dedicada à "Publicidade".

A verdade é que o número de páginas de advogados portugueses na Internet é reduzidíssimo. A última vez que os contamos, não chegava à meia dúzia. A nível internacional, esse número sobe às centenas de milhares.

Não duvidamos que o motivo da ausência de portugueses não é apenas a desinformação, mas também o receio de poderem quebrar normas deontológicas. Deixemos a discussão para o devido local.

– **Revistas especializadas e orgãos de informação oficiais:** As revistas portuguesas de informação jurídica estão também praticamente ausentes. Em português, temos a revista brasileira "Teia Jurídica", bastante dinamizadora de discussões, e um bom veículo de difusão de opiniões e teses, onde se sente o Direito vivo e palpitante (numa palavra, interactivo), e a "Travelnet", também brasileira, com as mesmas virtudes, e gerida por uma magistrada.

Milhares de artigos pessoais sobre todas as áreas jurídicas, mas com especial incidência na "CiberLaw", povoam os ecrans do cibernauta.

Na área da informação institucional, convém aqui realçar o papel da empresa Jurinfor, cuja publicidade em nada nos envergonha, pois tem tido o mérito de contribuir decisivamente para a colocação da tecnologia ao serviço dos advogados, com óbvios bons resultados comerciais, dado o seu quase pioneirismo. Não deixa de ser, contudo, um elemento catalizador do diálogo entre o mundo forense e a informática.

Os colegas já devem saber que, pela mão da Jurinfor, já está disponível na rede o Diário da República. Comentários sobre a utilidade deste novo acesso ao DR são, concerteza, desnecessários. Não duvidamos que o nosso Dr. Silva já teria a rotina de consulta do DR tão integrada no seu dia, que foi desnecessário referi-la...

– **O Ministério do Emprego** disponibiliza um conjunto de legislação laboral, com muita utilidade, especialmente no campo das leis novas.

– **As prisões** na rede permitem também realizar um sem número de tarefas, embora o seu potencial não esteja completamente explorado.

Ligar uma prisão à Internet é contribuir para que a ideia de ressocialização dos presos seja menos utópica. A solidão também pode ser eficazmente combatida, quando se rompe os horizontes de uma cela.

O advogado que trabalhe primordialmente na área do crime, tem também aqui um meio eficaz de comunicação com os seus clientes, que pode evitar todos os inconvenientes das constantes deslocações a uma prisão, desde que seja possível garantir a confidencialidade num eventual diálogo.

– O sector aduaneiro é dos mais exemplares neste contexto. As relações com a Administração Aduaneira encontram-se hoje significativamente melhoradas, através da desmaterialização de documentos e da simplificação de procedimentos administrativos, de que o projecto STADA (Sistema de Tratamento Automático da Declaração Aduaneira de Mercadorias: DL 240/91 ,de 5/7: DL 264/91, de 26/7 e Portaria 1031/91, de 9/10) é o responsável.

– O Ministério das Finanças também merece uma das medalhas da inovação. Já o programa **Inforfisco** nos dava acesso às Leis do Orçamento e aos (sempre difíceis de obter) pareceres e informações vinculativos da Direcção Geral de Contribuições e Impostos. Agora, como se sabe, já é possível preencher e entregar a Declaração de Rendimentos via internet. Para quem tenha acesso à rede, acabaram-se as bichas e as dores de cabeça.

No contexto fiscal, há uma discussão, hoje já muito alargada, sobre a possibilidade da desmaterialização da factura, e das próprias operações contabilísticas, a que nos referiremos mais à frente, no capítulo 5 (Segurança e Privacidade).

– O Supremo Tribunal de Justiça também tem uma "site" em franca expansão, e cuja utilidade se mede pela legislação disponível, quase sempre actualizada, e pela possibilidade de consultarmos os mais recentes acordãos do STJ.

Em Setembro de 1996, já estavam disponíveis alguns acordãos publicados em Outubro do mesmo ano. O aplauso vai aqui para o eminente Conselheiro Bruto da Costa, um dos notáveis dinamizadores deste projecto.

– Uma breve referência ao Gabinete de Direito Comparado da **Procuradoria Geral da República,** cuja página se encontrava ainda em construção, na altura em que esta investigação foi levada a cabo, mas cujo procedimento no "mundo analógico", de grande utilidade para os advogados, nomeadamente quando se pretende obter cópias de acordãos não publicados, nos faz pressentir outra presença de grande relevância na rede.

– Finalmente, o já conhecido programa **Infocid,** de consulta agradável e fácil, e que, na área da Justiça, esclarece e informa com rigor.

Os cidadãos que tenham dúvidas quanto aos seus direitos básicos em áreas tão sensíveis, quanto, por exemplo, o Arrendamento, podem também encontrar aqui o essencial.

Foi uma referência breve a algumas "sites", que não pretendeu ser globalizante, embora fique desde já o aviso que pouco mais se pode encontrar na específica área do Direito, em português. A diferença entre o que se pode fazer e o que já se fez é abismal...

4. Os meios técnicos ao serviço dos advogados

4.*a*) **Uma utilização inteligente do processador de texto**: Uma ideia corrente fora do mundo forense, é que os advogados encaram o computador com uma moderna máquina de escrever, e ponto final. É um preconceito que, se pode ser injusto para alguns de nós, deve ser humildemente assumido por todos. É uma realidade indesmentível.

Se muitos advogados lá sabem utilizar o processador convenientemente, no processo de digitalização (vulgo "bater de peças"), articulando com eficiência os diversos comandos, a outros faltam determinadas noções que lhes permitam saber para que servem muitas das ferramentas disponíveis, e estes podem ficar desarmados à primeira dificuldade.

Com efeito, alguns maus hábitos começam a arreigar-se de tal modo, que, mesmo quando os advogados têm conhecimento que determinada tarefa pode ser executada em metade do tempo, dificilmente se readaptam. Estes problemas notam-se bastante no processo de formatação do texto e redefinição da configuração do documento.

O que defendemos é que os advogados, ao utilizar o processador de texto, tenham consciência das potencialidades desse meio, e saibam dominar todas as suas técnicas, para que possam fazer face às dificuldades que surjam pontualmente, sem ter de recorrer a assitência especializada.

Não se vai chamar um técnico, só porque não se consegue alinhar uma margem, nem é muito prático que se despenda a toda a hora de terceiros para essas tarefas, como acontece com muitos advogados em relação às suas funcionárias. É que o tempo que se perde nestas pequenas coisas, acaba por reduzir ou eliminar o que se ganha em relação a técnicas menos modernas, embora subsistam sempre vantagens na apresentação do documento.

As novas tecnologias ao serviço do advogado

4.*b*) Os "Scanners" e a sua articulação com o e-mail: O Scanner, utilizando uma linguagem simplificada, é um aparelho semelhante a uma pequena fotocopiadora, que permite passar documentos ou imagens para dentro do computador.

Podemos, por exemplo, pedir uma minuta emprestada a um colega, ou retirá-la de um livro, e, em vez de a copiarmos palavra por palavra, podemos submetê-la à leitura de um Scanner, e "rebocá-la" numa só operação para dentro do computador, criando de imediato um novo ficheiro. Sendo assim, basta introduzir as modificações nos lugares devidos, o que constitui uma grande poupança de tempo e trabalho.

O Scanner permite-nos, pois, guardar documentos de forma digital, incluindo as imagens. Deste modo, podemos ter no disco rígido do computador a globalidade de um processo, desmaterializado. Ou seja, dispensa-se de forma plena o suporte de papel, guardando apenas os documentos que não o dispensam, por uma questão de autenticidade.

Mesmo assim, o advogado pode ter todos os seus processos digitalizados, o que traz vantagens visíveis quando é necessário um acesso rápido. Por exemplo, se o advogado recebe uma chamada, pode, em vez de ligar à secretária e pedir-lhe que procure o processo x, visualizá-lo de imediato no ecran do seu computador, com todos os documentos, apontamentos, notificações do tribunal, despachos, sentenças, certidões notariais, etc..

O Scanner pode também facilitar a completa desmaterialização das relações entre os advogados e os tribunais. Articulado com o correio electrónico, permitirá o envio de peças processuais completas, documentos incluídos, como se faz hoje com o fax, ou telecópia. Se tudo isto parecer um devaneio mirabolante, lembrem-se os colegas da nossa primeira reacção quando vimos um fax a funcionar. Custou a acreditar, não?

Subsiste um problema de autenticidade, principalmente na assinatura das peças. O Engenheiro informático Mário Macedo, especialista em adaptações técnicas a áreas forenses, explica-nos detalhadamente, a este propósito, como funciona a assinatura digital, no ambito do PEM (Privacy Enchanced Mail) e MIME (Multipurpose Internet Mail Extension).

A assinatura era gerada por um algoritmo que criava uma *string* de caracteres. Esta *string* era posteriormente codificada, produzindo informação binária.

Como qualquer assinatura, esta só poderia ser gerada pelo autor através de uma chave particular. Contudo, poderia ser identificada por qualquer utilizador, através de uma chave pública.

4.*c*) Os revolucionários aparelhos de reconhecimento de voz: Este

54   *As novas tecnologias ao serviço do advogado*

é talvez o recurso tecnológico cujo aperfeiçoamento terá maior influência, de um ponto de vista prático, no dia a dia dos advogados.

Os Aparelhos de Reconhecimento de Voz (ARV) vão, nuns casos substituir por completo, noutros casos complementar, os Processadores de Texto referidos no ponto 4.a), num futuro próximo.

Aliás, o ARV é, em si, um novo processador de texto, com uma substancial diferença. É accionado pela voz. O advogado senta-se muito bem recostado na sua cadeira e começa a ditar. Deve falar de forma clara e pausada, mas, numa grande parte dos casos, o ARV vem associado a um Dicionário Electrónico e a um Corrector de Texto, que automaticamente corrigem eventuais erros de interpretação do ARV.

Pode funcionar associado a *soffware* de tradução electrónica, quando se pretende ditar um texto em português, cujo resultado final se deseja em inglês, ou vice-versa. Aliás, há já experiências muito positivas na área da tradução, nomeadamente o programa desenvolvido na Comunidade Europeia, o EURODICAUTOM, que disponibiliza uma excelente Base de dados terminológica para os tradutores.

Não há nada que impeça, igualmente, o ditado do texto via telefone, quando não se tem um computador disponível de imediato.

Já se adivinha as imensas vantagens do ARV: Rapidez de execução, ausência de cansaço, dispensa do teclado, e, não podemos deixar de referir, o libertar das funcionárias para outros serviços, o que, em último termo, se traduzirá em evidentes vantagens económicas para o advogado, permitindo reduzir o número de contratações.

O ARV já existe e é utilizado em termos práticos, embora de forma pontual, é certo, e ainda fora do mundo forense. A maior empresa mundial no desenvolvimento do ARV, a americana Talk Technlogy, Inc., conta-nos o bem sucedido caso de Marylin O'Brien, General Manager da firma canadiana Keyser Mason Ball, que, com 23 anos de firma, usa esta tecnologia desde 1991, e já a substituiu por algumas secretárias, com grandes vantagens.

Em 1995, realizou-se na Polónia um congresso mundial subordinado ao tema do desenvolvimento das tecnolgias dos ARV's., e que contou, inclusive, com alguns advogados, embora em número reduzido.

Nenhum deles utiliza ainda, a tecnologia do ARV. Porquê?

A verdade é que o ARV, para funcionar, tem que reconhecer determinados sons-tipo, e ter incorporada uma extensa base de dados terminológica, que abranja grande parte do vocabulário da língua a que se destina. Mas não basta a língua: deve também estar equipado com vocabulário técnico, para fazer face às necessidades de cada profissão.

Os ARV's existentes são ainda muito incipientes e lentos na transposição das palavras ditadas. O processo deve ser idealmente instanâneo.

Além disso, apenas a língua inglesa está bem servida. Esforços, ao nível do português, estão a ser desenvolvidos, mas primeiro que os ARV's cheguem à cerrada terminologia jurídica portuguesa, ainda deve demorar uns anos.

No entanto, o futuro está aqui. E o mais difícil está feito: a tecnologia existe. Espera-se o aperfeiçoamento, mas já foi dito como isso acontece rapidamente nos dias que correm.

4.*d*) A consulta de processos e a obtenção de documentos oficiais: Já nos referimos ao envio de peças processuais para o tribunal. E por que não a consulta de processos organizados digitalmente nos Tribunais? E o requerimento e obtenção de documentos oficiais, como certidões notariais?

Vimos no Ponto 0, que o Dr. Silva requereu a consulta dos autos via rede, e que isso lhe foi deferido. Pôde consultar os autos no seu escritório. O processo proposto é simples: é fornecida uma combinação de algoritmos, recorrendo às técnicas da encriptação de mensagens, textos e imagens, que só pode funcionar combinada com a assinatura digital do requerente. Este meio de assegurar a segurança e a privacidade, e até a autenticidade, podia ser igualmente usado na obtenção de documentos oficiais.

Com acesso livre, embora protegidos de intervenção externa, deviam estar certos arquivos públicos, como, por exemplo, O Registo Nacional de Pessoas Colectivas, quando se pretende confirmar se a firma ou denominação a usar não se encontra já registada.

Analisaremos no capítulo seguinte a questão da segurança, mas queremos realçar que não nos atrevemos a sugerir que estas operações se passem na internet. Era muito mais aconselhável o recurso a pequenas redes internas (As já referidas *INTRANETS,* muito em voga nos dias que correm) entre os Advogados e os Tribunais, entre a PGR e os Tribunais, entre a PGR e os Advogados, entre os Advogados e a Conservatória dos Registos Centrais, etc. .

4.*e*) As relações electrónicas: Outro tabu moderno que se gera nas pessoas mais desligadas da revolução tecnológica, e que constitui inclusive a tentativa de justificar o divórcio com o curso indomável do tempo, é que a sociedade informática esfria e artificializa as relações entre os homens.

Muito bem. Ou muito mal. Atrevemo-nos a afirmar que o mais artificial é a própria criação de argumentos falsos e demagógicos, para dar cobertura a uma atitude céptica, ou às técnicas de "avestruz".

Não podemos negar, obviamente, que, em determinadas áreas, o relacionamento humano quase deixa de existir. Mas temos de convir que isso acontece na área do comércio, da indústria e dos negócios, onde não é pertinente que, no dia a dia, em meras operações de rotina, se perca tempo a humanizar. Pode parecer chocante, mas há que ter coragem de afirmá-lo. E para quê? Para que, como já referimos atrás, nos sobre mais tempo para os contactos presenciais.

Ou seja, devemos normalizar as rotinas e os actos que se repetem, para dar um incremento qualitativo ao que varia, ao que faz a diferença.

A título de exemplo: todos nós sabemos como é saboroso o comércio tradicional. Só que nem sempre o comércio tradicional significa mais qualidade, e nem todas as áreas conseguem responder às necessidades e ritmos dos dias de hoje.

Não é bonito ver a agonia do comerciante, quando o barco começa a afundar-se. E será lícito, e justo, defendermos que o comandante do barco deve afundar-se com ele, mesmo quando há uma hipótese de salvá-lo? Mais: só porque é tradição o comandante afundar-se com o barco, devemos facilitar-lhe a tarefa, amarrando-lhe uma ancora aos pés?

Sem querer ser insensível, é obvio que nos dói o coração se o café onde estudámos horas a fio, onde tivemos conversas mágicas, e onde, ainda hoje, já "crescidos", vamos passar umas horitas a ler o jornal, ceder aos cifrões e se transformar num Banco. Mas não podemos ser egoístas ao ponto de defender a sua agonia lenta, ou de exigir que o dono fosse filantropo e masoquista, só para perservar a tradição.

Tudo isto para reafirmar a ideia de que as relações electrónicas, apesar de dispensarem o contacto físico, não perdem, necessariamente, o seu carácter humanista.

Um caso curioso são os chamados canais de "chat" da internet, em que dezenas de pessoas, de diversos pontos do mundo, interagem em conversa. Cada pessoa pode, virtualmente, criar o seu próprio canal, e convidar pessoas para a conversa, sempre sentada em frente ao seu computador.

Claro que começam a formar-se determinados canais que têm uma frequência mais ou menos fixa. Sobre o canal #portugal, surpreendentes estatísticas vieram a lume no final do ano passado, na imprensa escrita e falada. As conversas portuguesas na internet, já geraram dezenas de casamentos. E isso é intrigante, porque o modo de formação dos sentimentos é completamente novo, mas, lá está, não necessariamente mais artificial.

As pessoas começam por ser "nicks", ou seja, escolhem uma alcunha, que usam para a conversa. Depois, está na sua disponibilidade revelar ou não os seus dados pessoais. Com a "convivência virtual", em que se fala de coisas que, provavelmente, nunca teríamos coragem de abordar pessoalmente, há um aprofundamento do sentimento e do conhecimento, e só depois o encontro pessoal. Claro que há certos perigos, como em tudo na vida, mas não será este processo mais autêntico, inclusive, que o tradicional? Mais ao jeito de Platão? É que as pessoas cativam-se, com a certeza que só há uma cumplicidade espiritual de início, sem contacto físico. Poderemos falar aqui de artificialidade?

Deixemos esta pequena reflexão mais abrangente, para darmos nota que esta técnica das "chat" é também válida para a criação de grupos de discussão por áreas específicas, e não é raro verem-se foruns jurídicos on-line. A participação é, contudo, escassa, mesmo à escala do planeta, pois o número de advogados que encontramos na Internet é, ainda, e infelizmente para os que lá estão, residuai.

Coisa completamente diferente é a Vídeoconferência, já com uma vasta utilização na área dos negócios, mas sem que haja nota de algum advogado que a utilize. As potencialidades são imensas, e estão mais ou menos exploradas no ponto O deste trabalho. O Dr. Silva está a braços com um caso de acidente de viação, com julgamento na comarca de Vila Real de Santo António, por Videoconferência.

O Recurso à Vídeoconferência para fins forenses poder-se-ia destinar exactamente a tentar esbater ao máximo as fronteiras do espaço, aumentando as hipóteses de realização dos julgamentos e reduzindo os custos, que, muitas vezes, em processos sumários ou sumaríssimos, não se justificam.

Aliás, a área de aplicação proposta era exactamente essa: processos em que a causa tivesse um valor baixo, inquirições, interrogatórios, enfim, aquelas diligências, que, apesar de mais simples, são as mais numerosas. Claro que deveriam ser desenvolvidos procedimentos que assegurassem a solenidade e autenticidade de uma audiência nestes termos, como, por exemplo, a referida presença de um funcionário judicial em cada uma das "extremidades".

A vídeoconferência será também imprescindível no dia a dia do advogado, nomeadamente para reuniões com colegas no estrangeiro, e até, porque não, com clientes.

A nossa opinião, contudo, é de que, apesar de a técnica da Vídeoconferência estar já mais generalizada que a dos Aparelhos de Reconhecimento de Voz, os advogados vão equipar-se convenientemente primeiro com estes últimos, já que a vídeoconferência, como o fax e como o email, exige duas extremidades, e não terá aderência do mundo forense, enquanto não se generalizar – ou melhor, vulgarizar – nas outras áreas, que por regra andam mais na vanguarda.

58   *As novas tecnologias ao serviço do advogado*

5. A segurança, a privacidade e a fiabilidade

Tanto o e-mail, ou correio electrónico, de que já aqui se falou, como o EDI (Electronic Data Interchange – um sistema, como o nome original diz, de intercâmbio electrónico de dados, ficheiros, imagens, etc.), implicam uma desmaterialização dos documentos, que são plasmados em suporte de papel há centenas de anos. Ora, a desmaterialização coloca-nos problemas de segurança, de privacidade e de fiabilidade. É seguro este meio de transmissão de informações? São fiáveis as informações recebidas? Está preservado o sigilo e a privacidade? É legítima a encriptação de informação?

5.*a***) A Gestão da Segurança**: as questões seguidamente aventadas colocaram-se originariamente num contexto bem diferente da advocacia. Mas o facto de terem surgido nos contratos comerciais, não significa que não tenham interesse na nossa área profissional, quer como objecto de estudo, quer como instrumento a utilizar.

O advogado que tem como suporte de toda a sua actividade os meios informáticos, quer ter certezas "quase" absolutas de que o seu escritório "virtual" é, por um lado, inviolável, e por outro, indestrutível. É pois, necessária uma gestão rigorosa, não só da informação em si, como do modo de a proteger.

"(...) Pior que não ter um bom sistema de segurança, é tê-lo e perdê-lo no momento em que os utilizadores, os procedimentos e os compromissos estão dependentes do sistema informático. (...)"

"(...) O valor da existência destes sistemas deve ser medido pelo custo da sua inexistência. (...)"

São sábias palavras de Mário Macedo, que sintetizam o problema básico. Se o sr. *A* tem uma mansão de luxo, onde gastou todas as suas economias, mas não tem bom seguro de incêndio, sempre vai ficar pior que o sr. *B*, que vive num bairro social, mas segurou convenientemente todos os seus bens; isto, claro, se as respectivas casas arderem.

Continua Mário Macedo: "Os principais factores a considerar na avaliação dos custos são: 1. O custo da perda de dados e paragem do sistema informático; 2. O custo da falta de fiabilidade do sistema informático; 3. O custo da quebra de sigilo da informação existente,"

Para isto, os cuidados a ter na gestão do sistema passam, por exemplo por:

– uma criteriosa escolha das *passwords*. Existem regras para isso.

– a definição das permissões de cada utilizador: está comprovado que a maioria das quebras de sigilo nos sistemas são internas.

– a auditoria regular das tarefas executadas, pois as instruções, internas ou externas, não acontecem, normalmente, à primeira tentativa

– programas de detecção de virus informáticos, actualizados regularmente, já que estes programas só evitam a contaminação por vírus que já conhecem

– um esforço conjunto para não utilizar disquetes ou CD-ROM's de origem duvidosa ou sem terem sido objecto de uma triagem prévia.

– estabelecer uma espécie de plano de emergência dos procedimentos de recuperação.

Contudo, nenhum sistema é infalível. Os "hackers" (utilizadores que se divertem a penetrar em sistemas de segurança) são imprevisíveis, e avança-se, por isso, e cada vez mais, para as INTRANETS, redes dentro da rede global, uma espécie de "condomínio fechado" no contexto da Internet.

A falibilidade de quaisquer sistemas está demonstrada quando nem as que são apelidadas de "mais seguras instituições do planeta", o FBI e a CIA, se conseguem livrar de intromissões. No entanto, não é menos verdade que o armazenamento de dados em papel é ainda mais falível e sujeito a violações, degradações e destruições. Por isso, a proposta informática ainda é a melhor opção, para preservar o poder da informação.

"Os impérios do futuro são os impérios da mente."(Winston Churchill).

5.*b*) A criptografia: utilidade e legitimidade – a criptografia é um método (uma ciência?) de combinar algoritmos, para codificação de mensagens, ficheiros, imagens, voz, e, de um modo geral, toda a informação digitalizada. Existem já diversas empresas de prestação de serviços que vendem encriptação.

E, curiosamente, a criptografia, substitui, por um lado, e afronta, por outro, a própria lei.

Já atrás referimos a constatação de Millard, quando refere que o actual sistema legislativo é tão moroso, que quando a lei entra em vigor, a realidade que foi seu objecto já não existe. Nesta linha de raciocínio, diz-nos Cavazos que "Não é a lei, mas a técnica, a proteger os cidadãos." É aqui que se processa a substituição.

E por que razão afronta a lei um método que se destina a proteger o cidadão no seu direito à privacidade e ao sigilo? Mais facilmente se demonstrará essa possibilidade de afronta, se dermos o exemplo da recente polémica gerada entre a o Departamento de Estado da administração Clinton, e as empresas que exportam *hardware* e *software* de encriptação: é que, nos EUA, o *hardware* e *software* de encriptação de dados são considerados munições, estando assim sujeitos a licença do Departamento de Estado. Mas podíamos referir outros exemplos em que qualquer Estado tem interesse em controlar, por motivos fiscais, determinadas operações, tentando proibir a encriptação.

É necessário, contudo, encontrar um meio termo entre as necessidades das empresas, o respeito pela vida privada e os interesses nacionais na área da segurança e da fiscalidade.

É o Dr. Lopes Rocha que nos lembra, a este propósito, um dos primeiros casos de intrusão na privacidade de alguém através do ciberespaço: foi quando repórteres descobriram que a password da patinadora Tonya Harding era a data do seu aniversário, e tiveram acesso a um email que continha a sua conta telefónica.

5.c) A Natureza, a formação e a prova dos contratos electrónicos – É relativamente consensual que se defina a natureza de um contrato electrónico, sem necessidade de suporte de papel, como um documento particular não assinado.

Miguel Pupo Correia, contudo, tem uma interpretação actualista do art. 371-1 do Código Civil Português, quando considera que uma assinatura digital é válida, e integra a previsão da norma.

Quanto à prova, a regra geral é a da liberdade da prova. De acordo com o art. 386.º do CC, os documentos fazem prova plena, se não forem impugnados.

Questão diferente é a dos documentos que têm uma exigência originária de forma. Mas aqui, o problema não é de prova. É que, sem forma, estes documentos simplesmente ficam afectados de nulidade logo à nascença (art. 220.º CC).

De referir aqui também a admissibilidade, e pertinência prática neste contexto, dos contratos sobre prova (art. 345.º), desde que se refiram a direitos disponíveis.

Quem utilizar o método EDI para transmissão de dados, já está protegido pelos *interchange agreements,* uma teia de contratos com modelos pré-estabelecidos, onde se assentam bases jurídicas, técnicas e de segurança, além do normal recurso às regras gerais dos contratos.

No que concerne ao tempo e lugar, rege o art. 224 do CC, podendo nós chegar ao curioso ponto de estabelecer como lugar do contrato, v.g., um nó da rede.

5.d) Para quando a vitória da desmaterialização? – Os serviços telemáticos (e-mail, EDI e videoconferência) foram já objecto de diversos

As novas tecnologias ao serviço do advogado 61

relatórios oficiais, que analisaram minuciosamente as implicações jurídicas da utilização em massa destes recursos.

O mais ousado terá sido o Relatório Bangheman, dirigido pelo Comissário Europeu do mesmo nome, e o mais conservador o relatório Therry, este francês. No meio termo, encontramos o Green Paper norte americano.

Infelizmente, nenhum deles parece ter dado ainda o grande impulso para instituir, pelo menos, a admissibilidade legal, a nível mundial, da factura electrónica. No entanto, foram identificados os principais obstáculos, que são:

– O formalismo jurídico

– Os deveres contabilísticos e fiscais que não dispensam o suporte do papel.

Quanto ao primeiro, já nos referimos acima à questão da prova, e à contribuição da interpretação actualista de Miguel Pupo Correia, que considera plenamente válida a assinatura digital. É pelos mesmos motivos que este autor considera não subsistirem obstáculos legais de monta na legislação portuguesa, para que não se admita a factura electrónica como um documento válido, mesmo dispensando o output em papel.

Quanto ao segundo obstáculo, é sabido que as insituições oficiais portuguesas que se ocupam das questões fiscais e contabilísticas são das mais vanguardistas no que toca à aceitação e integração das novas tecnologias.

Os métodos de controlo dos sistemas de informação são mais rápidos e fiáveis, e as empresas têm tudo a ganhar em colaborar com a Administração Fiscal: ganham em tempo, em burocracia e em custos.

Há quem refira que é perfeitamente possível, se a contabilidade dependesse apenas de registos informáticos, criar uma 2.ª contabilidade ad *usum fiscus* . A este propósito, escreve Saldanha Sanches: "Parece que as possibilidades de fraude em documentos só com suporte informático não são maiores que com o recurso aos métodos tradicionais."

A legislação portuguesa já contém normas expressas que vão no caminho da desmaterialização, nomeadamente o Código das Sociedades Comerciais, no que toca ao Registo Informático de Acções.

Em relação à segurança, como já dissemos atrás, é óbvio que não se pode assegurar a infalibilidade. Mas assegura-se um sistema de qualidade. Lopes da Rocha defende, inclusive, que "A telemática pode ser bem mais sequra que os métodos tradicionais."

B) QUESTÕES DEONTOLÓGICAS

1. Art. 78.º *a*) do E.O.A.: o verdadeiro escopo deste trabalho

A Parte final do art. 78.º, alínea *a*), do Estatuto da Ordem dos Advogados, define de forma rigorosa o verdadeiro escopo das presentes páginas. "Constituem deveres do advogado para com a comunidade pugnar (...) pelo aperfeiçoamento das instituições jurídicas."

Queremos realçar o verbo "pugnar", para afastar qualquer entendimento de que pode haver pretensiosismo da nossa parte.

Não. O que se pretende é abanar a árvore, acordar o gigante, beijar a bela advocacia adormecida. Este é o nosso contributo.

2. A publicidade e a especialização

Neste campo específico, vamos estabelecer um confronto entre a realidade prática e o obstáculo que uma interpretação restritiva da lei pode constituir à modernização e adaptação do mundo forense a essa nova realidade, ou seja: no fundo, como as normas do EOA relativas à Publicidade podem constituir, de certa forma, um entrave ao cumprimento do plasmado no artigo 78.º, alínea *a*) do EOA, acima referido.

Concordamos que a Publicidade dos advogados deve estar regulamentada com rigor, pois existe nisso um interesse público, mas demonstraremos que determinados entendimentos que podem ser feitos do art. 80.º do EOA, podem prejudicar os advogados portugueses, em relação a colegas estrangeiros.

A estes problemas está intimamente ligado o da menção de especializações em áreas jurídicas.

Numa pequena viagem na Internet, podemos observar milhares de páginas de advogados em todo o mundo. Considerando que, hoje em dia, as fronteiras tendem a esbater-se, o advogado português fica numa posição de séria desvantagem em relação aos seus colegas do resto do mundo.

Deitemos um olhar à realidade europeia. Na UE, as próprias fronteiras físicas caminham para o desaparecimento, e alarga-se a liberdade do exercício da advocacia em qualquer ponto da Europa.

Sabendo nós que, na Internet, já não existem fronteiras e o acesso é basicamente livre (a própria área jusautoral está a dar lugar a um novo ramo do direito, a *Access Law*, ou *Direito de Acesso*, em que se pretende exercer algum controlo sobre essa liberdade), um advogado estrangeiro, podendo publicitar livremente os seus serviços profissionais, terá um efeito pernicioso no campo de acção do advogado português, que está de mãos atadas.

O mesmo raciocínio poderá expender-se na questão da especialização. Se ao advogado estrangeiro é permitido anunciar uma especialização, isso terá reflexo na solicitação por clientes que pretendam serviços específicos.

E será que a proibição da especialização tem sentido nos dias de hoje? É que, se na Idade Média, o homem tinha uma tendência para a aprendizagem mundividente, o ritmo infernal que se vive nos dias de hoje permite, cada vez menos, a concentração de demasiadas áreas do saber num só homem. Não se estará a subalternizar a eficiência do trabalho do advogado? Mais: não se estará a tapar o sol com a peneira, quando sabemos que, na prática, mesmo em Portugal, a especialização existe?

Compreende-se que, fiéis à formulação do art. 78.º-9) do EOA, se admita que a publicidade descontrolada pode influir na escolha directa e livre de um mandatário. Mas não terá a proibição da publicidade apenas um sentido nacional, embora de interesse público, que deixa que o mundo sem fronteiras, pleno de agressividade, ignore os nossos profissionais do foro?

Não falamos, note-se, da publicidade descontrolada, mas de uma nova lei que, regulamentada de acordo com o interesse público, permitiria aos mais afoitos, aos mais dinâmicos reduzir o fosso, que se vai alargando, entre Portugal e países mais liberais.

Um exemplo curioso, demonstrativo das potencialidades que a Internet pode ter, passou-se mesmo connosco, quando enviamos três e-mails a colegas de Espanha, França e Itália, um de cada país, a pedir-lhes uma opinião quanto à permeabilidade dos seus mundos forenses às novas tecnologias. Todos foram céleres a responder, permitindo constatar que o panorama europeu é um pouco desolador, apesar de bem mais animador em Itália do que nos outros países. Foi mesmo de Itália que veio, inesperadamente, o pedido de um parecer jurídico, directamente dirigido ao autor deste trabalho. O parecer foi dado, os honorários foram pagos, e estabeleceu-se uma frutuosa relação de correspondência profissional. O simples facto de demonstrarmos um certo dinamismo e, mais importante ainda, "estarmos lá", deu frutos.

Apesar de já o termos feito mentalmente, não vemos grande pertinência em fazermos uma análise minuciosa da lei, para, demagogicamente, tentarmos encaixar-lhe a legitimidade de ter uma página na internet, afirmando coisas do tipo: "O art. 80.º, n.º 4 do EOA, quando admite a afixação de

64 *As novas tecnologias ao serviço do advogado*

tabuletas no exterior, pode incluir neste conceito de exterior, numa interpretação actualista, o próprio espaço cibernético." ou "A inserção de meros anúncios em jornais é compatível com a inserção de meros anúncios na Internet".

A última ideia aventada até nos é simpática, mas só nos excusamos a cair naquelas considerações, porque nos parece que a *ratio legis* do art. 80.º EOA não admitirá a página profissional de um advogado na Internet.

No entanto, como se disse acima, consideramos que as instâncias com responsabilidade nesta matéria devem considerar seriamente uma actualização da lei. A própria Ordem demonstra ser sensível aos novos ventos, e também possui a sua página na WWW.

3. O segredo profissional e o segredo de justiça

Agostinho Eiras dá-nos uma ideia da diferença entre os dois conceitos (2 – p. 8):

"O segredo de Justiça não é um segredo profissional nem com ele se confunde, quer objectiva, quer subjectivamente. Não é segredo profissional no plano objectivo porque, neste, os dados apreendidos destinam-se a manter-se ocultos, e naquele deverão ser tornados públicos a final; também não o é no plano subjectivo, porque no segredo profissional, as matérias ocultas são levadas ao conhecimento daqueles que merecem especial confiança, e no segredo de justiça os factos são relatados por detentores do segredo ao juiz (...). No caso do segredo profissional, aquele que o recebeu só o pode divulgar com autorização – os advogados nem assim, dizemos nós –, assegurando a imunidade do informante; no segredo de justiça, o juiz não pode guardar segredo nem assegurar imunidades."

Geram-se, pois, quando se fala de segredo de justiça, interesses conflituantes entre o Direito à Informação dos Advogados, e o interesse de realização da justiça. E aí pode residir mais uma vez a diferença entre uma má defesa e uma boa acusação, quando o acusado tem uma mordaça e os seus movimentos se tomam impossíveis, mesmo quando isso não se Justifica.

É nosso entender que, com o advento das novas tecnologias, as premissas básicas se mantêm. Defendemos, inclusive, que, tanto no segredo profissional, como no segredo de justiça, as leis actuais podem ser mais eficientes, se articuladas com as novas tecnologias.

Com efeito, o sitema instituído nos arts. 86.º a 89.º do Código de Processo Penal, pode revelar maior eficiência quando os processos forem totalmente digitalizados. O juiz que tem o processo a seu cargo pode deter, na fase de segredo, o conhecimento exclusivo da combinação encriptada que permite aceder aos autos, e fornecê-la apenas a quem tem legitimidade. Isto poderia evitar que os autos corressem as mãos de todos os funcionários judiciais, o que reduziria as hipóteses de fuga de informação.

4. O caso específico do sigilo profissional

As novas tecnologias podem não ter qualquer influencia nas regras, legais ou deontológicas, que se impõem ao advogado. Vejamos alguns casos:

4.a) O art. 177.°, 3 do CPP e os arts. 59.° a 61.° do EOA: as buscas em escritório de advogado – a única diferença que poderemos descortinar aqui é na recolha de documentos durante a busca. Fica significativamente mais complexa. Com efeito, se o transporte de documentação digital poderia ser feito em suportes análogos à disquete, não nos parece que isso respeitasse a necessidade de selagem, no caso de reclamação (61.° EOA). Haveria necessidade de transportar e selar todo o material técnico que pudesse conter documentos relevantes, o que poderia causar grandes prejuízos ao advogado, e fazer perigar seriamente o segredo profissional.

Outra questão seria a necessidade, em alguns casos, de obrigar o advogado a divulgar a fórmula encriptada que servia de protecção a determinados documentos sigilosos.

4.b) A consulta jurídica e o sigilo: Terá a possibilidade de conceder consultas jurídicas via rede (Internet ou Intranets), implicações ao nível do sigilo profissional?

Obviamente que devem ser logo colocados determinados cuidados ao nível da identificação do cliente, ou correr-se-ia o risco de podermos estar a prestar esclarecimentos a partes contrárias.

Esses cuidados começam no acesso limitado à própria "morada cibernética" do advogado, que deveria ter uma linha própria e encriptada a funcionar exclusivamente para esse fim, e passariam pela rigorosa identificação do cliente, com recurso aos métodos da assinatura digital (ver acima, o capítulo da segurança).

Deste modo, seria possível preservar o segredo de maneira ainda mais eficaz que pela via telefónica, ou, até, porque não, pela via pessoal. As paredes não têm ouvidos?

O principal problema que nos parece levantar a consulta jurídica via rede é idêntico ao que identificamos nas vias convencionais: os juristas não-advogados, apenas Licenciados em Direito, não estão obrigados ao sigilo. Raras vezes as pessoas estão esclarecidas em relação a este aspecto, o que pode ter efeitos nefastos em consultas por métodos que, apesar de eficazes e práticos, são despersonalizados.

Por isso, pensamos ser aconselhável que os primeiros contactos sejam sempre pessoais; só a partir daí será possível assentar procedimentos específicos para que a relação profissional se possa desenvolver "ciberneticamente".

No âmbito das nossas investigações, encontramos um site italiano chamado "Avvocato On-Line", construído por um grupo de advogados de Florença, que davam consultas gratuitas em rede. Pareceu-nos, à primeira vista, que este sistema constituiria uma espécie de engodo, para futuro aprofundamento dos contactos. No entanto, tivemos resposta pronta às nossas dúvidas, e não fomos aliciados de forma alguma. É certo que é pouco rentável, mas não deixa de ser a prestação de um valioso serviço público.

Não nos parece, contudo, que fosse possível em Portugal. Ainda que se admitisse um sistema desse género, por iniciativa da Ordem dos Advogados, na linha das consultas jurídicas que se organizam para pessoas carenciadas, haveria dificuldade na prova da insuficiência económica. Mas não impossível: por exemplo, seria possível enviar via rede um Atestado de pobreza da Junta de Freguesia, autenticado por assinatura digital.

Outro exemplo seria a comunicação por Intranets: por exemplo, com um terminal nas Câmaras Municipais, onde as pessoas se deslocariam para serem consultadas, e outro no escritório do advogado que se inscrevera para dar consultas, ou nas próprias instalações da Ordem dos Advogados.

4.*c*) A presença no escritório como sigilosa: Devemos, neste tema, avançar para uma interpretação actualista do art. 81.°, 1-*a*) do EOA.

Poderia a solicitação de consulta via rede ser considerada como "presença no escritório do advogado", e estar assim, sujeita ao Sigilo Profissional?

Temos tendência a pensar que sim, mas logo nos lembramos de distorções que facilmente podem ser provocadas numa causa, e que se podem integrar no contexto do n.° 2 do art. 81.° do EOA: lembremo-nos daquele exemplo do cliente que, numa pequena cidade ou vila, querendo impedir a outra parte de se fazer defender por advogados locais, resolve consultar todos os advogados com escritório na dita vila, confiando-lhes matéria sigilosa, e impossibilitando assim uma aceitação de mandato da parte contrária.

Na Internet, os efeitos seriam escandalosos: bastava enviar um e-mail a todos os advogados da vila, pedindo-lhes opinião sobre o caso. É por isso que defendemos, uma vez mais, que, num primeiro contacto, a consulta deve ser sempre pessoal.

5. A cessação de mandato

Cessando o mandato, o sistema informático do advogado pode estar preparado para a emissão automática da Nota de Despesas e Honorários, e seu envio por e-mail. Cremos que a articulação automática destes dois passos só terá sentido nos mandatos menos personalizados, em que o cliente, normalmente, é uma empresa. No caso de um particular, parece-nos que as duas operações devem ser realizadas em momentos distintos.

No âmbito do art. 84.° do EOA, temos também a questão da **devolução de documentos,** findo o mandato, bastante facilitada se apenas tiverem um suporte digital. A questão da autenticidade do documento que se devolve pode também ser resolvida pela assinatura digital, que não passa para uma reprodução. A assinatura digital pode, inclusive, impossibilitar a cópia do documento, o que, como sabemos, é impossível no suporte de papel.

6. A discussão pública de questões profissionais

É concerteza discussão pública de questões profissionais, a conversa sobre uma questão pendente ou a instaurar, num Fórum ou grupo de discussão na Internet, integrando a previsão do art. 82.° do EOA.

A questão é que, obviamente, o advogado que, pretenda discutir uma questão dessas num fórum cibernético, o faria sob a capa do anonimato, tentando "apalpar" o pulso e saber a opinião de colegas e de leigos.

A Ordem dos Advogados teria sérias dificuldades em exercer um controlo neste caso, o que se poderia revelar bastante pernicioso, já que um advogado pode, por este meio, difundir massivamente as suas opiniões, e tentar influenciar determinados "lobbies", e ainda assim nunca ser detectado, a não ser que fosse denunciado. O facto é que, mesmo assim, seria sempre difícil, quase impossível, a prova destes factos.

A solução restringe-se, realmente, neste caso, à consciência e à formação deontológica de cada um de nós, já que a Internet pode revelar-se um meio tão poderoso, que as consequências de um acto impensado podem ser incontroláveis.

CONCLUSÃO

Não somos, nem queremos ser, os D. Quixotes da Advocacia

Não se pretendeu, de modo algum, com estas modestas linhas, revolucionar ou agitar o estado de coisas no mundo forense. De maneira nenhuma.

O que quisemos foi rasgar um pouco os horizontes, para que nos lembremos, nas nossas vidas tantas vezes apinhadas de trabalho, em que se caminha permanentemente na corda bamba, e onde as preocupações com a saúde ficam na gaveta, que é possível fazer as máquinas trabalhar por nós, em determinadas tarefas mais ingratas e aborrecidas.

Fica a sobrar tempo para viver.

Se o diagnóstico foi cinzentão, isso decorre da tal postura socrática que, humildemente, quisemos adoptar. Desculpem os colegas a ousadia.

O propósito foi apenas contribuir para uma tomada de consciência, e para que se note mais preocupação da nossa parte em participar nos processos evolutivos da Sociedade.

Nós que, afinal, devemos tomar o pulso ao mundo, enquanto olhamos para a lei.

E devemos tomar o pulso à lei, enquanto olhamos para o mundo.

Devemos ser sensíveis ao devir.

Detivemo-nos com determinação, na missão que nos foi confiada pelo art. 78.°-*a*) do EOA.

Os resultados, só os saberemos no amanhã, além de nós.

ÍNDICE

-1. Um "clique" prévio em jeito de introdução	37
0. Meio dia na vida do doutor Silva	39

A) QUESTÕES TÉCNICAS

1. O advogado cibernauta não é um advogado virtual	42
2. Definição de coordenadas	45
2.*a)* O inevitável enquadramento histórico	45
2.*b)* Navegar é preciso	46
3. Novos rumos	47
3.*a)* As faculdades de direito virtuais	47
3.*b)* A realidade virtual nos tribunais	48
3.*c)* A imensidão de bases de dados e bibliotecas jurídicas	48
3.*d)* A consulta jurídica em rede	49
3.*e)* Uma viagem pelas instituições portuguesas já disponíveis na rede	49
4. Os meios técnicos ao serviço dos advogados	52
4.*a)* Uma utilização inteligente do processador de texto:	52
4.*b)* Os "scanners" e a sua articulação com o e-mail	53
4.*c)* Os revolucionários aparelhos de reconhecimento de voz	53
4.*d)* A consulta de processos e a obtenção de documentos oficiais	55
4.*e)* As relações electrónicas	55
5. A segurança. A privacidade e a fiabilidade	58
5.*a)* A Gestão da segurança	58
5.*b)* A criptografia: utilidade e legitimidade	59
5.*c)* A Natureza, a forrnação e a prova dos contratos electrónicos	59
5.*d)* Para quando a vitória da desmaterialização?	59

B) QUESTÕES DEONTOLÓGICAS

1. Art. 78.°-*a)* do E.O.A.: o verdadeiro escopo deste trabalho	62
2. A publicidade e a especialização	62
3. O segredo profissional e o segredo de justiça	64
4. O caso específico do sigilo profissional	65
4.*a)* As buscas em escritório de advogado	65
4.*b)* A cessação de mandato	65
4.*c)* A consulta jurídica e o sigilo:	66
4.*d)* A presença no escritório como sigilosa	
5. A cessação de mandato	67
6. A discussão pública de questões profissionais	67
Conclusão	68

A responsabilidade do transportador na Convenção de Genebra de 19-5-1956 relativa ao contrato de transporte internacional de mercadorias por estrada (CMR).*

Leandro Covas

CAPÍTULO I
Considerações preliminares

I – Importância estrutural e estratégica da actividade transportadora nas sociedades e economias europeias do final do século XX.

II – O contrato de transporte e suas especificidades jurídicas.

i) Conceito. Características gerais.

ii) O contrato de transporte enquanto modalidade de contrato de prestação de serviços.

iii) O título do contrato: a guia de transporte. Suas características e valor jurídico.

III – O contrato de transporte e o contrato de compra e venda internacional. A Convenção das Nações Unidas sobre os contratos de compra e venda internacional de mercadorias (de 11 de Abril de 1980). Os *INCOTERMS*.

IV – *A Convenção relativa ao contrato de transporte internacional de mercadorias por estrada (CMR).*

i) Breve resenha histórica. O Protocolo de Genebra de 5-7-78. Países signatários e países aderentes.

---

* Aprovada, para adesão, pelo DL n.º 46 235, de 18-3-65 e modificada pelo protocolo de genebra, de 5-7 1978, aprovado, para adesão, pelo decreto n.º 28/88, de 6-9.

ii) Âmbito de aplicação:

a) Os artigos primeiro e segundo da CMR.

b) A imperatividade da CMR: os artigos trigésimo primeiro, trigésimo terceiro, quadragésimo e quadragésimo primeiro.

c) O artigo sexto, número 1, alínea k) da CMR.

d) O artigo quadragésimo sexto da CMR. O ponto primeiro do Protocolo de assinatura.

I. IMPORTÂNCIA ESTRUTURAL E ESTRATÉGICA DA ACTIVIDADE TRANSPORTADORA NAS SOCIEDADES E ECONOMIAS EUROPEIAS DO FINAL DO SÉCULO XX

O acto de transportar é tão antigo quanto o próprio Homem. É uma actividade ancestral que, de uma ou outra forma, sempre se encontrou instintivamente ligada à espécie humana. Para sobreviver, a nossa espécie precisa de transportar e de se fazer transportar e foi esta necessidade que impulsionou descobertas tão fundamentais como a roda. Esta é uma realidade indesmentível e insofismável. Mas que lugar ocupa esta actividade no final do século? Quais as dificuldades que encontra no presente e quais as que encontrará no futuro? – Estas interrogações são válidas e pertinentes. No entanto, a grande questão que nos deve ocupar enquanto juristas é a seguinte: Qual o reflexo previsível de tudo isto no ordenamento jurídico e vivência forense?

O pós-guerra trouxe consigo transformações consideráveis no mapa geo-político de todo o mundo. Ultrapassados que estão os traumas da guerra fria, verificamos que o centro gravitacional das relações estaduais não está tanto ao nível do político como do económico. Os pactos de amizade são cada vez mais comerciais do que políticos, a cooperação entre Estados reporta-se cada vez mais às tecnologias civis do que às militares, enfim, consolidou-se um ambiente e uma mentalidade não beligerante que é sempre condição imprescindível à paz. Exceptuando pequenos focos de tensão, o referido é especialmente verdade para o Continente Europeu. A Europa soube erguer-se das cinzas de duas guerras mundiais devastadoras e é hoje uma das grandes potências económicas do virar do século. Essencial para a sua recuperação económica e política foi a aliança estratégica com os Estados Unidos da América. O "plano Marshall" concretizou na prática diplomática aquilo que duas guerras sangrentas haviam dolorosamente demonstrado: o equilíbrio geo-político deixara de ser regional para ser global. Tudo estava interligado e tudo poderia influenciar o rumo dos acontecimentos. A segurança nacional não estava no domínio, mas na ausência dele. As décadas seguintes implantaram uma *nova ordem mundial* que felizmente, e apesar da tensão inicial, singrou depurada da ameaça nuclear.

Estava assim garantida a condição *sine qua non* de todo e qualquer desenvolvimento social e económico. Brotaram por todo o globo organizações interestaduais de carácter económico e político. Surgiram blocos económicos de feição regional. A declaração de *Robert Schuman*, datada de 9 de Maio de 1950, que se propunha colocar o conjunto da produção franco-alemã de carvão e aço sob uma "Alta Autoridade" comum numa organização aberta "à participação de outros países da Europa" constituiu a génese impulsionadora da unificação europeia em bases novas. O *Tratado de Roma* de 25 de Março de 1957 representa a pedra angular de toda a construção europeia e um marco comemorativo para os activistas da ideia de um *Mercado Comum* por ele instituída. Nele se vertem os vectores de uma Europa consagrada à cooperação económica, social, e política. A política comum de transportes (Título IV do Tratado de Roma), a livre circulação de mercadorias (Título I do Tratado de Roma), a união aduaneira (Capítulo I do Tratado de Roma) e a livre circulação de pessoas, serviços e capitais (Título III do Tratado de Roma) são apenas algumas das orientações que moldaram a realidade do final deste século.

Quando *Marshall Macluhan* descreveu o Mundo como uma "aldeia global" estava longe de se aperceber do seu real alcance. Mais do que se limitar ao universo da Sociologia ou Psicosociologia dos *mass media*, esta expressão é o espelho da realidade presente e, como acredito, da futura. As distâncias mantêm-se, mas o tempo de percurso entre elas é cada vez mais insignificante. Desenvolvem-se diariamente novos meios de comunicação e aperfeiçoam-se os já existentes, encoraja-se a sua massificação e banaliza-se a sua utilização. A exploração comercial do Espaço e da *Internet* são exemplos previsíveis dos desafios que se nos apresentam. À crescente complexidade destes desafios corresponde uma igual exigência sobre o mundo do Direito na sua globalidade. É preciso autonomizar o estudo do Direito dos Transportes, fazê-lo de uma forma compreensiva no sentido de o aperfeiçoar sempre que o comércio jurídico assim o exija, preparar os tribunais para a complexidade e especificidade que ele apresenta. A globalização dos mercados e do consumo implica uma actividade transportadora crescente e frenética nos anos vindouros pelo que podemos prever também um crescendo na litigação daí resultante. Enquanto juristas temos que estar preparados para o desafio com que nos confrontamos.

II. O CONTRATO DE TRANSPORTE E SUAS ESPECIFICIDADES JURÍDICAS

i) Conceito. Características gerais

O contrato de transporte, enquanto fonte de obrigações, apresenta um conjunto de características que podemos considerar comuns a qualquer outro tipo contratual. Mas apesar de partilhar dos elementos essenciais a qualquer relação obrigacional, o contrato de transporte ostenta um conjunto de especificidades que moldam decisivamente a sua disciplina jurídica e que resultam, em concreto, de três ordens de factores:

a) do meio e via de transporte utilizada;

b) daquilo que é transportado;

c) do âmbito territorial do transporte.

Desde logo, o contrato de transporte será terrestre (rodoviário ou ferroviário), marítimo, fluvial ou aéreo consoante o instrumento ou via utilizada para o transporte. Esta distinção é de uma importância fundamental pois as exigências e particularidades por eles impostas influenciam decisivamente a disciplina jurídica de cada tipo contratual. Parece evidente que o transporte marítimo apresenta um conjunto de especificidades muito distintas das do transporte terrestre ou aéreo. Ao direito compete dar uma resposta cabal a estas necessidades e dificuldades singulares de modo a prevenir e dirimir a conflituosidade delas emergente. Daí a inexistência de uma regulamentação unitária para o transporte: sobre o transporte terrestre internacional rege a convenção de Genebra de 1956 (CMR – Convenção relativa ao contrato de transporte internacional de mercadorias por estrada); sobre o transporte aéreo de mercadorias, bagagens e passageiros rege a Convenção de Varsóvia – Convenção para a unificação de certas regras relativas ao transporte aéreo internacional – assinada em 12/10/1929 e modificada pelo protocolo de Haia assinado em 28/09/1955; sobre o transporte marítimo de mercadorias rege a Convenção de Bruxelas de 1924 sobre conhecimentos de carga; sobre a abalroação rege a Convenção de Bruxelas de 1910; sobre a assistência e salvação marítimas rege a Convenção de Bruxelas de 1910; sobre o transporte de passageiros por mar rege o Dec.-Lei 349/86 de 17 de Outubro; sobre o contrato de fretamento rege o Dec.-Lei n.º 191/87 de 29 de Abril...

Outra distinção que se apresenta como elementar é a que se reporta ao objecto do transporte. Uma coisa é o transporte de mercadorias e outra bem diferente é o transporte de animais vivos ou, ainda mais evidente, de passageiros. Cada tipo de transporte tem as suas particularidades, mas o transporte de passageiros exige uma abordagem jurídica que contemple condignamente a mais-valia emergente da dignidade humana. Exemplo deste tratamento legislativo diferenciado, nos moldes atrás enunciados, é a existência de diplomas legais distintos para o transporte público rodoviário internacional de passageiros (Dec.-Lei 53/92, de 11 de Abril) e o transporte internacional de mercadorias por estrada (CMR).

Finalmente, também o âmbito territorial do transporte lhe confere peculiaridades que impõem um tratamento jurídico diferenciado. As diferenças registadas reflectem-se, principalmente, ao nível dos requisitos de acesso à profissão e ao mercado (v.g. Dec.-Lei 229/92, de 21 de Outubro e Dec.-Lei 53/92, de 11 de Abril referentes ao transporte público rodoviário interno de passageiros e ao transporte público rodoviário internacional de passageiros, respectivamente).

Numa mesma ordem de ideias diz o *Prof. Fernando Mendonça*: "No âmbito da nossa disciplina, o transporte pode ser conceituado sob diversos aspectos: como **acto**, como **meio**, como **contrato**.

Como **acto**, podemos dizer que o transporte é a acção de conduzir pessoas ou coisas de um lugar para o outro;

Como **meio**, é o instrumento com que se realiza o acto de transportar;

Como **fonte de obrigações**, transporte é o contrato pelo qual alguém se obriga a conduzir pessoas ou coisas de um lugar para o outro"[1].

Mas qual a melhor forma de conceituar o contrato de transporte internacional de mercadorias por estrada?

Ripert define o contrato de transporte como "a convenção pela qual uma pessoa se obriga, mediante remuneração, a entregar, em certo lugar, uma coisa que lhe foi confiada".

Já *Cunha Gonçalves* afirma que "contrato de transporte é o que se celebra entre aquele que pretende fazer conduzir a sua pessoa ou as suas cousas de um lugar para outro e aquele que, por um determinado preço, se encarrega dessa condução"[2].

Para *C. A. Ferreira de Almeida* o contrato de transporte tem por "objectivo característico a obrigação do transportador, que consiste em deslocar, com segurança e exactidão, pessoas, animais, bagagens e mercadorias"[3].

Farias da Silva afirma que "pelo conceito do próprio contrato, a principal obrigação do transportador é entregar a coisa objecto do deslo-

---

[1] In "Direito de Transportes", pág. 2.
[2] Cunha Gonçalves, "Comentário ao Código Comercial Português", 2.º vol. – 394.
[3] Estudo inserto na RT, 87.º – 147.

camento, no local previamente combinado, na maneira e condições pactuadas"[4].

Finalmente, *René Rodière* define o contrato de transporte marítimo: "C'est le contrat par lequel un transporteur sóblige à déplacer par mer, sur une relation définie, une marchandise définie, moyennant le payement d'un fret déterminé"[5].

Assim, no âmbito da CMR, poderemos definir o contrato de transporte internacional de mercadorias por estrada como sendo *o contrato que se celebra entre aquele que pretende fazer deslocar mercadorias de um país para outro e aquele que se encarrega de as conduzir, por estrada e na forma e condições pactuadas, para o local previamente acordado, mediante o pagamento do respectivo preço (frete).*

ii) *O contrato de transporte enquanto modalidade de contrato de prestação de serviços*

Definido que está o conceito de contrato de transporte, importa agora estabelecer a sua natureza jurídica, ou seja, aquele conjunto de características essenciais que qualificam primariamente o seu regime jurídico e o definem tipicamente de modo a permitir a sua destrinça de outras figuras contratuais afins.

Diz o art. 1154.° do Código Civil: "Contrato de prestação de serviço é aquele em que uma das partes se obriga a proporcionar à outra o resultado do seu trabalho intelectual ou manual, com ou sem retribuição". Ideia fulcral do contrato de prestação de serviços parece ser pois a existência, para o credor do serviço, do direito a um resultado previamente acordado e de um dever, para o devedor do serviço, em proporcionar, através do seu trabalho intelectual ou manual, esse resultado. Analisando comparativamente os dois conceitos, podemos estabelecer um paralelismo mais que evidente entre eles: com o contrato de transporte o transportador obriga-se a um resultado, ou seja, a transportar, de acordo com as instruções que lhe são dadas pelo co-contraente, certas mercadorias de um dado local para outro previamente determinado, enquanto ao credor do transporte corresponde o direito de exigir esse resultado. Podemos assim concluir que o contrato de transporte é uma modalidade do contrato de prestação de serviço a que se refere o art. 1154.° do Código Civil. No mesmo sentido

---

[4] In "Contrato de transporte de coisas", Liv. Académica, S.P., pág. 99.
[5] In "Un traité générale de Droite maritime, affrètements et transports", II/11.

se pronunciaram *Vaz Serra*, *Galvão Telles*, e *C. A. Ferreira de Almeida*, concluindo este último que "na falta de regulamentação específica, lhe são aplicáveis (ao contrato de transporte) as normas relativas ao contrato de prestação de serviços", ou seja, as disposições sobre o mandato seriam subsidiariamente aplicáveis, com as necessárias adaptações, ao contrato de transporte sempre que a lei não o regulasse especialmente (art. 1156.º do Código Civil).

Do contrato de transporte resulta pois uma obrigação de resultado e não uma obrigação de meios ou de garantia. Naquela, o devedor compromete-se a alcançar o resultado final tido em vista pelo credor, enquanto nesta ele se obriga apenas a desenvolver uma certa actividade para alcançar esse resultado. Contudo, importa esclarecer o conteúdo desta obrigação de resultado que recai sobre o transportador pois, como bem afirma *Jorge Leite*, "esta é uma outra clarificação que importa sublinhar: a obrigação assumida pelo devedor de serviços num contrato de prestação de serviços não pode tomar-se, sem mais, como aquilo que, em geral, a doutrina designa por obrigação de resultado. Sem dúvida, no contrato de prestação de serviços, o devedor obriga-se (...) a proporcionar um certo resultado ao respectivo credor. Mas não se obriga, necessariamente, nem se obriga normalmente nos contratos de prestação de facto positiva, a conseguir o resultado (final) que o credor tem em vista. Ele obriga-se apenas, em regra, a prestar um serviço. O resultado que nestes casos está *in obligatio* pode consumir-se no *serviço prestado* mesmo que com ele se não alcance o fim a que tende. (...) O que, nestes casos, está *in obligatio* é o *próprio serviço que o devedor se compromete a proporcionar ao credor*, serviço que, naturalmente, traduz o resultado de uma actividade."[6] Como adiante se verá, o contrato de transporte é, na maioria das vezes, colocado ao serviço de outros interesses do credor do transporte que não exclusivamente a deslocação de mercadorias. O transporte das mercadorias é, normalmente, simples condição para que se produzam os efeitos da compra e venda que lhe deu origem. Temos portanto uma dupla graduação de interesses: um *interesse primário* que consiste na produção dos efeitos da compra e venda e um *interesse secundário* que corresponde ao transporte das mercadorias. Não parece pois razoável vincular o transportador a um interesse e a um risco que lhe é alheio e que resulta de um contrato que lhe é *res inter alios acta*. O transportador está tão somente vinculado a um resultado: prestar o

---

6 Jorge Leite, "Direito do Trabalho – Lições ao 3.º ano da Faculdade de Direito", Coimbra-1982, pág. 230/231.

serviço que corresponde à actividade de transportar as mercadorias de um lugar para outro de acordo com as instruções fornecidas.

Já se disse que o transportador, no exercício da sua actividade, está vinculado às instruções que lhe são fornecidas pelo credor do transporte. Mas qual é o conteúdo e quais são os limites destas instruções? Até onde vai a capacidade do expedidor conformar a actuação do transportador?

A obrigação emergente do contrato de transporte é, para o transportador, pessoal no sentido em que este se compromete com um resultado. Simplesmente, tal não significa que ele se coloque à disposição do beneficiário do transporte. O transportador goza de uma considerável dose de autonomia na programação da sua actividade e na definição dos meios e tempo de execução desta, ainda que com observância do contratualmente estabelecido e das instruções legítimas que lhe sejam dirigidas. Estas são sempre de natureza genérica e têm como função fornecer ao transportador a orientação geral que deve presidir ao seu trabalho.

Embora pessoal, a obrigação que recai sobre o transportador também não significa que este esteja adstrito a executar pessoalmente, ou seja, *ele mesmo*, a actividade contratada. Com efeito, não constitui elemento essencial do contrato que a deslocação das mercadorias seja efectuada pelo transportador (originário) contraente. O transportador pode sempre recorrer a terceiros para cumprir o contrato sem que isso implique que tenha de dar conhecimento desse facto à outra parte. É neste sentido que o art. 367.º do Código Comercial estabelece: "O transportador pode fazer efectuar o transporte directamente por si, seus empregados, ou por empresa, companhia ou pessoas diversas" conservando o transportador que primitivamente contratou com o expedidor a sua original qualidade e assumindo "para a empresa, companhia ou pessoa com que depois ajustou o transporte, a de expedidor". O art. 377.º do mesmo Código completa este raciocínio ao prescrever que "O transportador responderá pelos seus empregados, pelas mais pessoas que ocupar no transporte dos objectos e pelos transportadores subsequentes a quem for encarregado do transporte". Disciplina semelhante estabelece o art. 3.º da CMR ao estipular que "Para a aplicação da presente convenção, o transportador responde, como se fossem cometidos por ele próprio, pelos actos e omissões dos seus agentes e de todas as outras pessoas a cujos serviços recorre [incluindo, portanto, o subtransportador] para a execução do transporte, quando esses agentes ou essas pessoas actuam no exercício das suas funções". Para evitar que o transportador possa fugir à sua responsabilidade alegando faltas de pessoas não directamente implicadas no transporte, estabelece o art. 17.º n.º 3 da CMR: "O transportador não pode alegar, para se desobrigar da sua responsabilidade, nem defeitos do veículo de que se serve para efectuar o transporte, nem faltas da pessoa a quem alugou o veículo ou dos seus agentes". Por detrás deste preceito encontra-se uma filosofia de responsabilização do transportador que deverá exercer a sua actividade com o profissionalismo e diligência exigível a todos os operadores comerciais.

Porque o transportador toma seu cargo valores do expedidor, "iniciada a viagem, deve o contrato de transporte ser rigorosamente executado, não só no fim dela quanto à entrega das cousas ao destinatário, mas durante o caminho, quanto à guarda e conservação das mesmas, mormente nos transbordos a efectuar, visto que o transportador é, simultaneamente, um locador de serviços e um depositário" [7]. Estamos assim perante uma nova complexidade do contrato de transporte. Se anteriormente nos reportamos exclusivamente a aspectos típicos deste contrato, somos agora confrontados com a produção de efeitos próprios de outros contratos nominados. Para *Cunha Gonçalves* "o contrato de transporte é a fusão de três contratos distintos, a saber: a Prestação de Serviços, a Locação e o Depósito" [8]. Bem vistas as coisas, o expedidor não contrata com o transportador apenas a prestação de um serviço, como também procede à locação dos meios de transporte necessários, ao mesmo tempo que lhe entrega uma coisa, móvel ou imóvel, para que este a guarde e a restitua a determinada pessoa quando tal lhe for exigível (art. 1185.° do Código Civil). Mas qual a natureza desta "fusão"? Será o contrato de transporte um *contrato misto* ou uma simples *junção, união ou coligação de contratos*?

Para o *Prof. M. J. de Almeida e Costa*, os contratos mistos "identificam-se pela reunião num único contrato das características de dois ou mais contratos, total ou parcialmente regulados na lei" [9]. Diverso é o conceito de junção, união ou coligação de contratos: "Neste caso, trata-se de dois ou mais contratos entre si ligados de alguma maneira, todavia sem prejuízo da individualidade própria que subsiste" [10]. Isto posto, parece que a figura que melhor abarca o contrato de transporte é a do contrato misto. Os efeitos jurídicos da Locação e do Depósito estão demasiado mitigados na estrutura do contrato de transporte para que se possa, com toda a certeza, afirmar que aqueles dois contratos mantêm, apesar de tudo, a sua individualidade jurídica intacta. Na realidade, esses efeitos produzem-se apenas

---

[7] Cunha Gonçalves, Ob. Cit., Pág. 429.

[8] Cunha Gonçalves, "Dos contratos em especial", Pág. 169.

[9] Mário Júlio de Almeida Costa, "Direito das obrigações", 5ª edição, Almedina, 1991, Pág. 300.

[10] Mário Júlio de Almeida Costa, Ob. Cit., Pág. 304/305.

80   *A responsabilidade do transportador na Convenção de Genebra*

de forma incidental em relação aos restantes efeitos jurídicos do contrato de transporte, de modo que podemos classificá-los como necessários mas não determinantes do transporte. Em resumo, dir-se-á que o regime jurídico da Locação e do Depósito não ganha autonomia em relação ao da Prestação de Serviços. Como suporte legal de tal convicção veja-se o art. 405.º n.º 2 do Código Civil que prescreve que "as partes podem ainda reunir no mesmo contrato regras de dois ou mais negócios, total ou parcialmente regulados na lei". Ora é isso que se verifica no contrato de transporte.

iii) *O título do contrato: a guia de transporte. Suas características e valor jurídico*

Diz o art. 369.º do Código Comercial que: "O transportador deve entregar ao expedidor, que assim o exigir, uma guia de transporte, datada e por ele assinada". Emanação deste princípio geral, diz o art. 4.º da CMR o seguinte: "O contrato de transporte estabelece-se por meio de uma declaração de expedição. A falta, irregularidade ou perda da declaração de transporte não prejudicam nem a existência nem a validade do contrato de transporte, que continua sujeito às disposições da presente Convenção". Da interpretação conjunta destes dois preceitos podemos retirar duas conclusões:

1.º Que a declaração de expedição ou guia de transporte ("que nos transportes marítimos se chama conhecimento de carga"[11]) *deve* titular o contrato de transporte internacional de mercadorias por estrada.

2.º Que a falta da guia não prejudica a existência do próprio contrato de transporte.

A declaração de expedição ou guia de transporte é o meio *normal* de titular o contrato de transporte, mas a sua falta, irregularidade ou perda não prejudica a validade deste, pois a sua emissão só será obrigatória se o expedidor assim o exigir. Quando a guia de transporte for inexistente é a própria lei a dizer que "Na falta de guia ou na de algumas das condições exigidas no art. 370.º, as questões acerca do transporte, serão resolvidas pelos usos do comércio e, na falta destes, nos termos gerais de direito" (art. 373.º do Código Comercial). Podemos assim afirmar que o **contrato de transporte terrestre**, ao contrário do marítimo – Cfr. Art. 3.º do Dec.-Lei n.º 352/86 de 21 de Outubro – , **não é um contrato formal**, ou seja, sujeito obrigatoriamente à forma escrita.

---

[11] Cunha Gonçalves, "Comentário ao Código Comercial Português", 2.º Vol., pág. 409.

A responsabilidade do transportador na Convenção de Genebra 81

Mas será legítimo entender os artigos citados unicamente nestes rigorosos e estreitos termos? Caso enveredássemos por uma solução tão simplista, estaríamos a obscurecer **uma das funções da guia de transporte: a de servir como meio de prova.** Ensina *Cunha Gonçalves: "A guia de transporte, como o conhecimento, ocupa uma singular posição entre os meios de prova. Com efeito, já vimos que o contrato de transporte podia ser verbalmente celebrado e provado por todos os meios legais, e até regulado pelos usos comerciais, não sendo a guia um documento essencial (...). Em consequência, a omissão de qualquer das enunciações mencionadas no art. 370.º (artigo do Código Comercial referente ao conteúdo da guia de transporte) não prejudica, nem a validade do contrato, nem a força probatória da guia quanto aos factos ou condições nela consignadas.*

As omissões podem ser supridas com todos os meios de prova, como seria a falta da própria guia; Mas, sendo insuficiente ou faltando a prova das clausulas do contrato, terão que ser julgadas as questões acerca do transporte pelos usos comerciais, que são clausulas tácitas; E, não havendo tais usos, atender-se-á aos termos gerais de Direito civil e comercial. Mas se não é essencial à existência do contrato, a guia de transporte é, pelo menos, um documento útil; e mais do que isso, é uma prova exclusiva, desde que as partes por meio dela hajam celebrado o contrato, pois que "Todas as questões acerca do transporte se devem decidir pela guia, não sendo contra ela admissíveis excepções algumas salvo a falsidade ou o erro involuntário de redacção (art. 373.º do Código Comercial)" [12-13]. E continua o mesmo autor: *"Que quer dizer, porém, a frase 'não sendo contra ela admissíveis excepções algumas'? A palavra excepções é aqui tomada no sentido de contestações relativas ao conteúdo da guia de transporte; Isto é, em caso de litígio, as partes não poderão alegar quaisquer convenções ou factos contrários aos que da guia constam, quer anteriores, quer posteriores à data dela, ainda que os comprovem com documentos autênticos, excepto se as enunciações da guia forem arguidas de falsas ou derivadas de um involuntário erro de redacção. Semelhante força probatória não é atribuída pela lei a nenhum outro documento particular,*

---

[12] Cunha Gonçalves, Ob. Cit., Pág. 422 e ss.

[13] No mesmo sentido dispõe o art. 9.º da CMR ao afirmar que "A declaração de expedição, até prova em contrário, faz fé das condições do contrato e da recepção da mercadoria pelo transportador" sendo que "Na falta de indicação de reservas motivadas do transportador na declaração de expedição, presume-se que a mercadoria e embalagem estavam em bom estado aparente no momento em que o transportador tomou a seu cargo, e que o número de volumes, as marcas e os números estavam em conformidade com as indicações da declaração de expedição", ou seja, que se trata de uma *guia limpa*.

com excepção dos títulos de crédito, que têm um carácter formal e comprovam obrigações abstractas ou independentes da sua causa".

Para o que nos ocupa, haverá falsidade "quando a falta de veracidade incide, precisamente, sobre aquilo que se considera plenamente provado" [14] com a guia. "Nesta noção cabem figuras tão heterogéneas como o erro, a simulação, a alegação de facto mentirosa, o falso testemunho ou a falsa declaração de um perito" [15]. *Cunha Gonçalves* concretiza melhor esta ideia ao referir que a falsidade de que trata 373.º do Código Comercial é "a que resulta das falsas declarações de qualquer das partes, principalmente as do expedidor, sobre a natureza ou o valor das mercadorias e tendentes a pagar uma taxa menor ou obter o transporte que, doutro modo, seria recusado (...). A expressão falsidade abrange, ainda, todas as manobras dolosas que possam ter influído no conteúdo da guia, inclusive o erro voluntário de redacção, que é jurídica e moralmente mais grave, afectando mais a prova do que o erro involuntário, posto que aquele erro só possa ser arguido por quem não redigiu, nem assinou a guia, e o segundo só possa ser invocado pelo próprio redactor, conforme as respectivas posições no litígio" [16]. Com esta longa exposição, *Cunha Gonçalves* demonstra de forma rigorosa e exaustiva que a guia de transporte, embora não essencial à existência do contrato de transporte e à validade das suas cláusulas, desempenha um papel importantíssimo na sua prova, sendo esta plenamente eficaz nas relações entre o expedidor ou comissário-expedidor e o transportador, mas já não nas relações entre o comitente e o comissário, comitente e transportador, e entre o expedidor e o destinatário, "pois, em todos estes casos, uma das partes ou ambas não intervieram no contrato de transporte". Além disso, o autor acrescenta que a guia pode "valer como prova indirecta em todos os pleitos relativos ao transporte, inclusive na acção que o transportador exercer contra o comitente como sub-rogado nos direitos do comissário" [17].

Com o exposto, delimitamos de forma precisa a disciplina probatória da guia de transporte, disciplina esta que deverá ser transposta na sua globalidade para o âmbito da CMR, complementando a disciplina do seu artigo nono. Comentando a CMR, diz o *Prof. Jacques Putzeys*: "Parmi les conditions du contrat, l'art. 9.º, par la place qu'il occupe dans la logique de la CMR, ne vise pas uniquement les conditions de la formation du contrat,

---

[14] Pires de Lima e Antunes Varela, "Código Civil Anotado", Vol. I, 4ª Edição, Coimbra Editora, Pág. 329.

[15] J. Lebre de Freitas, "A falsidade no direito probatório", Edição 1984, Pág. 104.

[16] Cunha Gonçalves, Ob. Cit.

A responsabilidade do transportador na Convenção de Genebra 83

mais aussi celles qui vont présider a son exécution. Parmi celles-ci, l'état de la marchandise á la prise en charge occupe une place primordial. Cet état conditionne en effet tout le déroulement du transporte et les responsabilités qui en découlent. **La lettre de voiture en constitue la preuve**" [18]. *É este o carácter imperativo da guia de transporte.*

O retrovertido não constitui a única função da guia de transporte. Pela sua natureza, a guia é intrinsecamente um *meio fácil de transmissão das coisas transportadas*. É esta função que nos leva a indagar pela sua natureza jurídica.

A disciplina jurídica da guia, mais do que indícios, fornece-nos a resposta a esta dúvida. Senão vejamos: prescreve o art. 369.° § 2.° do Código Comercial que "A guia de transporte poderá ser à ordem ou ao portador". Acrescenta o art. 374.°: "Se a guia for à ordem ou ao portador, o **endosso** ou tradição dela transferirá a propriedade dos objectos transportados". Finalmente, tanto o art. 375.°, como o Título XX do Código Comercial apontam para *o facto de a guia de transporte ser um título de crédito mercantil*. De facto, é o próprio texto da lei [19] que com a expressão "...e demais títulos comerciais transmissíveis por **endosso**..." nos dá uma resposta definitiva à questão. Com efeito, "há duas espécies de títulos à ordem – os que só podem transmitir-se por endosso, como as letras, livranças, os conhecimentos de depósito e respectiva cautela de penhor, e os que podem ser transmitidos por cessão, por endosso ou ainda pela simples tradição, ,como o cheque, *a guia de transporte* e o título de contrato de risco" [20].

Pelo exposto, afigura-se consensual a afirmação de que a guia, sendo um título de crédito, está sujeita a uma disciplina jurídica especial que contrasta com a função normal do documento. Sabemos que *Vivante* definiu o título de crédito mercantil como "o documento necessário para exercitar o direito literal e autónomo nele mencionado". Desta noção podemos retirar duas características que importa esclarecer e precisar: a sua *literalidade* e *autonomia*. Explicitando estes conceitos diz o *Prof. Ferrer Correia* o seguinte: "...costuma dizer-se revestirem os títulos de crédito as (características) da literalidade e da autonomia. Vamos ver sucintamente o sentido destes dois conceitos, importando desde já acentuar que agora não se trata de meras 'imagens plásticas', mas de verdadeiros conceitos jurídicos, que

---

[17] Cunha Gonçalves, Ob. Cit.

[18] In "Le contrat de transport routier de marchandises", Bruxelles, 1981.

[19] Art. 484.° do Código Comercial Português.

[20] Prof. Pinto Coelho, "Lições de Direito Comercial", 2.° Vol., As Letras, 1. Fasc. I, Pág. 55.

procuram surpreender e exprimir, com rigor científico, determinadas realidades normativas, como veremos adiante, ao fazer deles um estudo detido.

O direito incorporado no título é um direito *literal*, no sentido de que a letra do título é decisiva para a determinação do conteúdo, limites e modalidades do direito. A literalidade decorre da já referida conexão entre documento e direito; este é tal como está expresso no documento.

O direito é **autónomo**, dado que o possuidor do título, o que o recebeu segundo a sua lei de circulação, adquire o direito nele referido de um modo originário, isto é, independentemente da titularidade do seu antecessor e dos possíveis vícios dessa titularidade. O seu direito é, contrariamente ao que aconteceria se o possuidor de um título fosse um simples representante ou cessionário do titular anterior, um direito autónomo, um direito que se diria ter nascido *ex novo* nas suas mãos, um direito que não enferma dos vícios que porventura lhe fossem inerentes numa titularidade anterior"[21].

A *literalidade* da guia reveste especial importância, não só enquanto característica do título de crédito que esta não deixa de ser, mas também enquanto *meio de prova do contrato de transporte e suas cláusulas*. O facto de a guia se encontrar sujeita ao princípio da literalidade significa que os direitos dela emergentes valem pelos termos constantes do próprio título, isto é, a reconstituição da obrigação faz-se pela simples inspecção do título: a estrutura e o conteúdo da obrigação define-se pelo que da guia consta. Neste preciso sentido, estabelece o art. 375.º do Código Comercial: "Quaisquer estipulações particulares, não constantes da guia de transporte, serão de nenhum efeito para com o destinatário e para com aqueles a quem a mesma houver sido transferida nos termos do artigo antecedente"[22].

Outro aspecto que não poderá ficar por esclarecer refere-se à **característica da incorporação**. Como já se viu, os títulos de crédito incorporaram um direito literal e autónomo que "são em regra direitos de crédito, ou seja, o documento incorpora o direito a uma ou mais prestações; sendo

---

[21] Prof. Ferrer Correia, "Lições de Direito Comercial", Vol. III, Universidade de Coimbra, 1975, Pág. 10.

[22] No mesmo sentido, escreveu *Gamborino* ("Doutrina Jurisprudencial sobre el contrato de transporte terrestre", Edição Aguila, Pág. 27.) sobre o art. 353.º do Código Comercial Espanhol: "El vigente Código introduce la novedad de fijar los requesitos que debia contener la carta de porte, que constituye el titulo legal del contrato de transporte, *por cuyo contenido se decideran las cuestiones que ocurran sobre su ejecution y cumplimento* y respondiendo al propósito, ya efectivo en la legislación de otros pueblos, de que dicho instrumento tuviera condiciones adecuadas a facilitar la circulation de las mercancias transportadas, pudiendo hacerlas objeto de otras operationes mercantiles aun durante el transporte..."

assim, o título é estritamente um título de crédito. Mas o título pode integrar também um direito real, como acontece com a guia de transporte, conhecimento de carga (...)"[23]. Segundo o critério do conteúdo do direito representado, tais títulos de crédito denominam-se "*títulos representativos de mercadoria*, isto é, aqueles que investem o seu possuidor, não só num direito de crédito (direito à entrega das mercadorias), mas num direito real sobre estas (ex. guia de transporte, conhecimento de carga, conhecimento de depósito, etc.)"[24-25].

Resumindo tudo o que atrás ficou vertido, podemos dizer que a guia de transporte terrestre, embora não seja imprescindível à existência e validade do respectivo contrato, é um documento que, existindo, possui força probatória plena, força esta que lhe advém do seu valor jurídico enquanto título de crédito mercantil representativo da mercadoria e, muito especialmente, da sua literalidade.

III. O CONTRATO DE TRANSPORTE E O CONTRATO DE COMPRA E VENDA INTERNACIONAL. A CONVENÇÃO DAS NAÇÕES UNIDAS SOBRE OS CONTRATOS DE COMPRA E VENDA INTERNACIONAL DE MERCADORIAS (DE 11 DE ABRIL DE 1980). OS INCOTERMS.

Como já foi referido anteriormente, o contrato de transporte internacional de mercadorias por estrada tem a sua génese mitigada pelo facto de o expedidor da mercadoria não pretender verdadeiramente o seu simples transporte, mas que se produzam os efeitos de uma compra e venda celebrada anteriormente. Assim, a celebração do contrato de transporte é uma condição essencial para que a compra e venda seja integralmente realizada. Como se sabe, a compra e venda consome-se quando o comprador tem a mercadoria imediatamente em seu poder, não precisando de qualquer transporte. Nas demais situações, para que isso se verifique é necessário uma operação de transporte que se torna relevante do ponto de vista jurídico-contratual na relação comprador/vendedor. Constatamos, portanto, que entre o contrato de transporte e o contrato de compra e venda existe um nexo de funcionalidade que determina uma instrumentalidade ou acessão

---

[23] Prof. Ferrer Correia, Ob. Cit., Pág. 9.
[24] Prof. Ferrer Correia, Ob. Cit., Pág. 13.
[25] V.g. art. 374.º do Código Comercial que estipula que "Se a guia for à ordem ou ao portador, o endosso ou tradição dela transferirá a propriedade dos objectos transportados".

86 · A responsabilidade do transportador na Convenção de Genebra

entre duas figuras contratuais que, apesar de tudo, mantêm a sua identidade jurídica.

A relação de transporte muitas das vezes nem sequer ganha autonomia em relação à venda, visto ambas integrarem o conteúdo da prestação do vendedor: normalmente, este obriga-se perante o comprador ou a celebrar o contrato de transporte em seu nome próprio ou a fazê-lo por conta e risco do comprador. No primeiro caso, o transportador age como agente do vendedor; no segundo, age como auxiliar do comprador[26]. Pelo exposto, é evidente a intercomunicabilidade entre os regimes dos dois contratos.

O transportador é responsável pelo incumprimento do contrato de transporte. Mas será responsável perante quem? Para responder a esta pergunta é necessário estudar a disciplina da compra e venda para determinar por conta de quem corria o risco do perecimento e dano das mercadorias durante o transporte. Importa estabelecer qual o lugar acordado para o cumprimento, pois na venda praça a praça esse lugar tanto pode ser o da expedição como o da recepção. Se as partes acordaram que o local de entrega era o de expedição, ou seja, o vendedor cumpre o contrato com a entrega da mercadoria ao transportador, então o risco corre por conta do comprador; se, pelo contrário, o local de entrega é o da recepção, ou seja, tratando-se de uma venda com a "cláusula de entrega à chegada", então o risco corre por conta do vendedor.

O facto de as regras concernentes ao risco terem carácter supletivo[27] implica que se tem, necessariamente, de estudar casuisticamente o regime de cada compra e venda, regime este que poderá ser diferente em cada contrato por força da liberdade contratual conferida às partes. Para obstar a estas dificuldades, surgiram instrumentos tendentes a unificar as regras sobre a compra e venda internacional: *A Convenção das Nações Unidas sobre os contratos de compra e venda internacional de mercadorias*, aprovada em Viena a 11 de Abril de 1980, e os *Incoterms* (International Commercial Terms).

A Convenção das Nações Unidas de 1980, tal como os *Incoterms*, "apresenta-se como mais uma etapa (e porventura a mais significativa) do longo processo de unificação legislativa em matéria de compra e venda internacional de mercadorias"[28] e pretende regular de uma forma exaustiva

---

[26] Cfr. BMJ, n.º 416, Pág. 650.

[27] Vide artigo 797.º do Código Civil.

[28] In "Do contrato de compra e venda internacional – análise da Convenção de Viena de 1980 e das disposições pertinentes do Direito Português", Maria Ângela Coelho Bento Soares e Rui Manuel Gens de Moura Ramos, Coimbra 1981, Pág. 83.

e adequada toda esta problemática. Embora não vigore entre nós, a presente Convenção é esclarecedora, como elemento de interpretação, de qualquer compra e venda internacional de mercadorias. Simplesmente, a sua utilidade e valor jurídico não deveria limitar-se a esta faceta interpretativa pois "as necessidades do comércio internacional exigem, sem sombra de dúvida, para o contrato de compra e venda, a aplicação de um direito certo e adequado às especificidades que a natureza internacional desse contrato colima. Finalidade que apenas poderá ser atingida mediante o recurso a instrumentos internacionais susceptíveis de serem assumidos pelo maior número possível de Estados"[29]. Portugal ainda não ratificou este instrumento, mas, face as necessidades descritas, mais cedo ou mais tarde terá de tomar uma decisão relativamente ao problema do posicionamento a tomar em face desta Convenção.

No actual contexto jurídico, assumem maior importância os *Incoterms*. Estes podem ser definidos como um conjunto de usos e termos comerciais frequentemente utilizados nos contratos de compra e venda internacionais, mediante os quais se definem de forma clara e inequívoca os direitos e obrigações das partes, em especial no que se refere à repartição de custos e riscos entre comprador e vendedor. "Deste modo pode evitar-se, ou pelo menos reduzir-se consideravelmente o risco de se interpretar de maneira diferente esses termos de um país para outro. É frequente as partes desconhecerem as diferenças nas práticas comerciais dos respectivos países, o que pode dar origem a mal entendidos, disputas e litígios com toda a perda de tempo e de dinheiro daí decorrentes"[30]. Assim, a *Câmara de Comércio Internacional* publicou em 1936, pela primeira vez, um conjunto de regras internacionais para a interpretação de termos comerciais que ficaram conhecidos como *Incoterms 1936*. Esses termos têm vindo a ser progressivamente actualizados (1953, 1967, 1976, 1980 e 1990) pois verificaram-se profundas alterações nas técnicas de transporte, nomeadamente, a utilização de contentores[31], o transporte multimodal e o tráfego "roll on/roll off" com veículos rodoviários e ferroviários em transporte marítimo de curta

---

[29] Maria Ângela Coelho Bento Soares e Rui Manuel Gens de Moura Ramos, Ob. Cit., Pág. 84/85.

[30] In "Prontuário do bancário – Enciclopédia comercial/bancária", Carlos Manuel Ferreira Carvalho, Rei Dos Livros, 5.° Edição, Pág. 484.

[31] A este respeito, Vide a Decisão do Conselho Europeu de 7 de Abril de 1995 relativa à assinatura pela Comunidade, sem reserva de ratificação, da Convenção relativa ao regime aduaneiro dos contentores utilizados no transporte internacional no âmbito de um *pool* (Genebra, 21 de Janeiro de 1994), Jornal Oficial das Comunidades Europeias de 22/4/95, pág. 45.

distância. Estes termos são compostos por siglas (por exemplo, CIF ou FOT) e basta que as partes a eles se refiram para que automaticamente se encontrem incorporadas no contrato todas as cláusulas que estão compreendidas dentro do tipo de venda designado por este. Os *Incoterms* representam os usos do comércio internacional que são atendíveis na interpretação e integração dos contratos, nos termos dos artigos 236.º e 239.º do Código Civil.

IV. A CONVENÇÃO RELATIVA AO CONTRATO DE TRANSPORTE INTERNACIONAL DE MERCADORIAS POR ESTRADA (CMR)

i) *Breve resenha histórica. O Protocolo de Genebra de 5-7-78. Países signatários e países aderentes*

O final da Segunda Guerra Mundial foi o marco histórico e cronológico que marcou decisivamente o presente século. O ano de 1945 marcou "o virar do século" para uma época de (relativa) prosperidade económica e social. A reconstrução que se seguiu ao período do pós-guerra e o intensificar das relações mercantis entre Estados que se empenhavam activamente na "batalha das economias", originaram um acréscimo rápido e acentuado no comércio jurídico. Isto significava que as mercadorias transportadas por estrada eram cada vez em maior número e, em consequência, também a respectiva actividade transportadora colocava mais e novos problemas.

Em consequência do exposto, surgiu por toda a Europa a necessidade de regulamentar e unificar as regras que deveriam presidir ao exercício desta actividade. O ímpeto inicial foi dado pelo *Instituto Internacional para a Unificação do Direito Privado (UNIDROIT)* sediado em Roma, que, em 1948, acordou com o *International Road Transport Union (IRU)* e com a *Câmara de Comércio Internacional (CCI)* formar um comité de peritos cuja função seria elaborar um texto preliminar para uma Convenção sobre a matéria. *A Comissão Económica das Nações Unidas para a Europa* acabou por chamar a si esta tarefa, funcionando através de um grupo de trabalho composto por especialistas para assuntos jurídicos que era subsidiário da *Comissão da Comunidade Económica Europeia para o Transporte Interno* [32]. Em 19 de Maio de 1956, a CMR [33] ficou patente à assi-

---

[32] *E.E.C. Inland Transport Committee.*

[33] A Convenção foi originariamente redigida em Inglês e Francês, de forma a que o acrónimo *CMR* resulta da sua designação em Francês: *Convention Relative au Contrat de Transport de Marchandises par Route.*

A responsabilidade do transportador na Convenção de Genebra   89

natura [34] e com o depósito do quinto instrumento de ratificação [35] ela entrou em vigor em 2 de Julho de 1961. Portugal depositou em 22 de Junho de 1969 o instrumento da sua adesão, conforme aviso da Direcção-Geral dos Negócios Económicos do Ministério dos Negócios Estrangeiros, de 19 de Maio de 1970 (Diário do Governo, I Série, n.º 129, de 3 de Junho de 1970, Pág. 726). A Convenção entrou em vigor no nosso país a partir de 21 de Dezembro de 1969.

No entanto, a aplicação prática da Convenção colocou algumas dificuldades iniciais, nomeadamente, no que diz respeito à conversão em moeda nacional do montante indemnizatório proposto pelo artigo 23.º. Para dissipar estas dificuldades, a *Comissão da Comunidade Económica Europeia para o Transporte Interno* adoptou o Protocolo de Genebra [36], assinado em 5 de Julho de 1978, o qual foi aprovado para adesão por Portugal pelo Decreto-Lei n.º 28/88, de 6 de Setembro. O instrumento de confirmação e adesão foi depositado pelo nosso país em 17 de Agosto de 1989, conforme aviso da Direcção-Geral dos Negócios Político-Económicos do mesmo ministério (Diário da República, I Série, n.º 206, de 7 de Junho de 1989, Pág. 3854). Este protocolo modificou o artigo 23.º, alterando-lhe o n.º 3 e aditando-lhes os n.º 7, 8 e 9.

Tal como Portugal, muitos outros países têm vindo, ao longo dos anos, a aderir à presente Convenção. Deste modo, ela goza de uma validade e aplicabilidade muito vastas que justificam a sua actualidade e pertinência nos dias que correm [37].

---

[34] São partes na Convenção: Áustria, Bélgica, Dinamarca, República Federal da Alemanha, França, Hungria, Itália, Luxemburgo, Países Baixos, Noruega, Polónia, Suécia, Suíça, Reino Unido, Jugoslávia.

[35] Cfr. artigo 43.º da CMR.

[36] São partes no Protocolo: Áustria, Bélgica, Dinamarca, Espanha, Finlândia, França, Grécia, Itália, Luxemburgo, Países Baixos, Noruega, Reino Unido, República Federal da Alemanha, Roménia, Suécia e Suíça.

[37] Exemplificando o exposto, diremos que o Cazaquistão e a Turquia depositaram os instrumentos de adesão, segundo o aviso n.º 3 publicado no D.R. de 2/1/96 e que o Usbequistão depositou o seu instrumento de adesão, segundo o aviso n.º 48 publicado no D.R. de 2/2/96.

ii) *Âmbito de aplicação:*

a) *Os artigos primeiro e segundo da CMR.*

O artigo 1.° n.° 1 da CMR prescreve que "A presente Convenção aplica-se a todos os contratos de transporte de mercadorias por estrada a título oneroso por meio de veículos, quando o lugar do carregamento da mercadoria e o lugar da entrega previsto, tais como são indicados no contrato, estão situados em dois países diferentes, sendo um destes, pelo menos, país contratante, e independentemente do domicílio e nacionalidade das partes". Do texto legislativo podemos retirar algumas ilações: primeiro, o domicílio e a nacionalidade das partes é irrelevante para determinar a aplicação da Convenção pois esta depende exclusivamente do lugar de carregamento e de entrega; segundo, os contratos de transporte gratuitos não são incluídos no âmbito da CMR; finalmente, a Convenção será aplicável independentemente de a mercadoria chegar ou não ao local de entrega previsto [38].

O n.° 2 do mesmo artigo define a expressão "veículos" remetendo para o artigo 4.° da *Convenção da Circulação Rodoviária de 19 de Setembro de 1949*, concretamente, para os conceitos de automóveis, veículos articulados, reboques e semi-reboques [39].

No seu n.° 3, a Convenção alarga a sua aplicação aos transportes efectuados por Estados, instituições ou organizações governamentais. No entanto, como a Convenção não se aplica a contratos de transporte gratui-

---

[38] Cfr. o artigo 12.° da CMR que permite ao expedidor dispor da mercadoria, nomeadamente, alterar o local previsto da sua entrega ou alterar o destinatário desta.

[39] A referida Convenção foi publicada no *Diário do Governo* de 13 de Novembro de 1954, n.° 254, I Série, Pág. 1306 e ss. No seu artigo 4.° estabelece-se o seguinte: "A expressão 'veículo automóvel' designa todos os veículos que disponham dum dispositivo mecânico de propulsão, transitem sobre uma estrada pelos seus próprios meios e sirvam normalmente para o transporte de pessoas ou de mercadorias, e que não se desloquem sobre carris ou ligados a um condutor eléctrico. Qualquer Estado ligado pelo anexo 1 excluirá desta definição os velocípedes com motor auxiliar que apresentem as características indicadas no dito anexo;

As palavras 'veículo articulado' designam qualquer veículo automóvel seguido por um reboque sem eixo dianteiro e unido ao veículo tractor de tal maneira que uma parte do reboque repouse sobre o veículo tractor e que uma parte apreciável do peso do reboque e da sua carga seja suportada pelo veículo tractor. Um tal reboque denomina-se 'semi-reboque';

A palavra 'reboque' designa qualquer veículo destinado a ser atrelado a um automóvel".

tos, a CMR só será aplicável aos transportes *que tenham natureza comercial*. Caso contrário, a Convenção não se aplica.

O n.º 4 estabelece um conjunto de exclusões à aplicabilidade da CMR. Assim, ela não será aplicável "aos transportes efectuados ao abrigo das convenções postais internacionais, aos transportes funerários[40] e aos transportes de mobiliário por mudança de domicílio[41].

Como garantia de eficácia, o n.º 5 prevê a impossibilidade de as partes contraentes estabelecerem acordos entre si que modifiquem a Convenção. Excepções a esta proibição, são os acordos que se destinem a tornar inaplicável a CMR ao tráfico fronteiriço ou a autorizar a utilização da declaração de expedição nos transportes efectuados inteiramente dentro do seu território.

O artigo 2.º da CMR reporta-se ao transporte dito *inter-modal* ou *multimodal*. Este tipo de transporte ocorre quando as mercadorias são transportadas sucessivamente por meios de transporte diferentes. Em abono da verdade, a presente disposição só parcialmente se refere a este tipo de transporte pois equaciona somente o transporte multimodal a que os britânicos apelidam de *"piggy-back" operations*. Ele caracteriza-se pelo facto de as mercadorias serem transportadas, sucessivamente, por estrada e pelo ar e/ou por via marítima, e/ou por caminho de ferro e/ou por via fluvial sem, no entanto, serem descarregadas do veículo que as transporta. Os restantes tipos de transporte multimodal estão regulados pela *Convenção da ONU de 4 de Maio de 1980* que surgiu na sequência do compromisso assumido pelas partes contraentes em "negociar convenções acerca do contrato de mudança de mobiliário e do contrato de transporte combinado", tal como consta do Protocolo de assinatura da CMR.

Outra questão importante é a que se refere ao apuramento da responsabilidade do transportador rodoviário. Assim, quando o veículo que contém as mercadorias for transportado, em parte do percurso, por mar, caminho de ferro, via navegável interior ou pelo ar, e as mercadorias dele não forem descarregadas, a CMR aplica-se ao conjunto do transporte. No entanto, se for provado que qualquer perda, avaria ou demora *ocorreu durante o transporte por qualquer via que não seja a estrada*, que *tal não se deve a qualquer omissão ou acto do transportador rodoviário* e que *a perda,*

---

[40] Há que fazer a distinção entre o transporte do "caixão" e o transporte de outros objectos funerários (como, por exemplo, flores). A CMR só não será aplicável ao transporte da urna que contenha os restos mortais do falecido.

[41] O transporte de "mobiliário" inclui quaisquer outros utensílios domésticos que não exclusivamente os móveis.

92   A responsabilidade do transportador na Convenção de Genebra

avaria ou demora só pode ter resultado do meio de transporte utilizado (que não o rodoviário) então a responsabilidade do transportador rodoviário será determinada pela forma como a responsabilidade do transportador não rodoviário teria sido determinada se se tivesse firmado um contrato de transporte não rodoviário entre o expedidor e o transportador não rodoviário apenas para o transporte da mercadoria em conformidade com as disposições imperativas da lei relativa ao transporte de mercadorias por outra via de transporte que não seja a estrada. Ou seja, se se provar os três pressupostos referidos anteriormente, tudo se passa como se a totalidade do transporte tivesse sido acordado mediante o recurso a vários contratos de transporte próprios para cada via a utilizar. Se o facto que origina a responsabilidade do transportador rodoviário ocorreu a bordo de um navio de alto mar, então a sua responsabilidade será determinada pelas regras do transporte marítimo de mercadorias. Só no caso de estas regras não existirem é que a responsabilidade do transportador será fixada pela CMR. O n.° 2 do artigo 2.° estende o retrovertido àquelas situações em que o transportador reúne simultaneamente a qualidade de transportador rodoviário e não rodoviário: tudo se passa como se estas funções fossem exercidas por duas pessoas diferentes.

b) A imperatividade da CMR: os artigos trigésimo primeiro, trigésimo terceiro, quadragésimo e quadragésimo primeiro.

Dispõe assim o artigo 41.° n.° 1 da CMR: "Salvas as disposições do artigo 40.°, é nula e sem efeito qualquer estipulação que, directa ou indirectamente, modifique as disposições da presente Convenção. A nulidade de tais estipulações não implica a nulidade das outras disposições do contrato". Pelo presente, verificamos que *a CMR é um diploma imperativo de interesse e ordem pública*. Mas o que implica, exactamente, tal afirmação? Em primeiro lugar, significa que o interesse de ordem pública que a informa julgou necessário introduzir restrições à liberdade que, normalmente, deve presidir à fixação de um conteúdo contratual[42].

Em segundo lugar, pretende-se uma defesa útil e eficaz das partes contratuais contra decisões negociais irreflectidas ou manifestamente desfavoráveis resultantes do ascendente ou da posição de força que uma das partes possa, eventualmente, exercer sobre a outra.

---

[42] V.g. Artigo 405.° do Código Civil.

Finalmente, a imperatividade da CMR implica também que esta ocupa uma posição dominante não só entre as convenções das partes, mas, inclusivamente, em relação ao *Direito interno* vigente no Estado de cada uma delas.

Em consonância com o exposto, diz *Jacques Putzeys*: "La CMR qui s'applique à des contrats de droit privé, déroge neanmois à la règle de la liberté contractuelle (...). Le caractère impératif de la CMR est bilatéral en ce sens qu'il ne peut être déroge a la CMR ni en faveur, ni en défaveur du transporteur. Il a en effet été considéré que le transporteur routier n'occupait pas, par rapport au donner d'ordre, une position dominant et qu'il méritait une protection égale a celle que les lois entendent généralement reconnaître aux chargeurs. Cette conception correspond a la réalité économique. La CMR prend aussi un caractère dominant tant par rapport aux conventions des parties, que par rapport au droit national, même si celuici devait avoir également un tel caractère. Pareille nullité est absolue et peut par conséquence être soulevée d'office par le juge qui la constate. Ce souci de protection n'a pas d'objet dans les relations qui échappent a la CMR (...), ceux-ci n'ayant pas des intérêts contradictoires dans le contrat"[43].

No mesmo sentido, diremos que o artigo 41.º "...is of fundamental importance, since in effect it means that it is not possible for parties to either decrease or increase the rights and liabilities of parties under a contract for the internacional carriage of goods by road which is subject to CMR. Any attempt to do so will be struck out, althought the remainder of the terms of the contract will remain unaffected. This means that both powerfull consumer and the powerfull carrier are prevented from dictating terms to the weaker party in the bargain. Equally, it would seem that the terms of Article 41 prevent a consumer or the carrier from offering terms more favourable than those contained in the convention, so that unfair competition by large enterprises is thereby avoided. (...) Article 41 makes it impossible to avoid the operation of the Convention in any contract which falls within the scope of Article 1. The parties cannot therefore increase the liability of the carrier, and thus, by way of example, a contractual provision making the carrier liable for all loss resulting from defective loading or stowage which has been performed by the sender, will be null and void"[44]. O n.º 2 do artigo 41.º exemplifica e *destaca* duas dessas situações em que a referida imperatividade tem como consequência

---

[43] Jacques Putzeys, Ob. Cit., Pág. 90/91.

[44] D. J. Hill, LL.M., Ph.D.; A. D. Messent, M.A., "CMR: contracts for the internacional carriage of goods by road", Pág. 234, 1984, Lloyd's of London Press.

94 *A responsabilidade do transportador na Convenção de Genebra*

imediata a nulidade das cláusulas que contradigam a Convenção: assim, *em especial* será nula qualquer cláusula "pela qual o transportador se atribuísse o benefício do seguro da mercadoria ou qualquer outra cláusula análoga, assim como qualquer cláusula que transfira o encargo da prova".

A imperatividade da CMR é regra. Mas isso não significa que tal imperatividade seja absoluta, isto é, que não admita excepções no sentido de permitir às partes conformarem livremente a sua vontade negocial, desde que dentro dos termos da Convenção. Situações há em que tal se verifica. Nos termos do artigo 40.º da CMR, os transportadores poderão rectificar as normas que presidem às relações entre si, nomeadamente no que se refere à existência e pressupostos do direito de regresso que assiste ao transportador que tiver pago a indemnização devida nos termos da Convenção e ao caso de insolvência de um deles [45]. Em segundo lugar, o artigo 31.º da CMR atribui uma liberdade, embora limitada, às partes para designarem a jurisdição a quem os diferendos vão ser entregues. Finalmente, o artigo 33.º da CMR prevê a possibilidade de as partes solucionarem os diferendos por arbitramento, se assim o desejarem, em vez da acção judicial formal, desde que tal acordo consagre a aplicação da CMR [46].

c) *O artigo sexto, número 1, alínea k) da CMR.*

"A declaração de expedição deve conter a indicação de que o transporte fica sujeito ao regime estabelecido por esta Convenção a despeito de qualquer cláusula em contrário". A interpretação deste artigo 6.º n.º 1, alínea k) da CMR [47] tem provocado algumas dificuldades. A questão fulcral do problema está em delimitar o preciso âmbito desta exigência. Será que a falta da "indicação CMR" ou "clause paramount" na guia de transporte torna inaplicável a Convenção? As posições, neste ponto, têm-se extremado ao ponto de existirem correntes jurisprudênciais e doutrinárias diametralmente opostas.

Num dos pólos, encontramos o entendimento dos tribunais italianos [48] que condicionam a aplicação da CMR à inclusão da referida indi-

---

[45] Cfr. artigo 37.º e 38.º da CMR.

[46] No mesmo sentido do retrovertido, Cfr. D. J. Hill, LL.M., Ph.D.; A. D. Messent, M.A., Ob. Cit., Pág. 234.

[47] Cfr. artigo 370.º do Código Comercial.

[48] "In tema di contratto di transporto internazionale di merce su strada, l'applicabilitá della particolare normativa contenuta nella convenzione di Genevra in data 19 Maggio 1956, resa esecutiva in Italia con L. 6 Dicembre 1960, n.º 1621, è condizionata ad

cação na guia. Na falta da guia de transporte, e da consequente "indicação CMR", a Convenção só será aplicável desde que a parte interessada prove, através de quaisquer meios legalmente admissíveis, que a sujeição do contrato de transporte à CMR resulta da disciplina negocial verbalmente acordada. A aplicação da Convenção não será automática e estará sempre dependente da vontade das partes.

Diferente é o entendimento duma parte da doutrina que entende que tal preceito se destina apenas a prever uma solução para aquelas situações em que a Convenção deverá ser aplicável num litígio que corre termos no tribunal dum Estado que não assinou ou aderiu à CMR. Segundo eles, "The intention is to give the provisions of the Convention contractual effect between the parties if the courts in question do not, under private internacional law, accept it's application. It must be emphasised that the clause paramount is only intended to prevent a party from evading the operation of CMR in such circumstances and does not otherwise affect the status of the parties or the applicability of the Convention"[49]. Para estes autores, a indicação CMR, ao invés de condicionar a aplicação da Convenção, constitui uma garantia para as partes de que esta será sempre aplicável, mesmo nas situações em que os tribunais não a julguem aplicável por força do seu Direito Internacional Privado. Os defensores desta posição criticam as decisões dos tribunais italianos afirmando que tal solução "...would appear to conflict with the apparently unambiguous effect of article 4, it is also entirely out of line with the balance of authority on the need for, and contents of, a consignment note, and it would seem extremely unlikely that it will be followed elsewhere. Apart from anything else, if followed it would permit voluntary derogation from the Convention contrary to Article 41, by the simple expedient of omiting the clause paramount from the consignment note"[50].

---

una concreta determinazione di volontà delle parti, che può essere manifestata attraverso l'inserimento nella lettera di vettura dell'indicazion di cui all'art. 6, paragrafo primo, lett. k) e che può risultare, in mancanza della lettera di vettura, dalla disciplina negoziale verbalmente stipulata dalle parte, dimonstrabile a tale effecto, con qualsiasi mezzo di prova normalmente consentito". In Cass. 19/06/81, n. 4029, Soc. Eurocar c. Vergati, Foro Pad. 1981, I, 106.

No mesmo sentido, *Vide* Cass. 10/04/1986, n. 2515, Campanini c. Soc. Stalca, Riv. Giur. Circolaz e trasp., 1986, 783 e Cass. , sez. I, 28 Novembre 1975, n. 3983, Baracchi c. Cavatorta, Giust. Civ. Mass. 1975, fasc.21-22.

[49] Cfr. D. J. Hill, LL.M., Ph.D.; A. D. Messent, M.A., Ob. Cit., Pág.40.

[50] Cfr. D. J. Hill, LL.M., Ph.D.; A. D. Messent, M.A., Ob. Cit., Pág.40.

96   *A responsabilidade do transportador na Convenção de Genebra*

Confrontado com as duas interpretações, não posso deixar de preferir a orientação seguida pelos tribunais italianos. Respondendo às críticas dos seus opositores, podemos configurar duas situações:

1ª *Inexistência da guia de transporte* (e consequentemente da "indicação CMR" escrita): nestes casos, por força do artigo 4.º da Convenção, o contrato de transporte continua a ser válido podendo qualquer das partes provar o conteúdo das suas cláusulas e a sujeição deste à CMR recorrendo aos usos do comércio e aos termos gerais de direito [51], ou seja, através de quaisquer meios probatórios legalmente admissíveis.

2ª *Existência da guia de transporte*: nestas situações o contrato de transporte encontra-se titulado por um título de crédito mercantil que, como se viu, está sujeito ao *princípio da literalidade*. Assim, o conteúdo do contrato é aquele que conste <u>expressamente</u> desse título. Para que a CMR seja aplicável, é fundamental que as partes manifestem <u>expressamente</u> a sua vontade nesse sentido através da inserção da "indicação CMR" na guia. A falta desta indicação só poderá ser superada se o transportador alegar e provar, em sede própria, que tal omissão se deveu a um erro involuntário de redacção [52], o que, à partida, se afigura como problemático.

Finalmente, a solução proposta pelos tribunais italianos não choca com a *imperatividade* da Convenção prescrita pelo artigo 41.º pois parece perfeitamente lógico que esta *imperatividade* só terá sentido e efeitos práticos a partir do momento em que se chegue à prévia conclusão de que os preceitos do diploma são aplicáveis à relação contratual *sub judice*. Só quando a CMR se aplicar a um caso concreto é que os seus preceitos gozam da *imperatividade* que o artigo 41.º lhe confere. A *aplicabilidade* da CMR será sempre condição da sua *imperatividade* e nunca o contrário.

A doutrina contrária à jurisprudência italiana apenas será defensável na parte em que defenda uma extensão da aplicabilidade da Convenção à situação por ela enumerada e somente quando a "indicação CMR" conste da guia.

d) O artigo quadragésimo sexto da CMR. O ponto primeiro do Protocolo de assinatura.

O artigo 46.º da CMR prevê a possibilidade de qualquer país, ao depositar o seu instrumento de ratificação ou adesão ou em qualquer

---

[51] Cfr. artigo 373.º § único do Código Comercial.
[52] Cfr. artigo 373.º do Código Comercial.

momento ulterior, declarar que a Convenção se aplica à totalidade ou apenas a parte dos territórios que representa no plano internacional. Ora, tal possibilidade não poderia deixar de estar consagrada para todos os Estados em virtude de o Reino Unido ter excluído, no ponto primeiro do Protocolo de assinatura, a aplicação da Convenção nos transportes entre si e a Irlanda do Norte.

Segundo o mesmo ponto do Protocolo de assinatura, a CMR não será também aplicável aos transportes entre o Reino Unido e a República da Irlanda. Esta exclusão é justificada pelos laços históricos e políticos existentes entre estes dois Estados, o que motiva uma maior aproximação económica e política, nomeadamente, no que diz respeito a questões fronteiriças e aduaneiras.

CAPÍTULO II

A Responsabilidade do Transportador na CMR

I – Âmbito da responsabilidade na CMR.

II – Conceito de Transportador.

III – Fontes da Obrigação de indemnizar na CMR:

a) "Responsabilidade fiscal" do transportador. Os artigos 11.° n.° 3 da CMR e 386.° do Código Comercial.

b) Responsabilidade do transportador pelo incumprimento das cláusulas C.A.D. (Cash Against Documents) ou C.O.D. (Cash On Delivery). O artigo 21.° da CMR.

c) Responsabilidade do transportador pela violação do direito de disposição da mercadoria conferido ao expedidor ou destinatário. O artigo 12.° n.° 7 da CMR.

d) Responsabilidade do transportador pela perda total ou parcial das mercadorias.

e) Responsabilidade do transportador por avarias na mercadoria.

f) Responsabilidade do transportador pela demora na entrega da mercadoria.

g) Responsabilidade dos transportadores sucessivos.

IV – Defesas do transportador e isenções de responsabilidade.

V – Reclamações e acções.

VI – Juros de mora da indemnização. O artigo 27.° da CMR.

I. ÂMBITO DA RESPONSABILIDADE NA CMR.

Antes de iniciarmos a temática deste capítulo, convém chamar a atenção para o facto de a CMR não se debruçar exclusivamente sobre a responsabilidade do transportador. Apesar da responsabilidade do expedidor ser aferida pelos princípios gerais do Código Civil, a Convenção contém algumas disposições que visam resguardar e prever especialmente determinadas situações consideradas típicas. Nos termos do artigo 7.º n.º 1, alíneas *a*), *b*) e *c*) da CMR, o expedidor será responsável por todas as despesas, perdas e danos que o transportador sofra em virtude de inexactidões ou insuficiências nas indicações que, por força do artigo precedente, devam constar da declaração de expedição. Por conseguinte, a falta, insuficiência ou inexactidão do nome e endereço do expedidor; do lugar e data do carregamento da mercadoria e lugar previsto de entrega; do nome e endereço do destinatário; da denominação corrente da mercadoria e modo de embalagem, e, quando se trate de mercadorias perigosas[53], sua denominação geralmente aceite; do número de volumes, marcas especiais e números; do peso bruto da mercadoria ou quantidade expressa de outro modo; das instruções exigidas para as formalidades aduaneiras e outras; da proibição de transbordo; das despesas que o expedidor toma a seu cargo; do valor da quantia a receber no momento da entrega da mercadoria; do valor declarado da mercadoria e quantia que representa o juro especial de entrega; das instruções do expedidor ao transportador no que se refere ao seguro da mercadoria; do prazo combinado, dentro do qual deve efectuar-se o trans-

---

[53] A este respeito, Vide o *Acordo Europeu de Transporte Internacional por Estrada de Mercadorias Perigosas – Acordo ADR de Genebra (1967) e seus anexos onde se identificam as mercadorias perigosas;* a *Directiva 96/35/CE do Conselho de 3 de Junho de 1996 relativa à designação e à qualificação profissional dos conselheiros de segurança para o transporte de mercadorias perigosas por estrada, por caminho-de-ferro ou por via navegável*, publicada no *Jornal Oficial das Comunidades Europeias* de 19/6/96; a *Decisão da Comissão de 22 de Janeiro de 1996 relativa às condições mínimas exigidas aos navios com destino aos portos marítimos da Comunidade ou que deles saiam transportando mercadorias perigosas ou poluentes*, publicada no *Jornal Oficial das Comunidades Europeias* de 7/2/96; finalmente, veja-se o artigo 22.º da CMR que prevê a possibilidade de o transportador descarregar, destruir ou tornar inofensivas as mercadorias que sejam perigosas quando não tenha sido avisado pelo expedidor desse perigo. O expedidor, além de não ter qualquer direito a ser indemnizado nestas circunstâncias, **será responsável por todas as despesas e prejuízos resultantes de estas terem sido entregues para transporte ou do seu transporte. Porém, o transportador será responsável para com o expedidor se destruir, descarregar ou inutilizar a mercadoria agindo na suposição errónea da perigosidade da mercadoria (artigo 338.º do Código Civil).**

porte; da lista dos documentos entregues ao transportador; e de quaisquer outras indicações ou instruções que o expedidor dê para o preenchimento da declaração de expedição ou para incluir nela, coloca o expedidor na obrigação de indemnizar o transportador nos termos gerais do Direito Civil.

O expedidor será responsável, nos termos do artigo 10.° da CMR, por danos a pessoas, material ou outras mercadorias, assim como por despesas originadas por defeito da embalagem da mercadoria. Relativamente a este artigo temos que fazer algumas considerações: primeiro, ele não atribui a terceiros um direito de acção contra o expedidor – qualquer pretensão de terceiros sobre o expedidor, que advenha de defeitos na embalagem da mercadoria, dependerá do respectivo direito interno; segundo, a responsabilidade do expedidor afere-se pelos termos gerais da lei civil, não estando, portanto, sujeita às limitações do artigo 23.° que adiante analisaremos; terceiro, é indiferente que as despesas ocorram por força de medidas preventivas desencadeadas pelo transportador para evitar os danos ou por força de medidas que se destinem a rectificar a situação uma vez o dano ocorrido; quarto, sobre o transportador não recai qualquer responsabilidade pela perda ou avaria da mercadoria exclusivamente causada por defeito de embalagem; *finalmente, o transportador só será responsável, nos termos do citado artigo 23.° da CMR, quando, sendo o defeito aparente, ou tendo este conhecimento dele no momento em que tomou conta da mercadoria, não tenha feito reservas a seu respeito. O mesmo se diga para a situação em que a perda ou avaria se deva, não directamente a defeito de embalagem, mas ao facto de o transportador não ter efectuado uma estiva adequada à embalagem e à respectiva mercadoria.*

O n.° 2 do artigo 11.° da CMR consagra a denominada "responsabilidade fiscal" do expedidor[54]. O expedidor deve juntar à declaração de expedição, ou pôr à disposição do transportador, os documentos necessários ao cumprimento das formalidades aduaneiras, assim como prestar--lhe todas as informações que sejam indispensáveis a esse fim. Não tendo o transportador qualquer obrigação de verificar se esses documentos e informações são exactas ou suficientes, o expedidor responde, de forma ilimitada, para com o transportador por todos os danos que resultem da falta, insuficiência ou irregularidade desses documentos ou informações, *salvo no caso de falta do transportador.* A respeito desta ressalva, dizem D. J. Hill e A. D. Messent: " Article 11 (2) concludes by providing that the sender will not be liable to the carrier where the damage has been caused by some wrongful act, neglect, or default on part of the carrier. Given that the

---

[54] Cfr. artigo 372.° do Código Comercial.

carrier is neither obliged to provide nor to claim the relevant documentation, and that any attempt to impose such obligations on him would be invalid under Article 41, *the only scope for the operation of this provision would appear to be where the carrier has either misused or mislaid the documentation or information with which he has been provided*. It is therefore at first sight curious that Article 11 (3) goes on to provide for the carrier's liability in respect of the loss or incorrect use of the documents. However, the explanation for this apparent duplication would seem to be that the concluding words of Article 11 (2) are concerned exclusively with the carriers claim against the sender arising from inadequate documentation; Article 11 (3), on the other hand, is concerned with the liability of the carrier to the sender" [55].

Por fim, o artigo 16.º n.º 1 da Convenção estabelece que o expedidor é responsável pelas despesas sofridas pelo transportador quando provocadas por um pedido de instruções, ou pela execução destas, nas situações de impossibilidade de execução do contrato de transporte nas condições previstas na declaração de expedição ou quando houver impedimentos à entrega. No entanto, o expedidor não será responsável por essas despesas se elas resultarem duma falta do transportador, ou seja, naquelas situações em que estas provêm, não só de faltas relacionadas com o pedido de instruções e a sua execução, mas também com as que resultarem dos próprios factos que originaram a impossibilidade de execução do contrato de transporte nas condições previstas na declaração de expedição ou o impedimento à entrega das mercadorias à chegada. Noutras palavras: se a impossibilidade do normal cumprimento do contrato de transporte ou as dificuldades de entrega resultarem de um facto que seja da responsabilidade do transportador, então este perde o direito ao reembolso das despesas que sofreu com o pedido de instruções e com a sua execução.

II. CONCEITO DE TRANSPORTADOR

Como parece evidente, antes de estudarmos a responsabilidade do transportador convém precisar juridicamente o conceito de transportador. Não teria sentido abordarmos a questão da responsabilidade sem previamente determinar com exactidão quem pode ser considerado parte contratante para efeitos da CMR. Deste modo, será considerado transportador qualquer ou quaisquer pessoas que se proponham exercer a indústria de

---

[55] Cfr. D. J. Hill, LL.M., Ph.D.; A. D. Messent, M.A., Ob. Cit., Pág. 49/50.

A *responsabilidade do transportador na Convenção de Genebra* 101

fazer transportar por terra, canais ou rios, pessoas ou animais, alfaias ou mercadorias de outrém[56]. Para ser legalmente considerado transportador, nem sequer necessita de efectuar ele mesmo o transporte a que se obrigou, podendo recorrer a empregados seus, empresas, companhias ou pessoas diversas, sem deixar de conservar para com o expedidor a sua qualidade de transportador e assumindo para com a empresa, companhia ou pessoa com quem depois ajustou o transporte a qualidade de expedidor[57]. Sendo o transportador responsável pelos seus empregados, pelas mais pessoas que ocupar no transporte dos objectos e pelos transportadores subsequentes a quem for encarregue o transporte quando estes actuarem no exercício das suas funções[58], nada parece obviar a esta interpretação lata do conceito de transportador.

Convém, ainda, chamar à colação a figura do transitário. Também apelidado de *commissionnaire de transporte* ou *forwarding agent*, o transitário é considerado o "arquitecto do transporte", isto é, será uma sociedade comercial que terá por objecto a prestação de serviços a terceiros no âmbito da planificação, controle, coordenação e direcção das operações necessárias à execução das formalidades e trâmites exigidos na expedição, recepção e circulação de bens ou mercadorias[59].

É fundamental determinar em que qualidade opera o transitário no âmbito da CMR. Teremos que distinguir três situações:

1.ª O transitário assume o transporte da mercadoria, estando, por conseguinte, encabeçado nos direitos e deveres que, pela Convenção, recaem sobre o transportador. Recorrendo a um transportador efectivo para realizar o transporte, aquele assume a qualidade de sub-transportador ou transportador sucessivo;

2.ª O transitário assume a posição de expedidor. Neste caso o exportador da mercadoria não será considerado parte contratante para efeitos da CMR, a não ser que, exercendo o direito de disposição sobre a mercadoria, se designou a ele próprio destinatário dela ou se encontra sub-rogado nos direitos do destinatário;

3.ª O transitário assume a posição de agente de qualquer das partes do contrato de transporte sujeito à CMR. Neste caso, ele funciona como

---

[56] Vide artigo 366.º, § 1.º do Código Comercial.

[57] Vide artigo 367.º do Código Comercial.

[58] Vide artigo 377.º do Código Comercial e artigo 3.º da CMR.

[59] Vide artigo 1.º do Decreto-Lei n.º 43/83 de 25 de Janeiro e artigo 1.º das Condições Gerais de Prestação de Serviços pelos Transitários, aprovadas pela Associação Portuguesa dos Agentes Transitários e publicadas no DR, III Série, n.º 117, de 22/5/86.

um simples intermediário e não é parte no contrato de transporte, pelo que não está sujeito às disposições da CMR. Na prática, esta situação é bastante frequente pois o transitário faz incluir na guia a expressão *"as agent"*. Tal significa que o transitário intervém como agente comercial do transportador. Como o contrato de agência funda uma relação de serviços e não de emprego, como o agente comercial não é o *dominus negotii* e goza de autonomia em relação a este, como o contrato de agência impõe somente a obrigação de promover negócios em certa zona, o transitário titula o contrato de transporte como mero procurador do transportador, pelo que os efeitos jurídicos do contrato de transporte produzem-se apenas na esfera jurídica deste último. A haver responsabilidade do transitário, esta será emergente da prestação dos serviços que lhe foram confiados ou em que ele directamente intervenha (na condição de transitário) e deverá ser estabelecida nos termos e com os limites prescritos pelas *Condições Gerais de Prestação de Serviços pelos Transitários*[60].

III. FONTES DA OBRIGAÇÃO DE INDEMNIZAR NA CMR:

a) *"Responsabilidade fiscal" do transportador. Os artigos 11.º n.º 3 da CMR e 386.º do Código Comercial.*

O número 3 do citado artigo pretende consagrar a responsabilidade do transportador pela perda ou utilização inexacta dos documentos (necessários para "o cumprimento das formalidades aduaneiras e outras a observar até à entrega da mercadoria"[61]) mencionados na declaração de expedição, que a acompanhem, ou lhe sejam entregues. O artigo 386.º do Código Comercial, por outro lado, determina que o transportador é responsável para com o expedidor por tudo quanto resultar de omissão sua no cumprimento das leis fiscais em todo o curso da viagem e na entrada do lugar de destino. Embora se utilize muitas vezes a aparente correlação entre estes dois preceitos para apelidar de "fiscal" a responsabilidade do transportador adveniente do n.º 3 do artigo 11.º da CMR, não posso deixar de a considerar abusiva e incorrecta. Primeiro, porque a responsabilidade dele resultante não corresponde a uma dívida fiscal porquanto do preceito não

---

[60] Vide artigo 23.º e ss. das Condições Gerais de Prestação de Serviços pelos Transitários, aprovadas pela Associação Portuguesa dos Agentes Transitários e publicadas no DR, III Série, n.º 117, de 22/5/86.

[61] Cfr. artigo 11.º, n.º 1 da CMR.

resulta qualquer tributação de rendimentos ou património do transportador pelo Estado – quanto muito, o transportador será responsável <u>perante o expedidor</u> (e não perante o Estado) pelo não cumprimento de obrigações fiscais que recaiam sobre este mas que aquele se comprometeu a observar. Segundo, o âmbito do preceito da CMR extravasa o âmbito do referido artigo do Código Comercial. Enquanto o segundo se refere exclusivamente à responsabilidade do transportador pelo incumprimento das leis fiscais, o primeiro consagra a responsabilidade do transportador pela perda ou utilização inexacta de documentos necessários ao cumprimento das formalidades aduaneiras e <u>de documentos necessários ao cumprimento de outras formalidades a observar até à entrega</u>[62]. A utilização, no âmbito do n.º 3 do artigo 11.º da CMR, da expressão "responsabilidade fiscal" apenas será tolerável enquanto forma de fácil distinção entre as diferentes responsabilidades positivadas na Convenção.

O mencionado artigo prescreve que o transportador será responsável enquanto agente. Qual o significado desta estatuição? Alguns poderão entender que tal expressão significa que o transportador apenas será responsável enquanto funcionar simultaneamente como agente transitário. Todavia, não me parece ser essa a interpretação mais correcta. No meu entender, a expressão significa que o transportador será responsável tal como o transitário o seria se o facto originário da responsabilidade a ele fosse imputável. A diferença está no facto de a responsabilidade do transitário não ser aferida pela Convenção enquanto a responsabilidade do transportador está limitada ao montante devido nos termos do artigo 23.º da CMR, que analisaremos adiante.

Finalmente, importa esclarecer perante quem é que o transportador é responsável. A este respeito, dizem D. J. Hill e A. D. Messent: "Since the carrier has obligations first to the sender as the party with a right of disposal of the goods, and later to the consignee when he obtains that right, it follows that the consignee can then also claim against the carrier under Article 11 (3)"[63].

---

[62] Vide Decreto-Lei n.º 45/89, de 11 de Fevereiro, alterado pelo Decreto-Lei n.º 197/93, de 27 de Maio.

[63] Cfr. D. J. Hill, LL.M., Ph.D.; A. D. Messent, M.A., Ob. Cit., Pág. 50.

b) *Responsabilidade do transportador pelo incumprimento das cláusulas C.A.D. (Cash Against Documents) ou C.O.D. (Cash On Delivery). O artigo 21.° da CMR.*

Diz o artigo 21.° da CMR: "se a mercadoria for entregue ao destinatário sem cobrança do reembolso que deveria ter sido percebido pelo transportador em virtude das disposições do contrato de transporte, o transportador tem de indemnizar o expedidor até ao valor do reembolso, salvo se proceder contra o destinatário". Como se sabe, nada impede o transportador de assumir outras obrigações, além da obrigação principal de transportar as mercadorias. Assim sendo, o transportador pode assumir a obrigação de entregar a mercadoria contra cheque, letra, contra original da guia negociada no banco, etc. Ele assume essa obrigação através da inclusão na declaração de expedição das cláusulas C.A.D. ou C.O.D. A primeira reporta-se àquelas situações em que existe um crédito documentário[64]; a segunda, às situações em que o transportador deverá entregar a mercadoria contra a entrega de um cheque, contra o aceite de uma letra, etc., depois de o destinatário verificar o estado da mercadoria[65]. Se o transportador faz uma entrega sem a cobrança do reembolso, ou seja, faz uma "entrega livre" quando se obrigou a fazer uma "entrega sob condição", então o incumprimento de tal mandato leva o transportador a ter de indemnizar o expedidor pelo facto de ter entregue a mercadoria, por não ser possível repetir essa entrega e por com isso lhe ter causado prejuízo[66].

Põe-se agora uma outra questão. A alínea *c)* do n.° 2 do artigo 6.° da CMR afirma expressamente que a "declaração de expedição deve conter a indicação do valor da quantia a receber no momento da entrega da mercadoria". Será que as cláusulas C.O.D e C.A.D. necessitam de constar da guia para serem executórias? Parte da doutrina defende que "Although Article 6 (2)(c) states that the consignment note is to specify the amount of the C.O.D. charges, for the same reasons as discussed above in relation to the agreed time limit for the purposes of Article 19, it is thought that although such inclusion would facilitate proof of the agreed term, *inclusion in the consignment note is not essential*. The authorities in this respect referred to in relation to Article 19 can be relied on in support of this view, as can a French decision where a claim under Article 21 failed on the basis that the consignor had not given his instructions in this respect

---

[64] Cfr. artigo 937.° do Código Civil.
[65] Vide artigo 385.° do Código Comercial.
[66] Cfr. artigos 798.°, 562.°, 564.°, n.° 1 e 566.°, n.° 1, todos do Código Civil.

A responsabilidade do transportador na Convenção de Genebra 105

sufficiently clearly. The judge does not seem to have regarded inclusion in the consignment note as such to have been essential" [67]. Contudo, quanto a mim, não se pode concordar com esta opinião. Em primeiro lugar, é essencial que a obrigação de cobrança conste <u>expressamente</u> da guia, por razões já anteriormente referidas [68]. A guia de transporte, existindo, tem um valor jurídico que lhe advém dos artigos 373.º e 375.º do Código Comercial, que já analisamos pelo que para lá remetemos. Em segundo lugar, refere-se que a inclusão na guia do valor C.O.D. ou C.A.D. a receber no momento da entrega não é essencial porque a própria CMR o parece assim entender ao colmatar a falta de inclusão na guia do prazo em que o transporte deve efectuar-se, tal como prescrito na alínea *f*), n.º 2 do artigo 6.º, com o disposto no artigo 19.º. Aqui a Convenção, na falta da indicação do prazo referido, estabelece supletivamente uma cláusula geral com o intuito de superar essa falta. Ora, tal não acontece quando se trata da omissão do valor C.A.D. ou C.O.D. a receber aquando da entrega, pelo que as situações não são comparáveis. Sendo a obrigação de cobrança um encargo do transportador cujo não cumprimento lhe pode trazer graves consequências financeiras, não me parece adequado que se queira defender uma posição em que, na falta de indicação em contrário, quase se presuma que o transportador assumiu essa obrigação. A assunção de uma obrigação potencialmente tão onerosa deve ser perfeitamente clara e não deve ser reconhecida de ânimo leve. Por fim, diga-se que a indicação do valor a receber na entrega é essencial para que o transportador o possa contestar junto do destinatário e, se for caso disso, recusar a entrega da mercadoria enquanto este não prestar caução, nos termos do n.º 2 do artigo 13.º da Convenção.

Mas até onde é que o transportador é obrigado a indemnizar o expedidor? Devemos entender que a expressão "até ao valor do reembolso" abrange, não só o valor das mercadorias, mas também quaisquer outras despesas que o destinatário se tenha obrigado a suportar, tal como os custos do transporte, seguro, despesas de embalagem, etc. Em conclusão, podemos dizer que o transportador terá de indemnizar o expedidor até ao valor da factura apresentada ao destinatário. Pelo exposto, parece que o montante indemnizatório devido pelo transportador poderá ser igual ao valor total da factura ou ser inferior a este. Põe-se, portanto, a seguinte dúvida: o expedidor tem de provar o seu prejuízo ou tem automaticamente direito ao valor total do reembolso? A solução mais eficaz parece ser esta última,

---

[67] Cfr. D. J. Hill, LL.M., Ph.D.; A. D. Messent, M.A., Ob. Cit., Pág. 117/118.

[68] Vide alínea *c*), ponto ii, n.º IV do Capítulo I deste trabalho.

106 A responsabilidade do transportador na Convenção de Genebra

<u>desde</u> que se permita ao transportador proceder contra o destinatário para recuperar esse valor independentemente de quaisquer pretensões que este possa ter contra o expedidor.

Outra questão consiste em saber se o transportador pode receber o reembolso mediante a entrega de um cheque. Todos sabemos que o pagamento por cheque pode envolver um risco para o beneficiário. Se o transportador recebe o reembolso através de um cheque sem ter ordens expressas do expedidor nesse sentido, está a assumir riscos sem para tal estar mandatado. Embora se diga que "accepting payment by cheque, whether in favour of the agent or principal, will fairly readily be recognised nowadays as being in the normal course of business, and hence within the scope of an agent's authority..."[69] parece aconselhável que o transportador obtenha previamente instruções claras a esse respeito. Deve-se sublinhar que, uma vez recebido o montante do reembolso, o transportador só cumpre integralmente a sua obrigação de cobrança com a entrega efectiva do reembolso ao expedidor: "En effet, reprenant une solution inaugurée au détriment d'un courtier d'assurance, la Cour de cassation retient la responsabilité d'un transporteur au titre de la perte d'une traite reçue en règlement d'un remboursement lors de sa transmission au donner d'ordre par courrier simple. Ne nous attachons pas à la nature de l'effet: C'est le client lui-même qui avait demandé une traite. La solution n'aurait pas été différent dans le cas d'un cheque. Pour la Cour de cassation, la condamnation du transporteur se justifie par la faute commisse 'dans l'inexécution de son obligation de résultat d'assurer la remisse effective de la traite à son mandant'. Les transporteurs vont donc devoir majorer du coût de recommandation postale la somme qu'ils perçoivent au titre du recouvrement des remboursements"[70].

Finalmente, qual o significado da expressão "salvo se proceder contra o destinatário"? À primeira vista, parece querer significar que se o expedidor propuser uma acção contra o destinatário, então já não poderá demandar o transportador. Mas não é essa a interpretação correcta. Como sabemos, a CMR foi apenas assinada na sua versão inglesa e francesa e só estas versões fazem fé no âmbito da Convenção. O texto em português é uma simples tradução e, por conseguinte, não faz fé. Ora, na língua francesa e inglesa a redacção da dita expressão é, respectivamente: "sauf son recours contre le destinataire" e "without prejudice to his right of action against the consignee". Assim, *sauf* ou *without prejudice* significam "sem

---

[69] Cfr. D. J. Hill, LL.M., Ph.D.; A. D. Messent, M.A., Ob. Cit., Pág. 119.
[70] In "Lamy Transport", T. 1, n.º 205, n.º 207.

A responsabilidade do transportador na Convenção de Genebra 107

prejuízo de" e não "salvo se". Pelo retrovertido, concluímos que o transportador que haja violado as instruções do expedidor nos termos do artigo 21.º da CMR, pode fazer regresso contra o destinatário. Mas se o pode, não é porque tenha ficado sub-rogado nos direitos do expedidor: para que houvesse sub-rogação legal era necessário que a Convenção, como lei especial, o dissesse e esta é completamente omissa a este respeito. Por outro lado, era necessário que se verificassem os requisitos de que o Código Civil faz depender a sub-rogação e estes não se verificam[71]. Concluindo, o direito de acção do transportador para com o destinatário funda-se na CMR e não no direito do expedidor: o transportador paga a sua dívida (indemnizatória) e não a dívida do destinatário, daí que este não possa opor contra o transportador as excepções que poderia opor ao expedidor.

c) *Responsabilidade do transportador pela violação do direito de disposição da mercadoria conferido ao expedidor ou destinatário. O artigo 12.º n.º 7 da CMR.*

O artigo 12.º da Convenção consagra o direito de disposição sobre as mercadorias. Nos termos do seu número 1, este direito compreende não só a faculdade de suspender o transporte, mas também a faculdade de variar o lugar e o destinatário da mercadoria. *Prima facie*, este direito é atribuído ao expedidor, pelo que o transportador é encarado como um agente do expedidor. Mas nada impede que o titular seja, desde logo, o destinatário: basta que o expedidor inscreva tal indicação ao preencher a declaração de expedição (n.º 3). Se tal não acontecer, então o direito de disposição da mercadoria do expedidor cessa quando o segundo exemplar de expedição é entregue ao destinatário ou este faz valer o direito previsto no n.º 1 do artigo 13.º, ou seja, exige a entrega do segundo exemplar da declaração de expedição e da mercadoria aquando da sua chegada. A partir deste momento, o direito de disposição transfere-se para o destinatário que poderá ordenar a entrega a outra pessoa, mas este, por sua vez, já não poderá designar outros destinatários (n.º 2 e 3).

O número 7 do artigo 12.º prevê a responsabilidade (ilimitada) do transportador pelo prejuízo emergente da inexecução das instruções que lhe forem dadas relativamente ao direito de disposição e da execução de instruções sem ter exigido a apresentação do primeiro exemplar da declaração de expedição. Quanto à inexecução de instruções, diremos que o

---

[71] Cfr. artigo 589.º e ss. do Código Civil.

108 *A responsabilidade do transportador na Convenção de Genebra*

transportador só será responsável desde que este não as possa recusar, ou seja, quando tenha a obrigação de as executar por estas preencherem as condições das alíneas *a)*, *b)* e *c)* do n.º 5. Acrescente-se que o transportador será igualmente responsável quando tenha recebido instruções que não preencham as condições da alínea *b)* do n.º 5 [72] e não tenha avisado atempadamente a pessoa que lhe deu essas instruções de que, por esse motivo, lhe é impossível executá-las.

Em relação à segunda parte do n.º 7, pode suceder que um expedidor venha a sofrer prejuízos em consequência de instruções que efectivamente deu ao transportador e que este executou sem exigir o primeiro exemplar da declaração de expedição. Nestas situações, o expedidor pode sentir-se tentado a argumentar que o transportador é responsável por esse prejuízo em virtude de não ter cumprido os requisitos formais do n.º 7. Esta pretensão será sempre ilegítima pois a segunda parte do n.º 7 visa apenas prever aquelas situações em que o transportador cumpre instruções de uma pessoa que não tinha legitimidade para as emitir. Ora, se o direito de disposição sobre as mercadorias cabia, à data em que essas instruções foram proferidas, ao expedidor, então a responsabilidade dos prejuízos só a ele podem ser atribuídas, constituindo semelhante pretensão um claro abuso de direito nos termos do artigo 334.º do Código Civil.

d) Responsabilidade do transportador pela perda total ou parcial das mercadorias.

O artigo 17.º, n.º 1 da CMR estabelece, genericamente, a responsabilidade do transportador pela perda total ou parcial, pela demora na entrega ou pela avaria que se produzir entre o momento do carregamento da mercadoria e o da entrega. A Convenção não regulamenta a responsabilidade do transportador por outros factos que não os atrás descritos, pelo que nessas circunstâncias se deverá aplicar as disposições pertinentes do respectivo direito interno do Estado onde a questão é suscitada. Como a Convenção foi elaborada com a intenção de ser aplicada pelos tribunais nacionais dos Estados assinantes ou aderentes, verificam-se inúmeras dis-

---

[72] A alínea *b)* deste número 5 suscita algumas dúvidas pois a ausência de regras claras para determinar se a recusa do transportador (no âmbito desta alínea) é ou não justificada poderá ser uma fonte de conflituosidade entre as partes. A solução estará no Direito Interno, mas devemos partir sempre do princípio que qualquer interferência injustificada no direito de disposição constitui uma violação contratual.

crepâncias no que toca ao entendimento e interpretação das disposições da Convenção. Assim, alguns países[73] entendem que a responsabilidade do transportador se funda primariamente em negligência, pelo que o transportador terá de provar que não houve negligência da sua parte, ou seja, terá de demonstrar que a perda, demora ou avaria resultaram de circunstâncias que um transportador diligente não poderia prever ou evitar. Pelo contrário, outros países entendem que o transportador é responsável pela perda, demora ou avaria na mercadoria a não ser que prove que o ocorrido se deve a determinadas circunstâncias que o desobrigam ou isentam dessa responsabilidade, nomeadamente, as descritas no número 2 e 4 do artigo 17.º da CMR. Este é o entendimento que é seguido em França e em Portugal[74]. Contudo, a interpretação do artigo 8.º e 9.º da Convenção poderá suscitar algumas dificuldades. Terá o lesado que fazer prova da perda ou avaria na mercadoria se o transportador tiver incluído reservas a esse respeito na declaração de expedição? O artigo 8.º estabelece que o transportador deve, ao tomar conta da mercadoria, verificar a exactidão das indicações da declaração de expedição acerca do número de volumes, marcas e números, e o estado aparente das mercadorias e da sua embalagem. Na falta destas reservas, o artigo 9.º, n.º 2 afirma que se presume que as mercadorias estavam em bom estado aparente no momento em que o transportador as tomou a seu cargo e que o número de volumes, as marcas e os números estavam em conformidade com as indicações da declaração de expedição. *A contrario*, poderá entender-se que, existindo essas reservas, não se verifica a presunção e a correspondente inversão do ónus da prova, pelo que terá de ser o lesado a provar a perda ou avaria da mercadoria. No entanto, tal não está correcto. O n.º 2 do artigo 9.º, na versão inglesa, diz o seguinte: "If the consignment note contains no specific reservation by the carrier, it shall be presumed, **unless the contrary is proved**, that the goods and their packaging appeared to be in good condition when the carrier took them over and that the number of packages, their marks and numbers corresponded with the statements in the consignment note". Além disso, o n.º 2 do artigo 8.º prescreve que as reservas feitas pelo transportador "não obrigam o expedidor se este não as tiver aceitado expressamente na declaração de expedição". Pelo exposto se verifica que o ónus da prova recai sempre sobre o transportador, seja para afastar a presunção do artigo 9.º, n.º 2, seja para comprovar a exactidão e existência das reservas que o expedidor não haja aceite nos termos do n.º 2 do artigo 8.º da Convenção.

---

[73] Por exemplo, Alemanha ou Suíça.

[74] Cfr. D. J. Hill, LL.M., Ph.D.; A. D. Messent, M.A., Ob. Cit., Pág. 67.

Noutro plano, tem-se discutido a natureza da responsabilidade do transportador nos termos do artigo 17.º. As opiniões divergem: os tribunais alemães entendem que se trata de responsabilidade pelo risco, ou seja, *responsabilité objective*; outros entendem que se trata de *responsabilité subjective*, ou seja, uma responsabilidade assente numa presunção de negligência que cabe ao transportador afastar. Há quem entenda, ainda, que se trata de uma responsabilidade limitada, enquanto outros contestam esta designação e preferem dizer que se trata de uma responsabilidade diminuída pela existência de um *"plafond de valeur"*. Seja como for, não me parece que se trate de uma questão essencial a resolver, porquanto a sua discussão é puramente académica[75].

O transportador é responsável pela perda ou avaria na mercadoria "...que se produzir entre o momento do carregamento da mercadoria e o da entrega...", pelo que se torna imprescindível analisar pormenorizadamente estes dois momentos a fim de precisar, com toda a clareza, quando começa e termina a responsabilidade do transportador. A responsabilidade inicia-se com o carregamento da mercadoria[76], isto é, com a colocação da mercadoria a bordo do veículo que a irá transportar. Até este momento, a CMR não se aplica e a responsabilidade por danos ocorridos durante o depósito da mercadoria nos armazéns do transportador será aferida nos termos gerais do Código Civil. Por sua vez, a responsabilidade do transportador termina com a entrega da mercadoria, ou seja, com a colocação da mercadoria na posse do seu destinatário. A mercadoria só é entregue quando a custódia física sobre a mercadoria e o direito de exercer autoridade sobre ela são transmitidos simultaneamente. Assim sendo, se o transportador armazenou a mercadoria à chegada, então é porque ainda não a entregou. A entrega da mercadoria só se verifica se o destinatário a aceitar: a simples chegada da mercadoria ao seu destino não constitui entrega para os efeitos da CMR. Acresce que a entrega só se encontrará efectivada quando a mercadoria for colocada na posse de *uma pessoa autorizada para a receber* no *local previsto na declaração de expedição*. No entanto, se o destinatário

---

[75] No mesmo sentido, dizem D. J. Hill e A. D. Messent (Ob. Cit., Pág. 69): "In practice it is fairly clear that given the fine juridical distinctions drawn in the various legal systems as to the basis of the carrier's liability, it will be far from easy to obtain a consensus as to the basis of liability under CMR. Looked at from the empirical viewpoint of the common law it seems unlikely that the problem is likely to affect the interpretation of CMR to any noticeable degree".

[76] As expressões *"prise en charge sur camion"* ou *"taken over on lorry"* são muitas vezes utilizadas para afastar quaisquer dúvidas que surjam a respeito do início da responsabilidade do transportador para efeitos da CMR.

A responsabilidade do transportador na Convenção de Genebra 111

der instruções ao transportador para seguir para o armazém daquele, a entrega só aí ocorrerá. Finalmente, o transportador não será responsável pela entrega da mercadoria noutro lugar que não o constante da declaração de expedição se o destinatário acusar a recepção da mercadoria nos termos do artigo 13.°, n.° 1 da Convenção.

Mas a partir de que momento é que se poderá considerar a mercadoria como perdida? O artigo 20.°, n.° 1 da CMR determina que "o interessado, sem ter de apresentar outras provas, poderá considerar a mercadoria como perdida quando esta não tiver sido entregue dentro dos 30 dias seguintes ao termo do prazo convencionado, ou, se não foi convencionado prazo, dentro dos 60 dias seguintes à entrega da mercadoria ao cuidado do transportador". O decorrer destes prazos é tido como prova conclusiva da perda da mercadoria, isto é, da sua destruição ou extravio. Assim sendo, o transportador pode ver-se perante situações potencialmente onerosas pois pode ocorrer que a entrega ainda não tenha sido efectuada porque, por exemplo, o veículo foi apreendido pelas autoridades dum Estado em que este tenha causado danos a terceiro. Nestes casos, o transportador tem conhecimento de que as mercadorias se encontram intactas e do paradeiro destas, mas não deixa de ser responsável nos termos do artigo 20.°[77]. O n.° 2 e 3 deste artigo consagra o chamado *right of election*, ou seja, "o interessado, ao receber o pagamento da indemnização pela mercadoria perdida, poderá pedir por escrito que seja avisado imediatamente se a mercadoria aparecer no decurso do ano seguinte ao pagamento da indemnização". O transportador deve acusar por escrito a recepção deste aviso, embora pareça não existir qualquer consequência legal para uma falta de reconhecimento destas instruções. No caso de a mercadoria ser recuperada, o transpor-

---

[77] Nestes casos, *Loewe* defende que o requerente da indemnização deve aceitar a entrega sempre que a mercadoria é recuperada antes ou durante a pendência da acção, apenas podendo reclamar uma indemnização por demora e custas legais. No entanto, dizem D. J. Hill e A. D. Messent (Ob. Cit., Pág. 115): "the major objection to such an approach is that it does not seem that it can be reconciled with the apparently unambiguous wording of Article 20 (1) that delay beyond the prescribed limits 'shall be conclusive evidence of the loss of the goods, and the person entitled to make a claim may thereupon treat them as lost'. Further, to adopt Loewe's view could work substancial injustice to the claimant. It would mean that he could, in effect, only treat them as lost at his peril, for if they were to re-appear at any time prior to judgement he would be restricted to his claim for delay, which in turn would be restricted to the amount of the carriage charges by virtue of Article 23 (5). (...) a preferable solution can be found in the normal principles of mitigation of damages, by virtue of which the plaintiff must take all reasonable steps to keep his loss at a minimum, and by way of necessary corollary, must do nothing which unreasonably increases his loss".

112 A responsabilidade do transportador na Convenção de Genebra

tador deve avisar o interessado desse facto e este tem 30 dias para exigir que a mercadoria lhe seja entregue contra o pagamento dos créditos resultantes da declaração de expedição e contra a restituição da indemnização que recebeu (eventualmente) deduzida das despesas nela incluídas[78], mas sem prejuízo dos direitos a indemnização por demora ou do valor do juro especial devido nos termos do artigo 26.°. "Na falta quer do pedido previsto no parágrafo 2, quer de instruções dadas no prazo de 30 dias previsto no parágrafo 3, ou ainda no caso de a mercadoria só aparecer depois de mais de um ano após o pagamento da indemnização, o transportador disporá dela em conformidade com a lei do lugar onde se encontra a mercadoria" (n.°4). *Loewe* afirma que a referência à *lex situs* visa torná-la aplicável aquelas situações em que o transportador não avisou o titular do *right of election* da recuperação da mercadoria ou fraudulentamente omitiu essa recuperação até que o prazo de um ano referido no n.° 4 haja decorrido. Isto pode suceder naqueles casos em que a mercadoria tem um valor muito superior ao valor da indemnização devida nos termos artigo 23.°, n.° 3. Neste ponto, põe-se nova dúvida: qual o prazo para propôr a acção? Deverá a *lex situs* afastar o prazo de três anos consagrado no artigo 32.° da Convenção? Na minha opinião, o prazo a aplicar será sempre o da Convenção, a não ser que o prazo consagrado na *lex situs* seja superior: os interesses fraudulentos do transportador não são merecedores de qualquer tutela e não devem prevalecer nestas situações. A Convenção não previu no artigo 32.° qualquer extensão do prazo para aquelas situações em que o transportador não avisou o titular do *right of election* da recuperação da mercadoria[79], mas em que não houve dolo da sua parte. Assim, se a *lex situs* prescrever um prazo superior a um ano, não existem objecções a que esse prazo seja aplicado.

Importa agora conhecer as regras necessárias à determinação do *quantum* indemnizatório. O artigo 23.°, n.° 1 estabelece que "quando for debitada ao transportador uma indemnização por perda total ou parcial da mercadoria, em virtude das disposições da presente Convenção, essa indemnização será calculada segundo o valor da mercadoria no lugar e época em que for aceite para transporte". Por sua vez, "o valor da mercadoria será determinado pela cotação na bolsa, ou, na falta desta, pelo

---

[78] Isto significa que as despesas pagas nos termos do n.° 4 do artigo 23.° não têm de ser reembolsadas quando, nos termos da declaração de expedição, elas sejam sempre devidas ao destinatário.

[79] O artigo 32.° da CMR limita-se a fazer uma previsão especial para os casos de perda, avaria ou demora.

preço corrente no mercado, ou, na falta de ambas, pelo valor usual das mercadorias da mesma natureza e qualidade" (n.º 2). Na prática, o valor será determinado aquando do início do transporte, sendo o preço indicado na factura usado como base para esse cálculo, a não ser que se conteste essa quantia como não correspondendo ao valor efectivo da mercadoria. O n.º 3 do artigo 23.º estabelece o âmbito da responsabilidade do transportador ao preceituar que "a indemnização não poderá, porém, ultrapassar 8,33 unidades de conta por quilograma de peso bruto em falta". Esclareça-se que esta é a redacção resultante do Protocolo de Genebra. Na sua redacção original, a Convenção reportava-se ao Franco Ouro e foi elaborada num sistema financeiro mundial em que o preço do ouro se mantinha estável e assim permitia estabelecer uma unidade de conta uniforme que não variasse de Estado para Estado apesar das flutuações nas taxas de câmbio aplicáveis às moedas nacionais. Simplesmente, este sistema estava dependente dum mecanismo artificial que consistia em os membros do Fundo Monetário Internacional declararem o índice oficial do preço do ouro. No entanto, desde 1971 que o preço do ouro tem oscilado livremente provocando uma situação insólita: coexistiam lado a lado dois índices – o índice oficial e o índice do mercado livre, sendo este último bastante mais elevado. Como a Convenção não previa qualquer mecanismo de conversão do Franco Ouro para as moedas nacionais, era controversa a questão de saber qual o índice a aplicar – daí a adopção do Protocolo de Genebra. O n.º 7 define a unidade de conta como "o direito de saque especial, tal como definido pelo Fundo Monetário Internacional". Este direito de saque especial representa uma unidade de conta ideal calculada com base num "cabaz" de 16 moedas, de forma a não permitir grandes oscilações no seu valor. A data da conversão do valor do direito de saque especial em moeda nacional é a data do julgamento ou uma data adoptada de comum acordo pelas partes. Parece haver aqui um conflito com o disposto no n.º 2 do artigo 27.º que estipula que "quando os elementos que servem de base para o cálculo da indemnização não são expressos na moeda do país onde é exigido o pagamento, a conversão é feita pela cotação do dia e lugar do pagamento da indemnização". Ora, o conflito é apenas aparente porque o retrovertido não se ocupa da conversão das 8,33 unidades de conta para a moeda peticionada, mas sim da conversão da moeda peticionada para a moeda nacional do país da parte que tem de satisfazer essa indemnização. Esta ordem de ideias é complicada por dois factores: primeiro, existem países que não ratificaram o Protocolo de Genebra embora sejam partes da CMR[80];

---

[80] Por exemplo: Hungria e Polónia.

114   *A responsabilidade do transportador na Convenção de Genebra*

segundo, o Protocolo vincula Países que não fazem parte do FMI. No primeiro caso, é aplicável a redacção original da Convenção[81]. Aqui põe-se a dúvida já explanada: qual o índice a aplicar? O índice oficial do valor do ouro ou o índice corrente de mercado? Nestas situações, os países que não ratificaram o Protocolo poderão dele retirar alguma orientação: sendo os valores calculados ao abrigo do Protocolo mais aproximados do índice oficial fixo, defende-se que a conversão seja feita com base nele. No segundo caso, os países que não sejam membros do FMI poderão calcular o valor, em direito especial de saque, da sua moeda pela forma determinada por esse mesmo Estado ou, quando a sua legislação não o permita, poderão declarar que fixam em 25 unidades monetárias o limite da responsabilidade prevista no n.° 3, sendo a unidade monetária correspondente a 10/31 gramas do ouro a título de 0,900 de finura. Seja como for, esses valores deverão, tanto quanto possível, expressar em moeda nacional o mesmo valor real que o expresso em 8,33 unidades de conta no termos do n.° 3 do artigo 23.°.

A responsabilidade do transportador é aferida em relação ao preso bruto em falta. Aqui importa esclarecer que a expressão "peso bruto" se refere ao peso de todo o transporte (incluindo o peso do contentor e plaquetas de madeira) caso se trate do transporte de um só objecto, mas repartido por vários veículos. Isto porque o transportador assumiu o risco de transportar uma máquina e não vários volumes. A solução será diferente quando existir "grupagem", ou seja, o transporte simultâneo no mesmo veículo de vários volumes pertencentes a expedidores diferentes. Se toda a carrada se perder, as indemnizações individuais serão calculadas com referência ao peso total da carrada ou com referência ao peso de cada volume? Para este ponto, existem duas correntes de opinião. Segundo a primeira, há que ter em conta a intenção das partes, tendo especial atenção aos documentos de expedição. Se se provar que as partes queriam considerar o transporte dos volumes individualmente e não como um conjunto, então o peso a considerar é o peso do volume e não o peso de todos os volumes. Para a segunda, denominada *functional economics test*, a questão fulcral consiste em determinar se é ou não concebível que as mercadorias sejam transportadas nos volumes individuais fornecidos pelos expedidores. Em caso de resposta negativa, presume-se que o contentor é um único volume, cabendo ao expedidor provar o contrário (porque, se não o fizer, o transportador apenas pagará uma única indemnização – a dividir por todos os

---

[81] Na versão original inglesa da CMR, o n.° 3 reza o seguinte: *"Compensation shall not, however, exceed 25 francs per kilogram of gross weight short. 'Franc' means the gold franc weighing 10/31 of a gramme and being of millesimal finesse 900"*.

expedidores – no caso de perda da totalidade da mercadoria); no caso de resposta afirmativa, presume-se que o contentor não é um único volume, cabendo ao transportador provar o contrário. Apesar de toda esta polémica, considera-se preferível, em casos de grupagem, entender que a expressão "peso bruto" se refere ao peso de cada volume individual.

Além da indemnização calculada nos termos referidos anteriormente, o n.º 4 do artigo 23.º manda reembolsar o preço do transporte, os direitos aduaneiros e as outras despesas provenientes do transporte da mercadoria, na totalidade no caso de perda total e em proporção no caso de perda parcial. Aqui o problema consiste em concretizar o que são "despesas provenientes do transporte da mercadoria". Será que as despesas preparatórias do transporte poderão nela ser incluídas? Na minha opinião, uma qualquer despesa só deverá ser reembolsada pelo transportador desde que entre ela e o transporte exista um nexo de causalidade adequada imediato, ou seja, o transporte não será a causa jurídica da despesa quando este é de todo indiferente para o surgimento desta ou este só se torna condição desta em resultado de circunstâncias extraordinárias. Deste modo, nada impede que despesas preparatórias do transporte, como as resultantes da embalagem da mercadoria, sejam reembolsáveis nos termos do n.º 4.

Isto posto, a última parte do n.º 4 afirma enfaticamente que "não serão devidas outras indemnizações de perdas e danos". No entanto, a Convenção permite que sejam exigidas indemnizações mais elevadas nos termos do n.º 6: "Só poderão exigir-se indemnizações mais elevadas no caso de declaração do valor da mercadoria ou de declaração de juro especial na entrega, em conformidade com os artigos 24.º e 26.º". O artigo 24.º dispõe que "O expedidor poderá mencionar na declaração de expedição, contra pagamento de um suplemento de preço a convencionar, um valor da mercadoria que exceda o limite mencionado no parágrafo 3 do artigo 23.º, e nesse caso o valor declarado substitui esse limite". Por sua vez, o artigo 26.º reza o seguinte: "1 – O expedidor pode fixar, mencionando-o na declaração de expedição, o valor de um juro especial na entrega para o caso de perda ou avaria e para o de ultrapassagem do prazo convencionado. 2 – se houver declaração de juro especial na entrega, pode ser exigida, independentemente das indemnizações previstas nos artigos 23.º, 24.º e 25.º e até ao valor do juro declarado, uma indemnização igual ao dano suplementar de que seja apresentada prova". Ora, pelo exposto se infere que tanto o valor da mercadoria como o valor do juro especial na entrega necessitam de constar expressamente da guia para serem oponíveis ao transportador[82-83].

---

[82] Cfr. a alínea *d*) do n.º 2 do artigo 6.º da CMR.

116 A responsabilidade do transportador na Convenção de Genebra

Convém agora caracterizar a declaração de valor de um juro especial na entrega. Ela não pode ser confundida com uma cláusula penal. Enquanto a cláusula penal "é a convenção através da qual as partes fixam o montante da indemnização em caso de eventual inexecução do contrato"[84], a declaração de juro especial na entrega é um mecanismo que permite alargar o âmbito da responsabilidade do transportador a danos que só seriam indemnizáveis no seio da responsabilidade civil extracontratual[85], isto é, torna possível à obrigação indemnizatória, que terá sempre a sua origem no inadimplemento contratual, compreender o ressarcimento de danos (não patrimoniais) que não seriam indemnizáveis a esse título[86]. A declaração de juro espe-

---

[83] No mesmo sentido escreve *Jacques Putzeys* (Ob. Cit., pág. 127/128/306/307//309/310): "La déclaration de valeur spéciale doit être faite dans la lettre de voiture, par une inscription *ad hoc* à la case 19. Son indication sur d'autres documents, par exemple, sur les documents du commissionnaire-expéditeur, sur de la correspondance antérieur au transport, sur des annexes remises au transporteur, sur des déclarations en douane, sur des polices d'assurances ne offraient pas. Augmentant les obligations du transporteur, il est indispensable que celui que effectue le transport (par exemple, le transporteur successif) et qui a la lettre de voiture en main, sache à quoi s'en tenir. (...) La déclaration (d'intérêt spécial) doit être fait en lettre de voiture. Cette déclaration est indispensable, le transporteur doit connaître, dès la prise en charge, le risque qu'il prend. C'est à l'ayant droit à supporter ce risque et à savoir ce que lui coûtera la déclaration. Mais il n'est pas question de lui accorder d'autres indemnités, notamment pour retard, que celles limitées comme dit aux articles 23 et 25, s'il n'a pas fait sa déclaration. (...) Les déclaration d'intérêt spécial et de valeur spéciale doivent, pour être opposables au transporteur, être portées sur la lettre de voiture pour pouvoir être opposées à l'expéditeur et au destinataire".

A mesma opinião têm D. J. Hill e A. D. Messent (Ob. Cit., Pág. 33): "Although the absence, irregularity or loss of the consignment note will not affect the validity of the contract of carriage which will still remain subject to the Convention, the existence of a consignment note is essential in certain circumstances to permit the operation of the Convention. First, for a right of disposal under Article 12 to be exercised the first copy of the consignment note must be produced to the carrier. Secondly, the sender can only declare a value for goods or make a declaration of a special interest in delivering by entering the particulars in the consignment note. It has also been held in a German decision that if there is no consignment note, no reservation can be endorsed pursuant to Article 9 (2)".

[84] In Galvão Telles, "Direito das Obrigações", 5ª edição, Pág. 454.

[85] Cfr. Pires de Lima e Antunes Varela, "Código Civil Anotado", Volume I, 4.ª edição, Coimbra Editora, 1987, Pág. 501/502.

[86] "L'article 25 § 1 de la CMR, prévoit que en cas d'avarie le transporteur paie le montant de la 'dépréciation'. D'autres dispositions prévoient la couverture de la seule 'perte' de la marchandise. La CMR limite donc la réparation pour pertes et avaries au seul préjudice matériel. D'ailleurs l'article 23 dispose, dans son § 4 après avoir déterminé sur ces bases le montant de l'indemnité pour perte total ou partielle due par le transporteur, 'd'autres dommages et intérêts ne sont pas dus'. L'exclusion des préjudices autres que

cial é a única forma de modificar os *plafonds de valeur* através de uma cláusula contratual sem que esta seja ferida de nulidade por força do artigo 41.º da CMR [87].

Porém, estes não são os únicos casos em que se pode reclamar uma indemnização mais elevada. O artigo 29.º da Convenção afirma que o transportador não tem o direito de se aproveitar das disposições que excluem ou limitam a sua responsabilidade ou que transferem o encargo da prova se o dano provier de dolo seu ou de falta que lhe seja imputável e que, segundo a lei da jurisdição que julgar o caso, seja considerada equivalente ao dolo, ainda que esse dolo ou falta seja acto dos seus agentes ou de quaisquer outras pessoas a cujos serviços ele tenha recorrido para a execução do transporte. Desta forma, caso haja dolo [88] ou falta equivalente ao dolo (ou seja, negligência ou culpa grave) o transportador será responsável segundo os termos gerais de direito do Código Civil. Outra consequência da existência de dolo por parte do transportador é a de permitir um pedido de ressarcimento de danos não patrimoniais ainda que não exista uma declaração de valor de juro especial de entrega [89].

Concluindo, diremos que só se poderá reclamar uma indemnização mais elevada do que a consagrada na Convenção nos seguintes casos:

1.º se o expedidor subscreveu uma declaração de valor nos termos do artigo 24.º da CMR;

2.º se o expedidor subscreveu uma declaração de valor de juro especial na entrega nos termos do artigo 26.º da CMR;

3.º se o transportador agiu com dolo, negligência ou culpa grave.

---

matériels (perte de marché, arrêt d'usine en raison d'un manque de pièces, etc.) peut être particulièrement lourde pour l'ayant droit de la marchandise (...). La marchandise peut être de faible poids alors que son intérêt pour la bonne marche de l'interprise est primordial. La CMR permet donc à l'ayant droit de prévoir une couverture plus important de son préjudice en stipulant un intérêt spécial à la livraison. La déclaration spécial à la livraison ne permet pas d'obtenir un montant forfaitaire d'indemnité pour préjudice matériel (celui stipulé dans la lettre de voiture, par exemple) car **ce n'est pas une clause pénale**. L'ayant droit doit justifier d'abord d'un dommage d'autre que celui concernant la marchandise elle-même. Il pourra en suite en obtenir réparation dans les limites de la somme stipulée, la préjudice non matériel s'ajoutant au préjudice matériel pour la détermination du montant total du préjudice subi". In *Jean-Luc Fioux*, "Transports Terrestres", Ed. Delmas, 1ª Ed., Pág. 313 e ss.

[87] Vide *Michael Alter*, "Droit des Transports", Dalloz, Pág. 92.

[88] Cfr. artigo 253.º do Código Civil.

[89] "Le dol ou la faute lourde du transporteur permet aussi de faire échec aux limitations de réparation de la CMR et d'englober dans la réparation le préjudice non matériel". In *Jean-Luc Fioux*, Ob. Cit.

e) *Responsabilidade do transportador por avarias na mercadoria.*

Iremos agora debruçar-nos sobre a responsabilidade do transportador em caso de avaria na mercadoria, ou seja, quando a mercadoria se estraga, se danifica ou se deprecia por virtude do transporte. Como já foi explanado anteriormente, o artigo 17.º, n.º 1 da CMR prevê a responsabilidade do transportador por avarias. Mas é o artigo 25.º que precisa os termos dessa responsabilidade. Diz o n.º 1 do artigo 25.º: "Em caso de avaria, o transportador paga o valor da depreciação calculada segundo o valor da mercadoria determinado em conformidade com o artigo 23.º, parágrafos 1, 2 e 4". No entanto, diz o n.º 2 do mesmo artigo, que a indemnização não pode ultrapassar:

"*a*) O valor que atingiria no caso de perda total, se toda a expedição se depreciou com a avaria;

b) O valor que atingiria no caso de perda da parte depreciada, se apenas parte da expedição se depreciou com a avaria".

O cálculo da indemnização é reportado aos princípios aplicáveis à determinação da responsabilidade por perdas tal como descritos anteriormente. Convém agora tecer algumas considerações sobre os limites impostos pelo n.º 2. O transportador é responsável pelo valor da depreciação sofrida, pelo que, por exemplo, não é responsável por despesas sofridas em virtude da reparação das mercadorias. Este é o ponto de partida. Depois, duas hipóteses se levantam: primeiro, se o valor da mercadoria depreciada é inferior ou igual aos limites impostos pelo n.º 2, então será esse o valor pelo qual o transportador é responsável; segundo, se o valor da mercadoria depreciada for superior aos limites impostos pelo n.º 2, então a quantia a satisfazer pelo transportador será reduzida até esses limites.

Podem surgir dificuldades em subsumir uma avaria nas alíneas do n.º 2. É que nem sempre é, à partida, líquido se a avaria implica uma depreciação de toda a expedição ou se, pelo contrário, apenas implica uma depreciação de parte da expedição. Referimo-nos aos casos em que existe uma funcionalidade complementar entre as mercadorias transportadas. Veja-se o exemplo de uma expedição composta por uma máquina transportada em vários volumes contendo peças separadas, ou uma expedição composta por fatos de homem. Se apenas algumas peças se avariarem, a máquina não poderá funcionar. Do mesmo modo, se as calças se avariarem, os fatos já não estarão completos. Nestes casos, somente parte da expedição se avariou. Mas porque a parte avariada exerce uma influência decisiva sobre o todo, deve entender-se que o limite indemnizatório é o fixado nos termos da alínea a) do n.º 2 do artigo 25.º, ou seja, deve-se considerar o peso de toda a expedição para efeitos do cálculo do *quantum* indemnizatório a satisfazer pelo transportador[90].

Na ausência de dolo do transportador, de uma declaração especial de valor ou de uma declaração de um juro especial na entrega, também aqui, "não serão devidas outras indemnizações por perdas e danos".

f) Responsabilidade do transportador pela demora na entrega da mercadoria.

O artigo 17.º, n.º 1 da Convenção estabelece também a responsabilidade do transportador pela demora, isto é, pelo atraso ou delonga na entrega da mercadoria. O artigo 19.º da CMR concretiza essa responsabilidade ao estipular que "Há demora na entrega quando a mercadoria não foi entregue no prazo convencionado, ou, se não foi convencionado prazo, quando a duração efectiva do transporte, tendo em conta as circunstâncias, e em especial, no caso de um carregamento especial, o tempo necessário para juntar um carregamento completo em condições normais, ultrapassar o tempo que é razoável atribuir a transportadores diligentes". Pelo retrovertido, verificamos que a Convenção prevê duas situações distintas. Primeiro, havendo um prazo convencionado, a falta de entrega da mercadoria dentro desse prazo constitui demora para efeitos da CMR. Segundo, não havendo prazo convencionado, haverá demora sempre que <u>a duração efectiva do transporte</u> exceder um prazo razoável determinável segundo as circunstâncias[91-92].

Põe-se agora a questão de saber se o prazo acordado deve ou não constar da guia para ser oponível ao transportador. A este respeito dizem D. J. Hill e A. D. Messent: "Article 19 does not specify whether the agreed time limit must be inserted in the consignment note or not, although Article 6 (2) (f) provides that where applied the consignment note shall also contain the agreed time limit within which the carriage is to be performed. The limited case law on the subject does not offer a clear answer

---

[90] Com a opinião contrária, V.g. *Loewe*.

[91] Pela prática comercial se pode determinar qual o período de tempo necessário para transportar determinada mercadoria de um ponto x para o ponto y. Tendo em atenção que as transportadoras estabelecem carreiras periódicas entre determinados destinos, será mais ou menos fácil determinar a diligência do transportador em causa.

[92] O artigo fala expressamente em duração efectiva do transporte, pelo que se a demora ocorrer, por exemplo, em virtude de um atraso do transportador em receber a mercadoria para o transporte então o artigo 19.º da CMR não é aplicável.

to the question. In a German decision the court indicated that where a time limit was agreed between the parties by telex, it was not a binding communication for purposes of CMR as it had not also been inserted in the consignment note. However in a Paris Court of Appeal decision, a specified date was laid down for delivery of a shipment of apples from Le Havre to London which was not met by the carrier due to a road accident. The court held that the time limit was binding even though it was not apparently entered in a consignment note, provided other documentation evidenced the agreement. In another French case, where the specified date for delivery was contained in a telex, this was held to be sufficient for the purposes of Article 19.

It is thought that the better view, at least as far as an action against the contracting carrier is concerned, is that the time limit need not be inserted in the consignment note. As has been seen, Article 4 provides that the contract is only to be evidenced by the consignment note, and that 'absence, irregularity, or loss of the consignment note shall not affect the existance or the validity of the contract of carriage'. Clearly, if no consignment note is issued, no agreed time limit can be included; it is provided that the non-issue is not to affect the existence or validity of the contract, and it follows that it cannot affect the validity of the agreed time limit under Article 19. It also would seem to follow that if a consignment note is issued, but does not include the agreed time limit, this at most would constitute an 'irregularity' within Article 4, and so equally should have no bearing on it's validity. Clearly, insertion in the consignment note will facilitate proof of the agreed time limit, but any other proof of agreement should be equally acceptable"[93]. Do meu ponto de vista, só parcialmente se pode concordar com esta opinião. Se não existe guia, as partes poderão provar qual o prazo acordado para o transporte mediante recurso ao termos gerais de direito. Existindo a guia, ela goza do valor e da força jurídica já analisadas, pelo que a falta de inclusão do prazo referido, embora constituía uma irregularidade que não põe em causa a validade e existência do contrato de transporte, implica que a existência ou não de demora seja aferida, não através de outros meios de prova que não a declaração de expedição, mas pelos termos da estatuição supletiva do artigo 19.º, ou seja, pela duração efectiva dum transporte dentro de um prazo que seja razoável exigir a um transportador diligente.

O *quantum* indemnizatório pela demora na entrega é fixado pelo artigo 23.º, n.º 5 que prescreve que "No caso de demora, se o interessado

---

[93] D. J. Hill e A. D. Messent, Ob. Cit., Pág. 107/108.

provar que disso resultou prejuízo, o transportador terá que pagar por esse prejuízo uma indemnização que não poderá ultrapassar o preço do transporte". Em primeiro lugar, é necessário que o interessado prove o prejuízo de que se arroga. Em segundo lugar, a indemnização será limitada ao preço do transporte, mas isso não significa que o interessado terá imediata e automaticamente direito à totalidade dessa soma. Mas qual o preço a considerar? O preço a ter em conta é o preço de todo o transporte e não apenas o preço devido pelo transporte até ao local onde ocorreu a demora. A este respeito, diz o *Prof. Jaques Putzeys*: "En cas de retard, si l'ayant droit prouve qu'un préjudice en est résulté, le transporteur est tenu de payer pour ce préjudice une indemnité qui ne peut pas dépasser le prix du transport (art. 25. 5 CMR). Que ce soit parce qu'il avait convenu un délai ou parce qu'il dépasse ce que l'on peut admettre d'un transporteur diligent, le transporteur qui a contrevenu aux dispositions de l'article 19 CMR doit réparation à l'ayant droit pour le préjudice que celui-ci établira et qui est, par définition, distinct de l'avarie ou de la perte.

Ce préjudice doit être établi, même si le délai était convenu, et le dépassement du délai ne suffit pas à cet égard. L'indemnité due par le transporteur est ici, aussi, limitée par un plafond absolu. Le prix à prendre en considération est celui de la totalité du transport convenu et non celui correspondant à la section du trajet sur laquelle le retard s'est produit"[94-95].

Igualmente problemática é a questão respeitante à caracterização dos prejuízos indemnizáveis a título de demora na entrega. Deverão estes prejuízos incluir também os danos não materiais que resultem da demora? D. J. Hill e A. D. Messent respondem afirmativamente a esta questão e desenvolvem o seguinte raciocínio: "A question that has not been satisfactorily answered to date in relation to Article 23 (5) is exactly what 'damage' the claimant must prove to have resulted from the delay. On the one hand this could refer to damage to the goods themselves, on the other it could refer to damage suffered by the claimant other than to the goods. A third possibility it could cover both. If anything, the English text tends to support the first interpretation, since with the exception of Article 29, the word 'damage' is used throughout the Convention with clear reference to physical damage to the goods. Turning to the French version, however, it can be

---

94 In *Prof. Jacques Putzeys*, Ob. Cit., Pág. 305.

95 No mesmo sentido dizem D. J. Hill e A. D. Messent (Ob. Cit., Pág. 141): "The measure of damage applicable will then be limited to the carriage charges paid or payable, and will be based upon the charges due for the whole transit and not merely on those due for the section of the journey in which delay has occurred".

seen that, whereas the word '*avarie*' is used in Articles 17 (1) and 25 to refer to actual damage to the goods themselves, the word '*préjudice*' is used in Article 23 (5). It can therefor be assumed, bearing in mind the the Latin precision of the French language as used by jurists, that a different meaning is intended in the respective provisions. Moreover, whereas the word '*avarie*' is normally used to describe damage to a physical object, the word '*préjudice*' is more applicable to a general detriment or delictual injury. It would therefore appear a logical surmise that the damage referred to in Article 23 (5) is intended to cover loss or damage suffered by a claimant other than physically to the goods themselves. (...) The view that Article 23 (5) applies in respect of losses other than physical damage, which is separately and exclusively provided for by article 25, is supported by *Libouton*, and it is submitted that such is the preferable approach"[96]. A aceitar a posição destes dois autores, apenas se poderão reclamar indemnizações mais elevadas do que o preço do transporte caso haja dolo do transportador ou caso exista uma declaração de juro especial na entrega e os danos não patrimoniais não possam ser incluídos numa indemnização calculada nos termos do n.º 5 do artigo 23.º[97].

Concluindo, para que a demora seja fonte da obrigação de indemnizar é preciso que se verifique:

1.º incumprimento do prazo convencionado;

2.º ou inexistindo prazo convencionado, que seja ultrapassado o tempo necessário para juntar um carregamento completo de grupagem;

3.º ou que seja ultrapassado o tempo razoável que um transportador diligente gastaria;

4.º que o interessado formule uma reserva, por escrito, no prazo de 21 dias a contar da data da colocação da mercadoria à disposição, não contando a data da entrega, da verificação ou da colocação à disposição (artigo 30.º da CMR, que adiante analisaremos);

5.º Finalmente, que o interessado prove os prejuízos alegados[98].

---

[96] D. J. Hill e A. D. Messent, Ob. Cit., Pág. 141/142.

[97] Referimo-nos àquelas situações em que os danos sofridos na mercadoria somados aos danos não patrimoniais ultrapassam o preço do transporte. Nestas situações, estes danos só serão, eventualmente, indemnizáveis na totalidade caso o interessado os prove e caso exista uma declaração de juro especial na entrega inserida na declaração de expedição.

[98] Tal solução comporta um desvio às regras do artigo 799.º do Código Civil.

g) Responsabilidade dos transportadores sucessivos.

O capítulo VI da CMR trata das "disposições relativas ao transporte efectuado por transportadores sucessivos". A questão do transporte sucessivo surge quando um transportador recebe a mercadoria de outro transportador com o objectivo de a fazer deslocar até ao seu destino ou, pelo menos, de a entregar a outro transportador. Admite-se, deste modo, a existência da figura do subtransporte ao qual é aplicável o regime jurídico do subcontrato[99]. Como já tínhamos visto, "o transportador responde, como se fossem cometidos por ele próprio, pelos actos ou omissões dos seus agentes e de todas as outras pessoas a cujos serviços recorre para a execução do transporte", ou seja, responde "pelas mais pessoas que ocupar no transporte" (incluindo os transportadores subsequentes a quem for encarregado o transporte)[100]. Assim, o transportador original responde pelos actos praticados pelos transportadores sucessivos.

O capítulo VI da CMR pretende disciplinar não só a existência do transporte sucessivo, como as relações entre transportadores sucessivos. Antes de mais, há que distinguir duas situações: primeiro, pode acontecer que um expedidor contrate com um transitário para se ocupar da expedição da mercadoria e este, por sua vez, contrate o transporte efectivo da mercadoria com um transportador. Nestes casos, o contrato entre o expedidor e o transitário estará sujeito ao respectivo direito interno enquanto que o contrato estabelecido entre o transitário e o transportador é um contrato de transporte do qual o expedidor não é parte, a não ser que o transitário actue como agente deste. Este contrato de transporte estará sujeito à CMR consoante preencha ou não os requisitos do seu artigo 1.°; segundo, o expedidor pode contratar directamente com um transportador que, por sua vez, pode subcontratar a totalidade ou parte do transporte. Se o contrato de transporte preencher os requisitos do artigo 1.° da Convenção, então será por ela disciplinado. Caso o segundo transportador se torne transportador sucessivo nos termos da CMR, as relações entre o transportador sucessivo, o transportador originário e o expedidor estarão sujeitas à CMR. Se, pelo contrário, o segundo transportador não for um transportador sucessivo nos termos da CMR, as relações entre o segundo transportador e o transportador originário e entre aquele e o expedidor estarão sujeitas ao correspondente direito interno.

---

[99] Cfr. Antunes Varela, "Das Obrigações", 2.° edição, II volume, Pág. 351.

[100] Cfr. artigo 377.° do Código Comercial e artigo 3.° da CMR.

124 *A responsabilidade do transportador na Convenção de Genebra*

Mas o que são transportadores sucessivos para efeitos da CMR? O artigo 34.° da Convenção estipula o seguinte: "Se um transporte regulado por um contrato único for executado por transportadores rodoviários sucessivos, cada um destes assume a responsabilidade da execução do transporte total, e o segundo e cada um dos seguintes transportadores, ao aceitarem a mercadoria e a declaração de expedição, tornam-se partes no contrato nas condições da declaração de expedição". Deste modo, podemos inferir que transportadores sucessivos para efeitos da CMR são os que, para cumprimento de um único contrato de transporte de mercadorias por estrada e utilizando sempre o mesmo meio de transporte, fazem cada qual o transporte durante parte do trajecto debaixo da mesma declaração de expedição.

Nestes termos, é essencial que se trate de um único contrato de transporte durante todo o trânsito da mercadoria. Quando o transporte internacional é efectuado por vários transportadores, pode suceder que o último segmento da viagem tenha decorrido exclusivamente no território de um país. Põe-se então o problema de saber se esta parte da viagem está sujeita à CMR ou ao direito interno desse Estado. Eis a solução: se todo o trânsito internacional da mercadoria estava sujeito a um único contrato CMR, apesar da última parte da viagem ter decorrido somente dentro do território do país de destino da mercadoria, então todo o transporte está sujeito à Convenção e o respectivo transportador é considerado um transportador sucessivo nos termos da CMR; se, pelo contrário, o transporte estava parcialmente sujeito a um contrato de transporte CMR até à fronteira do país de destino da mercadoria e parcialmente sujeito a um novo contrato concluído e executado exclusivamente nesse país de destino, então a Convenção não será aplicável à última parte do trânsito da mercadoria e, consequentemente, o último transportador não será considerado para efeitos da CMR. Esta solução será sempre aplicável independentemente do segmento de viagem de que se trate. É indiferente que o transporte seja executado por determinado transportador apenas dentro do território do país de origem da mercadoria, dentro do território do país de destino ou dentro do território de um país no qual a mercadoria faça escala: o critério aferidor da aplicabilidade da CMR é, nestes casos, a existência ou não de um único contrato CMR para todo o trânsito da mercadoria.

Pode suceder que o transportador originário não seja um transportador efectivo, isto é, não execute qualquer segmento do transporte. Nada impede um transportador de contratar com o expedidor o transporte da mercadoria e depois subcontratar todo o transporte. E esta é a dúvida que se coloca: não tendo o transportador originário realizado qualquer parte do transporte da mercadoria, será ele um transportador para efeitos do capítulo VI da CMR? Esta questão foi discutida e decidida no caso *Ulster-Swift*[101] e, em resumo, diremos que o tribunal decidiu no sentido de considerar transportador, para efeitos do capítulo VI da CMR, aquele operador que contrata o transporte de mercadorias e depois o subcontrata na totalidade pois, no entender dos juizes, "the scheme (of the CMR) reflects the common, indeed the almost universal, situation where the owners of the goods get in touch with a carrier and make the contract for the whole of the carriage with those carriers. It is then left to the carrier to subcontract the successive stages of the carriage, and all those people are without doubt, and nobody would dispute it, successive carriers. The only oddity here is that the primary carrier, the man who contracted with the owners of the goods, did not in fact undertake any stage of the carriage himself". Daqui podemos retirar algumas conclusões:

1.º o artigo 34.º da Convenção não será aplicável àquelas situações em que o expedidor contratou pessoalmente o transporte sucessivo da mercadoria com vários transportadores pois nestes casos todo o transporte não estará sujeito a um único contrato de transporte;

2.º o artigo 34.º não se restringe àquelas situações em que o primeiro transportador executa ele mesmo parte do transporte e depois subcontrata com terceiros. Pouco importa que o primeiro transportador tenha ou não participado no transporte efectivo da mercadoria: para efeitos da Convenção, ele será sempre responsável como transportador sucessivo;

3.º finalmente, e apesar do artigo 34.º determinar que o transportador subsequente se torna parte do contrato ao aceitar a mercadoria, resulta do exposto anteriormente que a recepção da mercadoria não necessita de ser pessoal, isto é, um transportador pode aceitar a mercadoria para efeitos do artigo 34.º através de um agente seu ou de um subcontratante, é indiferente que a pessoa que aceite a mercadoria seja, no sentido físico, um transportador ou um transportador sucessivo nos termos da Convenção.

Do artigo 34.º resulta também que o contrato, além de único, tem de ser escrito. Para que um transportador subsequente se torne parte no contrato, é necessário que aceite a mercadoria **e a declaração de expedição**.

E se o transportador subsequente não aceitar a declaração por ela não acompanhar a mercadoria?[102] Nestas circunstâncias, ele pode ser considerado um transportador sucessivo nos termos do artigo 34.º? Alguns autores defendem que não é necessário a aceitação da guia em virtude do exposto no artigo 4.º da Convenção. Contudo, não podemos defender esta

---

[101] Cfr. D. J. Hill e A. D. Messent, Ob. Cit., Pág. 197 e ss.
[102] Vide artigo 5.º da CMR e artigo 369.º do Código Comercial.

posição porque não nos parece que o artigo 4.º pretenda sobrepor-se à exigência expressa no artigo 34.º da CMR. O artigo 4.º vigora de forma plena somente no contrato original celebrado entre o transportador original e o expedidor e não tem qualquer influência na exigência imposta ao transportador no sentido de aceitar não só a mercadoria, mas também a declaração de expedição.

Por outro lado, como o artigo 34.º estende a responsabilidade do transportador sucessivo à execução de todo o transporte, a aceitação da declaração de expedição é essencial para que o transportador se aperceba de que o transporte está sujeito à CMR. Concluindo, dir-se-à que quando o contrato de transporte não é formal, isto é, quando não existe uma declaração de expedição, então teremos tantos contratos de transporte quantos forem os transportadores.

Outra dificuldade reporta-se ao uso de veículos articulados, ou seja, veículos compostos por um tractor e um reboque. Pode suceder que um *tractor operator* contrate com o expedidor o transporte das mercadorias e depois utilize o reboque de um terceiro para transportá-las. Também pode suceder o inverso: um *trailer operator* pode contratar com um expedidor e depois utilizar o tractor de um terceiro para deslocar as mercadorias. Pode suceder ainda que vários *tractor operators* tenham rebocado a mercadoria durante partes diferentes do trajecto. Como funcionam as regras do transporte sucessivo da CMR nestes casos? Primeiro, o operador que inicialmente contratar o transporte internacional das mercadorias com o expedidor será o primeiro transportador, independentemente de ser operador de tractor, de reboques ou de ambos. Segundo, se o primeiro transportador utilizar para esse transporte um tractor ou um reboque de terceiro, esse terceiro será um subcontraente do primeiro transportador, mas só será um transportador sucessivo para efeitos da CMR desde que aceite a mercadoria e a declaração de expedição nos termos do artigo 34.º e seguintes da Convenção. A solução será a mesma para aqueles casos em que o primeiro transportador utiliza um tractor e um reboque de terceiros e para aqueles casos em que uma série de tractores são utilizados na deslocação do reboque.

Cada um dos transportadores sucessivos é responsável pela execução da totalidade do transporte. Isso implica que ele será responsável nos termos da Convenção ainda que a perda, avaria ou demora tenham ocorrido, sem culpa da sua parte, durante o segmento do transporte executado por outro transportador. Assim, para se valer das defesas descritas no artigo 17.º, ele tem que provar que nem ele, nem os outros transportadores, poderiam prever essas circunstâncias ou evitar as respectivas consequências:

A responsabilidade do transportador na Convenção de Genebra 127

não basta que ele se desobrigue ou se isente pessoalmente alegando não estar na posse da mercadoria aquando da ocorrência do facto constitutivo da responsabilidade. Acrescente-se que o artigo 29.º não permite que ele se aproveite das disposições da Convenção que excluem ou limitam a sua responsabilidade, não só quando ele próprio tenha agido com dolo ou falta equiparável, mas também quando esse dolo ou falta sejam imputáveis a outro transportador sucessivo. Também o prazo do artigo 32.º será de três anos, quer o dolo lhe seja imputável pessoalmente, quer seja imputável a qualquer outro transportador sucessivo.

A primeira parte do artigo 35.º prescreve o seguinte: "O transportador que aceitar a mercadoria do transportador precedente dar-lhe-à recibo datado e assinado. Deverá indicar o seu nome e morada no segundo exemplar da declaração de expedição". Antes de mais, qual a consequência da falta da inclusão, no segundo exemplar da declaração de expedição, do nome e morada do transportador que aceitar a mercadoria? Será que isso implica que esse transportador não é um transportador sucessivo nos termos do artigo 34.º da Convenção? Esta situação foi decidida no caso *SGS-Ates Componenti Elettronici S.p.A. v. Grappo Ltd* [103]. Sucintamente, o tribunal decidiu que sempre que um transportador aceitar a mercadoria e a declaração de expedição, ele será considerado transportador sucessivo para efeitos do artigo 34.º. A aceitação da mercadoria ou da declaração de expedição não está dependente do cumprimento do disposto no artigo 35.º. O juiz justificou a sua posição com o seguinte raciocínio: "...what is meant by the expression 'acceptance of the consignment note' in art. 34? In my judgment, these words are to be given their natural and ordinary meaning unless the context otherwise requires; and the natural and ordinary meaning of the words is simply that the consignment note is, like the goods – indeed normally with the goods- accepted when it is taken over by the carrier concerned, by himself or through his servant or agent, with a view to carrying out the next part of the carriage of the goods pursuant to the terms of the consignment note. I can, furthermore, see no reason to qualify this simple meaning by requiring compliance with the provisions of art. 35... Suppose that a carrier takes delivery of the goods from a previous carrier together with a copy of the consignmrnt note with a view to carrying out the next part of the carriage under the terms of the consignment note, but fails to enter his name and adress, or perhaps enters his name but fails to enter his adress, in a copy of the consignment note. That cannot, in my judgment, mean that there has been no acceptance of the consignment note

---

[103] Cfr. D. J. Hill e A. D. Messent, Ob. Cit., Pág. 201 e ss.

128 *A responsabilidade do transportador na Convenção de Genebra*

within art. 34". Esta é, com certeza, a solução mais adequada. Se ao artigo 35.° fosse permitido afectar o funcionamento do artigo 34.°, estaríamos perante uma forma de encorajar os transportadores a omitirem intencionalmente a referida informação da declaração de expedição. Deste modo, a falta de inclusão destes elementos não parece ter qualquer consequência legal além da sua utilidade enquanto expediente que permita facilitar a prova.

A parte final do artigo 35.° afirma que o transportador deverá, se for caso disso, indicar no segundo exemplar da declaração e no recibo reservas análogas às previstas no artigo 8.°, parágrafo 2. Mas qual o âmbito e significado que devemos atribuir à última parte do n.° 2 do artigo 8.°?[104] Diremos que ela só é aplicável às relações entre o expedidor e o transportador originário porque se fala em "expedidor" e não em "transportador" e porque o expedidor pode ter acordado (na declaração de expedição) que as reservas feitas por um transportador subsequente são vinculativas para o transportador sucessivo precedente, no sentido de este as não poder contestar. Neste ponto, e de acordo com o princípio da liberdade contratual, caberá, normalmente, aos transportadores estabelecer se estas reservas são ou não vinculativas entre si; na falta de acordo, quaisquer reservas terão um valor probatório *prima facie*. Assim, podemos concluir que o artigo 8.°, n.° 2 da Convenção não é incorporado *in toto* nas relações entre transportadores sucessivos.

O n.° 2 do artigo 35.° da CMR declara claramente que "As disposições do artigo 9.° aplicam-se às relações entre transportadores sucessivos". Desta forma, não existem dúvidas que o artigo 9.° se aplica integralmente às relações entre transportadores sucessivos. Não existindo reservas motivadas do transportador sucessivo aceitante da mercadoria e da declaração de expedição, presume-se que a mercadoria e a embalagem estavam em bom estado aparente no momento em que este as tomou a seu cargo, e que o número de volumes (e as respectivas marcas e números de seriação) estavam em conformidade com as indicações dessa declaração de expedição. Se o transportador subsequente apenas inserir as reservas no recibo, então as reservas nele constantes servirão para afastar a presunção referida.

Concluindo, para que haja transporte sucessivo nos termos dos artigos 34.° e 35.° da CMR, é necessário que sejam preenchidos os seguintes requisitos:

---

[104] Referimo-nos à seguinte expressão: "Estas reservas não obrigam o expedidor se este as não tiver aceitado expressamente na declaração de expedição".

1.º que se trate de um só contrato de transporte;
2.º que o contrato de transporte esteja subordinado à mesma declaração de expedição;
3.º que o transporte seja executado por vários transportadores;
4.º que seja utilizado na empresa o mesmo meio de transporte;
5.º finalmente, que o transporte seja relativo à mesma mercadoria.

Diz o artigo 36.º da CMR: "A não ser que se trate de reconvenção ou de excepção posta em relação a um pedido fundado no mesmo contrato de transporte, a acção de responsabilidade por perda, avaria ou demora só pode ser posta contra o primeiro transportador, o último transportador ou o transportador que executava a parte do transporte na qual se produziu o facto que causou a perda, avaria ou demora; a acção pode ser posta simultaneamente contra vários destes transportadores". Pelo exposto se verifica que, quanto aos outros transportadores, o interessado só pode deduzir reconvenção ou excepção. A *ratio* desta solução é a seguinte: pretendeu-se, tão só, evitar que, na exigência do frete por um dos transportadores sucessivos, o interessado não pudesse exigir uma indemnização por danos sob pretexto de o transportador não ser nem o primeiro transportador, nem o último transportador, nem aquele transportador que executava a parte do transporte onde o dano ocorreu.

Convém, contudo, precisar alguns pontos. Assim, o *último transportador* será aquele que executou a parte do transporte em que a mercadoria se perdeu. Mas se a mercadoria apenas se avariou ou houve demora na entrega, o *último transportador* será aquele que efectuar a entrega da mercadoria ao destinatário da mercadoria de acordo com os termos do contrato de transporte CMR [105]. A Convenção permite propor a acção contra o transportador que executava a parte do transporte na qual se produziu o facto que causou a perda, avaria ou demora. Mas como é extremamente difícil provar quando é que algum destes factos ocorreu, é frequente as acções serem propostas, na prática, contra o primeiro ou último transportador.

Reportemo-nos agora à natureza e âmbito da responsabilidade dos transportadores sucessivos. Como já vimos, o artigo 34.º afirma que cada um dos transportadores assume a responsabilidade da execução da totalidade do transporte, tornando-se parte do contrato nas condições da decla-

---

[105] Isto só não será assim se o transportador que efectuou a entrega ao destinatário não for um transportador sucessivo em virtude de não ter aceite a declaração de expedição juntamente com a mercadoria.

130   *A responsabilidade do transportador na Convenção de Genebra*

ração de expedição. Se todos assumem a responsabilidade pelo cumprimento da obrigação então é porque estamos perante uma responsabilidade solidária. Até este ponto, a solidariedade imposta aos transportadores sucessivos não diverge do regime consagrado no Código Comercial [106] e Código Civil [107]. Contudo, o artigo 36.° da Convenção contém uma limitação referente às pessoas accionáveis em caso de perda, avaria ou demora. Tal contraria o disposto no n.° 1 do artigo 519.° do Código Civil que afirma que "o credor tem o direito de exigir de *qualquer* dos devedores toda a prestação...". Estamos, deste modo, perante uma excepção ao regime da solidariedade vigente no nosso direito.

Nestes termos, cada transportador sucessivo é responsável pela totalidade do transporte e, por conseguinte, pelos danos dele emergentes [108].

A pluralidade das partes (*in casu* de réus) reconduz-se ao litisconsórcio ou à coligação. No caso de o interessado interpor uma acção simultaneamente contra alguns ou todos os transportadores sucessivos referidos no artigo 36.° da CMR, estaremos perante uma situação de litisconsórcio porque, enquanto na coligação "à *pluralidade* de partes corresponde a *pluralidade* das relações materiais litigadas, sendo a cumulação permitida em virtude da *unicidade* da *fonte* dessas relações, da *dependência* entre pedidos ou da *conexão* substancial entre os fundamentos destes", no litisconsórcio "há *pluralidade* de partes, mas *unicidade* da relação material controvertida" [109]. O litisconsórcio pressupõe que se discuta apenas uma relação jurídica substancial, isto é, um único contrato de transporte tal como prescrito no artigo 34.° da Convenção. Pelo litisconsórcio faz-se intervir numa causa diversos devedores de uma obrigação plural, solidária ou conjunta. A solidariedade é uma qualidade normal das obrigações comerciais, pressupondo que se verifiquem dois requisitos: primeiro, que haja identidade de causa ou fonte da obrigação; segundo, que haja comunhão de fim. Assim, para a obrigação ser solidária, é preciso que proceda da mesma causa, isto é, que emane do mesmo facto jurídico – no caso, do mesmo contrato de transporte. Pelo contrário, caso se tratasse de coligação, esta-

---

[106] Vide artigo 100.° deste Código que afirma que "Nas obrigações comerciais os co-obrigados são solidários, salva estipulação contrária".

[107] Vide artigos 497.°, n.° 1 e 512.°, n.° 1 deste Código que rezam, respectivamente: "Se forem várias as pessoas responsáveis pelos danos, é solidária a sua responsabilidade" e "A obrigação é solidária, quando cada um dos devedores responde pela prestação integral e esta a todos libera...".

[108] Inclusive os resultantes do incumprimento da cláusula C.O.D.

[109] In "Manual de Processo Civil", Antunes Varela, J. Miguel Bezerra e Sampaio e Nora, 2.ª edição, Coimbra Editora Limitada, 1985, Pág. 161.

ríamos perante vários contratos de transporte e não poderia haver lugar à aplicação das disposições do capítulo VI da CMR.

Continuando, o artigo 37.º estabelece que "O transportador que tiver pago uma indemnização segundo as disposições da presente Convenção terá o direito de intentar recurso quanto ao principal, juros e despesas contra os transportadores que participaram na execução do contrato de transporte, em conformidade com as disposições seguintes:

a) O transportador que causou o dano é o único que deve suportar a indemnização, quer ele próprio a tenha pago, quer tenha sido paga por outro transportador;

b) Quando o dano foi causado por dois ou mais transportadores, cada um deve pagar uma quantia proporcional à sua parte na responsabilidade; se for impossível a avaliação das partes de responsabilidade, cada um é responsável proporcionalmente à parte da remuneração do transporte que lhe competir;

c) Se não puderem determinar-se os transportadores aos quais deve atribuir-se a responsabilidade, o encargo da indemnização será distribuído por todos os transportadores, na proporção fixada em *b*)".

Este artigo pretende estabelecer, não só o eventual direito de regresso daquele transportador que satisfez por inteiro a indemnização, mas também as regras que fixam a contribuição de cada transportador sucessivo para essa indemnização.

Em primeiro lugar, esclareça-se que a expressão "segundo as disposições da presente Convenção" significa que o artigo se refere exclusivamente aquelas indemnizações pagas em virtude da ocorrência de factos previstos pela CMR como sendo constitutivos da obrigação de indemnizar e cujo *quantum* tenha sido determinado pelas suas regras. Depois, quando o artigo se refere aos "transportadores que participaram na execução do transporte" pretende designar apenas aqueles que sejam considerados transportadores sucessivos nos termos do artigo 34.º. Assim sendo, quaisquer pretensões contra transportadores que participaram no transporte, mas que não são transportadores sucessivos para efeitos do artigo 34.º, serão reguladas pelo direito interno aplicável. Em terceiro lugar, refira-se que um transportador sucessivo só poderá reclamar de outro transportador sucessivo qualquer crédito resultante da execução do contrato de transporte depois de ele mesmo ter pago a indemnização ao respectivo interessado.

A alínea *a*) do artigo 37.º coloca-nos alguns problemas. Primeiro, é preciso identificar "o transportador que causou o dano". Mas isso depende de como funciona o ónus da prova. O ónus pode recair sobre o transportador sucessivo demandante do crédito ou sobre o transportador sucessivo

132   *A responsabilidade do transportador na Convenção de Genebra*

demandado. A primeira solução parece-nos demasiado onerosa para o transportador demandante pois este teria imensas dificuldades em realizar essa prova. Além disso, o artigo 18.°, n.° 1 da CMR impõe o ónus da prova ao "transportador", pelo que, de acordo com o espírito da Convenção, isso significa que, no contexto das relações entre transportadores sucessivos, o ónus recai sobre o transportador responsável *prima facie*, ou seja, compete ao transportador sucessivo demandado provar que não é responsável.

Em segundo lugar, refira-se que a expressão "quer ele próprio a tenha pago, quer tenha sido paga por outro transportador" significa que o transportador sendo o único responsável e tendo pago a indemnização, não pode demandar os outros transportadores para recuperar parte do que pagou.

A alínea *b*) do artigo 37.° trata da partilha da responsabilidade. Caso seja impossível avaliar a parcela de cada um dos transportadores, consagra-se uma repartição *pro rata* da responsabilidade em função da parte da retribuição que competir a cada transportador. Mas nada impede que o rateamento da responsabilidade seja feito exclusivamente entre alguns dos transportadores, desde que os restantes tenham provado que não foram responsáveis pelos danos sofridos pelo lesado.

Por sua vez, a alínea *c*) refere-se àqueles casos em que é impossível determinar a quais dos transportadores sucessivos deve atribuir-se a responsabilidade. O facto de a responsabilidade se encontrar distribuída por todos os transportadores não impede qualquer dos transportadores de fazer uso dos meios de defesa que lhe são atribuídos pelo artigo 17.° e 18.° da CMR para afastar a sua responsabilidade. Logicamente, a alínea *c*) é aplicável àquelas situações em que um ou vários transportadores afastaram a sua responsabilidade recorrendo aos meios de defesa previstos nos artigos 17.° e 18.°, sem terem, contudo, provado a responsabilidade dos restantes.

Finalmente, o artigo 38.° estatui que "Se um dos transportadores for insolvente, a parte que lhe cabe e não foi paga será distribuída por todos os outros transportadores, proporcionalmente às suas remunerações". O conceito de insolvência, não estando definido pela CMR, será concretizável mediante recurso ao direito interno do Estado onde a questão foi levantada. Tanto o artigo 37.° como o artigo 38.° da Convenção rateiam a responsabilidade entre os transportadores sucessivos fazendo referência à proporção da remuneração que a cada um competir. Contudo, são duas as interpretações possíveis: a divisão da responsabilidade pode basear-se na remuneração do transporte que a cada transportador couber depois de descontada a quantia que ele pagou ao transportador subsequente ou basear-se na totalidade dessa remuneração. Estas interpretações produzem, na prática, resultados muito diferentes. No entanto, a segunda interpretação é

A responsabilidade do transportador na Convenção de Genebra   133

sempre preferível porque a componente de injustiça nela existente é sempre menor[110].

IV – Defesas do transportador e isenções de responsabilidade.

O artigo 17.º, n.º 2 da CMR positiva aquilo que comummente se designa por defesas do transportador. "O transportador fica desobrigado desta responsabilidade se a perda, avaria ou demora teve por causa uma falta do interessado, uma ordem deste que não resulte de falta do transportador, um vício próprio da mercadoria, ou circunstâncias que o transportador não podia evitar e a cujas consequências não podia obviar". O artigo 18.º, n.º 1 acrescenta que "Compete ao transportador fazer a prova de que a perda, avaria ou demora teve por causa um dos factos previstos no artigo 17.º, parágrafo 2".

O n.º 2 do artigo 17.º especifica quatro tipo de circunstâncias em que o transportador pode afastar a sua responsabilidade. O preceito estatui genericamente um conjunto de cláusulas justificativas que, uma vez provadas pelo transportador, o exoneram de responsabilidade. Analisaremos em pormenor cada uma delas.

"uma falta do interessado"

Antes de mais, convém explicitar quem é o "interessado". Este tanto pode ser o expedidor, como o destinatário, como um transitário (caso figure na guia como expedidor). Pode suceder que a falta seja imputável ao expedidor, mas ser o destinatário a demandar uma indemnização, e vice versa. Poderá o transportador, por exemplo, alegar uma falta do expedidor para se defender perante o destinatário? Julgo que nada obsta a que tal seja possível, não só porque a expressão "interessado" é suficientemente lata para o permitir, mas também porque a solução alternativa seria demasiado onerosa para o transportador: este não se podendo defender com base neste fundamento, teria de procurar recuperar o que pagou accionando o expedidor nos termos gerais de direito.

A falta do interessado tanto poderá ser anterior, contemporânea ou posterior ao trânsito da mercadoria. Sendo a falta contemporânea do transporte, poderão colocar-se alguns problemas para determinar a causa da perda, avaria ou demora. Imagine-se a seguinte situação: após um acidente

---

[110] V.g. D. J. Hill e A. D. Messent, Ob. Cit., Pág. 223 a 225.

134   *A responsabilidade do transportador na Convenção de Genebra*

rodoviário, a mercadoria é descarregada do veículo sinistrado por empregados do destinatário, é retirada da sua embalagem e carregada noutro veículo. Imagine-se que a mercadoria se danifica durante esta operação. O dano deve-se ao acidente ou à acção do interessado? Nestes casos, os tribunais terão de analisar cuidadosamente a sequência de nexos causais resultante do acidente para determinar se esta sequência foi ou não quebrada pela falta do interessado. Esta é uma operação extremamente difícil e que depende exclusivamente dos conhecimentos especializados que cada uma das partes possua: se o expedidor sabia que a mercadoria a transportar carecia de condições e cuidados especiais no transporte e nada fez no sentido de avisar o transportador, então qualquer dano ocorrido durante o transporte que resulte de uma omissão desses cuidados ou condições só a si será imputável.

As principais áreas de operação desta causa justificativa reportam-se a faltas do expedidor, como deficiências na embalagem, no manuseamento da mercadoria, no carregamento ou armazenagem da mercadoria e a faltas do destinatário como, por exemplo, na descarga da mercadoria. Porém, como estas situações estão especialmente previstas nas alíneas do n.º 4 deste artigo, a principal área de actuação desta previsão reconduz-se àquelas situações em que o interessado foi negligente ao dar as suas instruções.

"uma ordem deste que não resulte de falta do transportador"

Quando a perda, avaria ou demora resulte de uma ordem do interessado que não tenha sido provocada por uma falta do transportador, a responsabilidade recairá sobre o interessado e não sobre o transportador. Se, por exemplo, o transportador receber do destinatário ordens especiais para a descarga e daí resultar um dano para a mercadoria, esse dano deve-se às ordens dadas pelo destinatário pelo que sobre o transportador não recai qualquer tipo de responsabilidade.

"um vício próprio da mercadoria"

Podemos definir "um vício próprio da mercadoria" como aquele que se traduz num defeito ou inaptidão latente da mercadoria e que pode produzir a sua destruição ou avaria aquando do transporte. Ou seja, existe algo intrínseco na mercadoria que a torna incapaz de suportar as vicissitudes normais dum transporte. O transportador deve, mesmo assim, agir em cumprimento dos deveres normais de cuidado exigíveis a um transportador diligente. Temos de considerar dois factores: primeiro, o tipo de mercadoria; segundo, as práticas normais de transporte utilizadas para esse tipo de mercadoria. O vício da mercadoria pode não causar problemas quando esta se encontra parada mas pode danificá-la durante o transporte, não obstante o transportador actuar da forma mais cuidadosa possível.

O n.° 4, alínea *d*) do presente artigo refere-se àquelas perdas que resultem da natureza da mercadoria. Convém distinguir entre a *natureza* das mercadorias e um *vício próprio* das mercadorias. Se um problema é inerente e comum a determinado tipo de mercadoria, então ele não constitui um vício próprio. Os vícios próprios, pelo contrário, têm um carácter excepcional e não são normalmente encontrados em mercadorias do mesmo tipo. Esta distinção tem alguma importância porque, enquanto a prova da existência de um vício próprio cabe ao transportador, a prova das circunstâncias descritas nas alíneas do n.° 4 pode, em certas circunstâncias, transferir-se para o interessado.

"circunstâncias que o transportador não podia evitar e cujas consequências não podia obviar"

Esta estatuição parece abarcar duas situações diferentes e usualmente designadas de *force majeure* e *cas fortuit*. A primeira reporta-se a algo que é imposto ao transportador por um terceiro através de uma força coerciva *de facto* ou *de iure* e a ocorrências acidentais anormais como um desastre natural. A segunda refere-se a uma ocorrência acidental fundamentada no azar, é algo que extrapola a actividade normal do transportador e que ele não poderia prever ou evitar, mas que acontece durante o transporte (por exemplo, um incêndio num armazém).

Em primeiro lugar, diga-se que esta previsão não pretende referir-se à condição do veículo, visto tal se encontrar especialmente previsto no n.° 3 do artigo 17.°. Contudo, o presente poderá ter aplicação naqueles casos em que não se trata propriamente de uma deficiente condição do veículo, mas de veículos em bom estado que deixam de funcionar por uma razão externa e incontornável, como, por exemplo, o rebentamento de um pneu.

Em segundo lugar, as condições de tráfico muito raramente desobrigam o transportador da sua responsabilidade. Assim, se o transportador fez uma travagem brusca, ficou retido num engarrafamento, se o motorista se deixou dormir ao volante ou colidiu com um veículo estacionado, nenhuma destas circunstâncias o exonerem de responsabilidade. Diferentes serão aquelas circunstâncias em que o dano ocorreu por acção de terceiros e o transportador demonstre que essas circunstâncias não poderiam por ele

136   *A responsabilidade do transportador na Convenção de Genebra*

ser previstas ou evitadas (por exemplo, se um terceiro colidir com o veículo do transportador durante a noite, estando este parado e correctamente assinalado e iluminado). Se o interessado decidir demandar directamente o terceiro, este não poderá invocar a protecção da CMR ou qualquer disposição do contrato de transporte porque dele não é parte.

Também as condições climatéricas ou o roubo da mercadoria de pouco valerão ao transportador. Entende-se que um transportador diligente tem o dever de prever e acautelar quaisquer danos que possam ocorrer em virtude destas circunstâncias.

Já vimos anteriormente que o "transportador não pode alegar, para se desobrigar da sua responsabilidade, nem defeitos do veículo de que se serve para efectuar o transporte, nem faltas da pessoa a quem alugou o veículo ou dos agentes desta" (n.º 3 do artigo 17.º da CMR). O transportador não pode pretender exonerar-se da sua responsabilidade alegando um defeito do veículo porque sobre ele recai o dever de providenciar a manutenção constante dos veículos que utiliza. Há que distinguir os defeitos do veículo de defeitos de outros materiais que se destinem a proteger a mercadoria dos efeitos do calor, humidade, frio e variações de temperatura ou humidade do ar. Os defeitos desse equipamento estão especialmente previstos no artigo 18.º, n.º 4. Pode acontecer que um veículo seja deficiente para o transporte em geral de mercadorias ou apenas deficiente para o transporte de determinadas e especificas mercadorias: nesta última situação, o transportador só não poderá exonerar-se da sua responsabilidade caso conhecesse esta deficiência ou devesse conhecê-la. Se o transportador provar que o expedidor aceitou que o transporte fosse realizado por um determinado veículo não obstante saber que este não era adequado ao transporte da mercadoria, então a responsabilidade é exclusivamente do expedidor.

O n.º 4 do artigo 17.º da CMR afirma que, desde que o transportador satisfaça as regras do ónus da prova consagradas no artigo 18.º, parágrafos 2 a 5, "o transportador fica isento da sua responsabilidade quando a perda ou avaria resultar dos riscos particulares inerentes a um ou mais dos factos seguintes":

"a) Uso de veículos abertos e não cobertos com encerado, quando este uso foi ajustado de maneira expressa e mencionado na declaração de expedição"

Para que esta alínea se aplique é necessário que conste expressamente da declaração de expedição que o transporte seria efectuado em veículo

A responsabilidade do transportador na Convenção de Genebra   137

aberto. O transportador só poderá invocar esta alínea se esta circunstância figurar na declaração de expedição ou, não havendo guia, se ele provar, nos termos gerais de direito, que tal foi acordado com o expedidor. O artigo 18.°, n.° 3 prescreve que "a presunção acima referida não é aplicável no caso previsto no artigo 17.°, parágrafo 4, *a*), se houver falta de uma importância anormal ou perda de volume". Isto é, o transportador pode "provar que a perda ou avaria, tendo em conta circunstâncias de facto, resultou de um ou mais dos riscos particulares previstos no artigo 17.°, parágrafo 4. Se o fizer, "haverá presunção de que aquela resultou destes" (n.° 2 do artigo 18.°) . Esta presunção não funcionará em duas situações: primeiro, quando se verifiquem os factos descritos no n.° 3; segundo, quando o interessado ilidir total ou parcialmente a presunção provando que "o prejuízo não teve por causa total ou parcial um desses riscos", nos termos da parte final do n.° 2.

> *"b) Falta ou defeito da embalagem quanto às mercadorias que, pela sua natureza, estão sujeitas a perdas ou avarias quando não estão embaladas ou são mal embaladas"*

A aplicação desta alínea depende de um duplo critério: que as mercadorias estejam mal embaladas ou nem sequer estejam embaladas; que a perda ou avaria resulte dos riscos especiais da falta ou da deficiente embalagem da mercadoria. Temos aqui que perguntar o seguinte:

1.° a natureza da mercadoria implica que esta sofra perdas ou avarias se não for embalada ou for embalada de determinado modo?

2.° existe uma falta ou defeito na embalagem?

3.° a perda ou a avaria são de um tipo que possa estar causalmente ligado à falta ou deficiência na embalagem?

Caso o transportador demonstre que a resposta a estas questões é afirmativa funcionará a presunção do n.° 2, a não ser que o interessado ilida a presunção como já vimos.

> *"c) Manutenção, carga, arrumação ou descarga da mercadoria pelo expedidor ou pelo destinatário ou por pessoas que actuem por conta do expedidor ou do destinatário"*

Esta alínea tem provocado interpretações muito díspares:

1.° para uns, basta que o transportador prove a possibilidade de a

138 *A responsabilidade do transportador na Convenção de Genebra*

perda ou avaria serem consequência da manutenção, carga, arrumação ou descarga do expedidor ou destinatário para que funcione a presunção do n.º 2;

2.º para outros, é preciso que o transportador prove que houve uma deficiente manutenção, carga, arrumação ou descarga por parte do expedidor ou do destinatário e que foi isto que poderia ter causado o dano;

3.º outros defendem ainda que, quando o expedidor carregou e arrumou a mercadoria, o transportador não se poderá exonerar da sua responsabilidade se a causa imediata do dano foi a sua negligência;

4.º uma outra opinião exige que o transportador prove a existência de um deficiente carregamento ou arrumação por parte do expedidor para assim evitar ser responsabilizado;

5.º outros entendem que o transportador, para beneficiar da presunção do n.º 2 do artigo 18.º, não tem o dever de verificar se o expedidor carregou ou arrumou convenientemente a mercadoria;

6.º segundo outra opinião, o transportador, para poder beneficiar da presunção referida, tem que verificar se o carregamento e a arrumação foi correctamente realizada e, se for caso disso, inserir as necessárias reservas;

7.º há quem defenda que o transportador pode se exonerar de responsabilidade quando o expedidor carregou e arrumou a mercadoria e o transportador verificou se a arrumação desta foi correctamente feita mas o interessado não possa, por sua vez, provar que o transportador deveria ter descoberto a má arrumação aquando da verificação referida;

8.º outros exigem que o transportador demonstre a probabilidade de um nexo causal entre o dano e a operação em causa. O transportador não conseguirá demonstrar essa probabilidade se existir uma outra causa possível para o dano;

9.º segundo alguns, quando exista um deficiente carregamento e arrumação por parte do expedidor e negligência por parte do transportador, e ambos contribuam para a verificação do dano, então a responsabilidade será partilhada pelo expedidor e pelo transportador;

10.º outra posição afirma que o transportador não é responsável pelos danos quando se limitou a carregar a mercadoria segundo as instruções que lhe foram fornecidas pelo expedidor;

11.º outros, pelo contrário, defendem que, no caso anterior, o transportador é sempre responsável;

12.º finalmente, o transportador que carregou, arrumou ou descarregou a mercadoria é sempre responsável pelos danos daí resultantes, quer tenha ou não actuado sob instruções do expedidor.

Pelo retrovertido, constata-se que são múltiplas as interpretações seguidas pelos tribunais. No entanto, parece-me sempre preferível exigir que o transportador demonstre cabalmente que o dano decorre directamente de uma ou de várias das operações referidas na alínea *c*), quando praticadas pelo expedidor, pelo destinatário ou mesmo praticadas por ele mesmo em cumprimento de ordens explícitas de qualquer de um deles.

> *"d) Natureza de certas mercadorias, sujeitas, por causas inerentes a essa própria natureza, quer a perda total ou parcial, quer a avaria, especialmente por fractura, ferrugem, deterioração interna e espontânea, secagem, derramamento, quebra normal ou acção de bicharia e dos roedores"*

Se o transportador demonstrar que a perda ou avaria resultou da natureza da mercadoria, então funciona a presunção do n.º 2 do artigo 18.º. A alínea exemplifica algumas dessas causas inerentes à natureza da mercadoria, pelo que essa enumeração é somente exemplificativa e não exaustiva.

O n.º 2 do artigo 18.º acrescenta que "Se o transporte for efectuado por meio de um veículo equipado de maneira a subtrair as mercadorias à influência do calor, frio, variações de temperatura ou humidade do ar, o transportador não poderá invocar o benefício do artigo 17.º, parágrafo 4, *d*), a não ser que apresente prova de que, tendo em conta as circunstâncias, foram tomadas as medidas que lhe competiam quanto à escolha, manutenção e uso daqueles equipamentos e que acatou as instruções especiais que lhe tiverem sido dadas". Sobre o transportador recai assim um ónus da prova diferente consoante se trate de veículos normais ou de veículos especialmente equipados. O transportador terá que oferecer a prova que se mostre adequada à sua situação para que possa beneficiar da presunção do n.º 2, não obstante o interessado a poder afastar total ou parcialmente se "provar que o prejuízo não teve por causa total ou parcial um desses riscos".

> *e) "Insuficiência ou imperfeição das marcas ou do número dos volumes"*

O transportador tem de demonstrar que a perda ou avaria da mercadoria se deve à insuficiência ou imperfeição das marcas ou do número de volumes para que lhe seja permitido beneficiar da presunção do n.º 2 do artigo 18.º. Já se viu que, nos termos do artigo 9.º da CMR, a falta de reservas motivadas por parte do transportador relativas aos elementos indicados dá origem à presunção de que estes estavam conformes à declaração de expedição. Consequentemente, para se exonerar da responsabilidade, o transportador terá que afastar a presunção do artigo 9.°, n.° 2 ou provar que as reservas relativas ao número de volumes e marcas dos volumes que introduziu na declaração de expedição estavam correctas. Em qualquer dos casos, ele faz funcionar a seu favor a presunção do n.° 2 do artigo 18.°, não obstante o interessado a poder afastar total ou parcialmente se "provar que o prejuízo não teve por causa total ou parcial um desses riscos".

f) "Transporte de animais vivos"

O n.° 5 do artigo 18.° estabelece que "O transportador só poderá invocar o benefício do artigo 17.°, parágrafo 4, f), se apresentar prova de que, tendo em conta as circunstâncias, foram tomadas todas as medidas que normalmente lhe competiam e acatou as instruções especiais que lhe possam ter sido dadas". Deste modo, para beneficiar da presunção do n.° 2 do artigo 18.°, não basta que o transportador prove que se tratou do transporte de animais vivos. Primeiro, ele tem de provar que a perda ou avaria se deveu aos riscos inerentes ao transporte de animais vivos; em segundo lugar, tem de provar que, dadas as circunstâncias, tomou todas as medidas que normalmente lhe competiam; finalmente, tem que provar que acatou todas as instruções especiais que lhe foram dadas. Feita a prova nestes moldes, funciona a presunção do artigo 18.°, n.° 2, não obstante o interessado a poder afastar total ou parcialmente se "provar que o prejuízo não teve por causa total ou parcial um desses riscos".

O n.° 5 do artigo 17.° da CMR debruça-se sobre a distribuição da responsabilidade naqueles casos em que as disposições do artigo 17.° não exoneram completamente o transportador de responsabilidade: "Se o transportador, por virtude do presente artigo não responder por alguns dos factores que causaram o estrago, a sua responsabilidade só fica envolvida na proporção em que tiverem contribuído para o estrago os factores pelos quais responde em virtude do presente diploma".

V. RECLAMAÇÕES E ACÇÕES

O capítulo V da CMR trata dos aspectos de natureza adjectiva que podem colocar-se por causa e acerca do contrato de transporte CMR. O artigo 30.° consagra o que podemos designar por os "pressupostos da acção" contra o transportador e estipula o seguinte:

"1 – Se o destinatário receber a mercadoria sem verificar contraditoriamente o seu estado com o transportador, ou sem ter formulado reservas a este que indiquem a natureza geral da perda ou avaria, o mais tardar no momento da entrega se se tratar de perdas ou avarias aparentes, ou dentro de sete dias a contar da entrega, não incluindo domingos e dias feriados, quando se tratar de perdas ou avarias não aparentes, presumir-se-á, até prova em contrário, que a mercadoria foi recebida no estado descrito na declaração de expedição. As reservas indicadas acima devem ser feitas por escrito quando se tratar de perdas ou avarias não aparentes.

2 – Quando o estado da mercadoria foi verificado contraditoriamente pelo destinatário e pelo transportador, a prova em contrário do resultado desta verificação só se poderá fazer se se tratar de perdas ou avarias não aparentes e se o destinatário tiver apresentado ao transportador reservas por escrito dentro dos sete dias, domingos e dias feriados não incluídos, a contar dessa verificação.

3 – Uma demora na entrega só pode dar origem a indemnização se tiver sido formulada uma reserva por escrito no prazo de 21 dias, a contar da colocação da mercadoria à disposição do destinatário.

4 – A data da entrega, ou, segundo o caso, a da verificação ou da colocação da mercadoria à disposição, não é contada nos prazos previstos no presente artigo.

5 – O transportador e o destinatário darão um ao outro, reciprocamente, todas as facilidades razoáveis para as observações e verificações necessárias".

A *ratio* deste artigo consiste em garantir que o transportador tenha conhecimento, o mais cedo possível, de que está iminente a propositura de uma acção contra ele. As duas variáveis neste artigo consistem precisamente em saber se as mercadorias são ou não verificadas conjuntamente pelo destinatário e pelo transportador e se a perda ou avaria é ou não aparente. À chegada das mercadorias, o destinatário pode fazer uma de duas coisas: primeiro, verifica a mercadoria conjuntamente com o transportador e aplica-se o n.º 2; segundo, não verifica a mercadoria com o transportador e aplica-se o n.º 1. Na primeira situação, a solução será diferente consoante a perda ou avaria seja ou não aparente. Se não for aparente, então é necessário que o destinatário faça uma reserva escrita no prazo de 7 dias, domingos e feriados excluídos, a contar da verificação. A falta destas reservas, dentro do prazo prescrito, determina que qualquer perda ou avaria descoberta posteriormente não poderá ser recuperada, uma vez que a prova em contrário dessa verificação já não poderá ser feita. A solução será idêntica para aqueles casos em que foi realizada essa verificação, mas em que não foi encontrada qualquer perda ou avaria [111]. Na segunda situação, a solução também será diferente consoante a perda ou avaria seja ou não aparente. Se for aparente, as reservas têm de ser formuladas no momento da entrega. Se não for aparente, as reservas têm de ser feitas por escrito dentro dos sete dias a contar da entrega, domingos e feriados excluídos. A falta destas reservas dá origem à presunção de que as mercadorias foram recebidas no estado descrito na declaração de expedição. Contudo, esta presunção constitui apenas uma prova *prima facie* que pode ser posteriormente contrariada pelo destinatário e que não implica qualquer perda do direito de acção por parte do interessado.

A Convenção nada diz quanto aos conceitos de perda ou avaria aparente. No entanto, deve entender-se que estes conceitos têm uma amplitude mais vasta do que as perdas e avarias efectivamente descobertas pois, se assim não fosse, não haveria justificação para a distinção entre perdas e avarias aparentes e não aparentes. Perdas e avarias aparentes serão aquelas cuja descoberta será razoável de admitir em quaisquer circunstâncias que se possam colocar no caso concreto, incluindo as que resultem da natureza e embalagem da mercadoria.

Outra questão que se coloca é a seguinte: é necessário que as reservas sejam formuladas de uma forma precisa e concreta ou, pelo contrário, poderão ser formuladas de uma forma genérica? A maioria dos autores defendem que basta uma indicação geral da perda ou avaria. Já *Loewe* é de opinião contrária. Este autor defende que meras palavras como "perda", "avaria" ou "em mau estado" não constituem reservas suficientemente explícitas para os fins do artigo 30.º. Contudo, já se viu que o que este artigo pretende é assegurar que o transportador seja avisado, o mais cedo possível, de uma iminente demanda contra si, permitindo-lhe, assim, investigar as alegações da parte contrária. Não vimos como estas palavras possam ser insuficientes para avisar o transportador da natureza da falta que contra ele é invocada.

Quando a perda ou avaria for não aparente, a Convenção determina que a reserva seja feita por escrito. Vigora, deste modo, o princípio da forma escrita – o que implica que as reservas terão de ser formuladas na declaração de expedição, através do correio, fax ou telex. O mesmo princípio é aplicável às reservas formuláveis em caso de demora. Estas deverão ser apresentadas no prazo de 21 dias a contar da apresentação da mercadoria à disposição do destinatário. O n.º 3 não esclarece se os domingos e dias feriados são ou não considerados para a contagem desse prazo. No

---

[111] Esta solução aproveita, quer o transportador, quer o destinatário.

A *contrario*, podemos afirmar que, nos casos de perda ou avaria aparente, as reservas não necessitam de ser formuladas por escrito, bastando que sejam feitas por telefone. Esta posição é corroborada por uma decisão judicial que considerou suficiente uma reserva feita por telefone (contudo, será sempre necessário que o destinatário prove que a fez de uma forma clara e dentro do prazo prescrito). No entanto, é sempre aconselhável que o destinatário faça as suas reservas por escrito, pois isso facilita de sobremaneira a sua prova.

As reservas têm de ser formuladas dentro de um prazo a contar de determinado evento, como já vimos. Não obstante, nada impede o destinatário de formular reservas antes de esse evento se verificar. Mas, se o fizer, é aconselhável que o destinatário formule, após a entrega, verificação da mercadoria ou da sua colocação à disposição do destinatário, novas reservas se verificar que outras perdas ou avarias ocorreram posteriormente. Esclareça-se também que o n.º 4 não terá aplicação naqueles casos de perda ou avaria aparente porque a Convenção estabelece um momento específico (o da entrega) para a formulação de reservas e não um prazo propriamente dito. Também se disse que os dias feriados não deverão ser contabilizados na contagem dos prazos referidos no presente artigo. Ora, a determinação desses dias depende do local onde as reservas devam ser formuladas. Acrescente-se ainda que, quando as reservas forem feitas por carta, será a data do envio da carta e não o da recepção que determinará se as reservas formuladas são ou não tempestivas.

O n.º 5 consagra o dever de as partes colaborarem mutuamente no sentido de permitirem as verificações e observações necessárias. A Convenção não prevê qualquer sanção para a falta de cumprimento desta estatuição, mas tal não deixará de ser tomado em consideração pelo juiz ao determinar a responsabilidade de cada uma das partes. A obrigação indicada é reciproca, pelo que abrange aquelas situações em que o destinatário pretende inspeccionar o veículo que efectuou o transporte.

O artigo 30.º impõe ao destinatário o ónus de actuar rápida e diligentemente após a entrega da mercadoria porque, caso não o faça, a sua pretensão pode ser seriamente prejudicada (n.º 1) ou mesmo inviabilizada (n.os 2 e 3). A situação complica-se quando o demandante é o expedidor e não o destinatário. Nestas situações, o expedidor está dependente duma actuação pronta e diligente do destinatário. Para obviar estas incertezas, é aconselhável que o expedidor inclua, sempre que possível, no contrato com o destinatário uma cláusula onde figure a obrigação deste último acatar as exigências do artigo 30.º da CMR.

Finalmente, convém clarificar que qualquer reserva nos termos do artigo 30.º está dependente da entrega da mercadoria: quando toda a mercadoria se perde não advém para as partes qualquer tipo de obrigação.

O artigo 31.º diz-nos onde é que uma acção deve ser proposta. O objectivo deste preceito é responder a esta questão de modo a que não seja necessário recorrer às normas do Direito Internacional Privado. O n.º 1 estabelece que "Para todos os litígios provocados pelos transportes sujeitos à presente convenção, o autor poderá recorrer, além das jurisdições dos países contratantes designados de comum acordo pelas partes, para a jurisdição do país no território do qual:

a) O réu tiver a sua residência habitual, a sua sede principal ou a sucursal ou agência por intermédio da qual se estabeleceu o contrato de transporte, ou

b) Estiver situado o lugar do carregamento da mercadoria ou o lugar previsto para a entrega, e só poderá recorrer a essas jurisdições".

Nestes termos, o autor poderá recorrer a uma jurisdição escolhida pelas partes ou, em alternativa, a qualquer das jurisdições previstas pelo próprio artigo. Mas nada impede o autor de recorrer para uma das jurisdições previstas pelo artigo, não obstante existir uma jurisdição consensual. O artigo 31.º é aplicável a todas as acções emergentes dum contrato de transporte CMR, pelo que abrange todas as acções que se fundem em pretensões emergentes no âmbito do artigo 28.º, mas já não abrangerão, por exemplo, pretensões de terceiros contra o transportador que respeitem a danos causados pelo veículo deste.

Como já se referiu, o autor pode recorrer à jurisdição acordada pelas partes. A este respeito, importa fazer algumas considerações. Em primeiro lugar, o acordo tanto pode ser anterior, como posterior à execução do contrato de transporte. Para isso basta que se trate da jurisdição de um país contratante. Segundo, caberá à parte que alega a existência desse acordo provar que ele integra o contrato de transporte em questão. Por fim, importa referir que a situação já é mais complexa naqueles casos em que o autor não é parte do contrato originário (como, por exemplo, o destinatário). Na minha opinião, uma cláusula que contenha um acordo sobre a jurisdição competente para dirimir os conflitos suscitados por um contrato de transporte CMR só será vinculativa para todas as partes cujos direitos derivam desse contrato se a referida cláusula constar expressamente da declaração de expedição. Em face do valor jurídico da guia de transporte, esta parece-me a única solução possível.

Existindo várias jurisdições possíveis, fica aberto o caminho para a existência de casos de litispendência e de caso julgado. A este respeito, diz o n.º 2: "Quando num litígio previsto no parágrafo 1 do presente artigo estiver em instância uma acção numa jurisdição competente nos termos desse parágrafo, ou quando tal jurisdição pronunciar sentença em tal litígio, não poderá ser intentada mais nenhuma acção pela mesma causa entre as mesmas partes, a não ser que a decisão da jurisdição perante a qual foi intentada a primeira acção não possa ser executada no país onde é intentada a nova acção". Deste modo, a mesma questão não pode ser suscitada pelas mesmas partes mais do que uma vez. As determinações deste artigo abrangem claramente a tentativa duma parte em reconvir noutra jurisdição quando o não haja feito convenientemente ou o tenha feito sem sucesso na jurisdição originária. Mas, caso se trate de outro autor ou de outro réu, o n.º 2 não tem aplicação. Do mesmo modo, podemos afirmar que a expressão "pela mesma causa" não permite que se suscite a mesma questão entre as mesmas partes, mas apresentada com outros fundamentos. De outro modo, estar-se-ia a encorajar o chamado *"forum shopping"* que, como se sabe, nada faz para assegurar a necessária certeza e previsibilidade do Direito. Pelo presente, só poderá existir uma "duplicação de acções" em duas circunstâncias: quando a decisão da jurisdição perante a qual foi intentada a primeira acção não pode ser executada no país onde é intentada a nova acção e quando um tribunal se veja compelido a aceitar uma acção por existirem sérias dúvidas quanto à pendência noutra jurisdição de uma acção com a mesma causa e entre as mesmas partes.

O n.º 3 refere-se, novamente, às situações de caso julgado, nomeadamente, à exequibilidade das decisões judiciais e afirma que "Quando num litígio previsto no parágrafo 1 do presente artigo uma sentença pronunciada por uma jurisdição de um país contratante se tornar executória nesse país, torna-se também executória em cada um dos outros países contratantes imediatamente após o cumprimento das formalidades prescritas para esse efeito no país interessado. Essas formalidades não podem comportar nenhuma revisão do caso". As formalidades referidas são as constantes dos artigos 47.º, 49.º e 1095.º do Código do Processo Civil. O n.º 4 acrescenta que "As disposições do parágrafo 3 do presente artigo aplicam-se às sentenças contraditórias, às sentenças omissas e às transacções judiciais, mas não se aplicam às sentenças somente executórias por provisão nem às condenações em perdas e danos que venham a ser impostas além das despesas contra um queixoso em virtude da rejeição total ou parcial da sua queixa".

Finalmente, o n.º 5 estabelece que "Não pode ser exigida caução a nacionais de países contratantes, com domicílio ou estabelecimento num

146   *A responsabilidade do transportador na Convenção de Genebra*

destes países, para garantir o pagamento das despesas causadas por acções judiciais originadas pelos transportes sujeitos à presente Convenção".

O artigo 32.°, n.° 1 da CMR consagra que "as acções que podem ser originadas pelos transportes sujeitos à presente Convenção prescrevem no prazo de um ano. No entanto, a prescrição é de três anos no caso de dolo, ou de falta que a lei da jurisdição a que se recorreu considere equivalente ao dolo. O prazo da prescrição é contado:

a) A partir do dia em que a mercadoria foi entregue, no caso de perda parcial, avaria ou demora;

b) No caso de perda total, a partir do 30.° dia após a expiração do prazo convencionado, ou, se não tiver sido convencionado prazo, a partir do 60.° dia após a entrega da mercadoria ao cuidado do transportador;

c) Em todos os outros casos, a partir do termo de um prazo de três meses, a contar da conclusão do contrato de transporte. O dia indicado acima como ponto de partida da prescrição não é compreendido no prazo".

A primeira questão que se coloca diz respeito à natureza dos prazos constantes deste artigo. Sabemos que durante a vigência do Código de Seabra a jurisprudência hesitou quanto à aceitação da distinção entre caducidade e prescrição, não só porque a lei era omissa a esse respeito, mas também porque esta não estabelecia a distinção entre caducidade e prescrição extintiva ou negativa[112]. Dizia o artigo 505.° do C. C. Seabra acerca da prescrição negativa ou extintiva: "Pelo facto da posse adquirem-se cousas e direitos, assim como se extinguem direitos ou obrigações pelo facto de não ser exigido o seu cumprimento. A lei determina as condições e o lapso de tempo que são necessários, tanto para uma, como para a outra cousa. Chama-se a isto prescrição". Todavia, o C. C. Seabra também incluía no instituto da prescrição o prazo de propositura de acções[113]. Pela primeira vez, o Acórdão do STJ de 6/1/29 (R.L.J. n.° 61 – 150) admitiu a distinção entre prescrição e caducidade, porquanto o Assento do STJ de 18/4/33 (Diário do Governo de 4/5/33, 1ª série) decidiu serem de prescrição os prazos para a propositura duma acção. Mais tarde, com o Código de Processo Civil de 1939, foram autonomizados os prazos de propositura das acções, subtraindo-os ao regime próprio da prescrição[114]. No entanto, foi com o Código Civil de 1966 que finalmente o direito substantivo consagrou os dois institutos. Deste modo, o prazo tem no direito actual dois conceitos: prescrição e caducidade.

---

[112] Designação dada no C. C. de Seabra à actual "Prescrição".

[113] Cfr. artigos 635.°, 688.°, 689.° e 690.° do C. C. Seabra.

[114] Cfr. o artigo 267.° do Código de Processo Civil de 1939.

O artigo 298.°, n.° 2 do actual Código Civil reza o seguinte: "Quando, por força da lei ou por vontade das partes, um direito deva ser exercido dentro de certo prazo, são aplicáveis as regras da caducidade, a menos que a lei se refira expressamente à prescrição". Em face desta última ressalva e do texto do artigo 32.° da CMR, a jurisprudência tem entendido que os prazos do artigo 32.° são de prescrição [115]. Com o devido respeito, não posso concordar com essa decisão. Ora, a prescrição "é a forma de extinção de direitos subjectivos que opera quando não sejam actuados durante determinado lapso de tempo fixado por lei" [116], enquanto que a caducidade "é o desaparecimento dos efeitos jurídicos em consequência de um facto jurídico *stricto sensu*, sem necessidade, pois, de qualquer manifestação de vontade tendente a esse resultado" [117]. Do exposto, podemos concluir que a prescrição extingue direitos subjectivos e que a caducidade extingue direitos de acção, isto é, extingue os efeitos jurídicos de um direito subjectivo que, apesar de tudo, não deixa de existir. A prescrição faz extinguir o direito (artigo 304.° do Código Civil), a caducidade apenas impede a prática do acto sujeito a prazo (artigo 331.°, n.° 1 do Código Civil): pela prescrição deixa de haver obrigação por se perder o direito; pela caducidade apenas se perde o direito à acção ou ao meio de fazer valer o direito, seja ele qual for.

Os n.os 1 e 4 do artigo 32.° da CMR falam em prescrição da acção. Mas, como vimos, a prescrição da acção é, conceitualmente, caducidade. Acresce que, como já se disse, somente a versão francesa e inglesa fazem fé. A versão inglesa não faz qualquer distinção entre caducidade ou prescrição. Por seu turno, a versão francesa estipula: "Les actions auxquelles peuvent donner lieu les transports (...) sont prescrites". Ora, "prescrire" significa quer prescrever, quer caducar. A tradução portuguesa, ao traduzir "les actions (...) sont prescrites" por "as acções (...) prescrevem", não usou técnica jurídica, isto é, não considerou a diferença conceitual entre prescrição e caducidade. Mais: se os prazos referidos no artigo 32.° da CMR são de prescrição isso implica que, face ao n.° 4 deste artigo, "A acção que prescreveu não pode mais ser exercida, mesmo sob a forma de reconvenção ou excepção" – esta solução entraria inexplicavelmente em choque com o disposto no artigo 850.° do Código Civil [118]. Conclui-se, assim, que

---

[115] Vide acórdão de 9 de Abril de 1992, recurso n.° 4899 – 2ª secção; BMJ 416, Pág. 696.

[116] In "Direitos Reais", A. Menezes Cordeiro, 1979, Pág. 789.

[117] In "Manual dos Contratos em Geral", G. Telles, Pág. 351.

[118] Este artigo estipula o seguinte: "O crédito prescrito não impede a compensação, se a prescrição não podia ser invocada na data em que os dois créditos se tornaram compensáveis".

148   *A responsabilidade do transportador na Convenção de Genebra*

o artigo 32.º da CMR dispõe sobre uma regra de caducidade e não sobre uma regra de prescrição em sentido técnico-jurídico.

O prazo de 1 ano consagrado no artigo 32.º aplica-se às acções propostas por e contra o transportador, às acções propostas pelo transportador para reivindicar o pagamento do frete, às acções propostas pelo expedidor para reivindicar o excesso de frete que haja pago, às acções propostas contra o transportador nos termos do artigo 28.º da Convenção e às acções propostas pelo transportador para reivindicar do destinatário das mercadorias o ressarcimento de danos que este haja causado ao seu veículo. Se a CMR não for aplicável ao transporte, então os prazos para a propositura da acção serão os fixados no respectivo direito interno.

A aplicação da alínea *a*) deste artigo depende de a entrega ter sido efectuada. Quanto à alínea *b*), refira-se que prazo da prescrição é contado a partir do 30.º dia após a expiração do prazo convencionado <u>para a entrega</u>. A alínea *c*) aplica-se àquelas situações em que o transportador pretende que lhe seja pago o frete, àquelas situações em que o expedidor pretende recuperar a parte do frete que pagou em excesso e àquelas situações em que o transportador é demandado por não ter cumprido a obrigação de cobrança nos termos do artigo 21.º da CMR. A alínea *c*) estipula também que o dia indicado como ponto de partida não é compreendido no prazo: esta estatuição é de aplicação geral e não se limita a esta única alínea.

O n.º 2 do artigo 32.º acrescenta que "Uma reclamação escrita suspende a prescrição até ao dia em que o transportador rejeitar a reclamação por escrito e restituir os documentos que a esta se juntaram. No caso de aceitação parcial da reclamação, a prescrição só retoma o seu curso para a parte da reclamação que continuar litigiosa. A prova da recepção da reclamação ou da resposta e restituição dos documentos compete à parte que invoca este facto. As reclamações ulteriores com a mesma finalidade não suspendem a prescrição". O n.º 2 só se aplica às acções propostas contra o transportador visto referir que a prescrição se encontra suspensa "até ao dia em que <u>o transportador</u> rejeitar a reclamação por escrito e restituir os documentos que a esta se juntaram". Note-se, ainda, que as reclamações têm de ser escritas e que não necessitam de ser acompanhadas de qualquer documentação. Para *Loewe*, uma reclamação só suspende a prescrição após o decorrer dos períodos de 30 ou 60 dias referidos. Esta é a solução mais lógica pois a prescrição só pode ser suspensa se o seu prazo já começou a correr. Mas, se considerarmos sem efeito as reclamações efectuadas antes de ter decorrido o período de 30 ou 60 dias, estaríamos a defender uma solução que obrigaria o autor a apresentar uma nova reclamação que, por sua vez, não suspenderia a prescrição devido ao exposto na parte final

A responsabilidade do transportador na Convenção de Genebra 149

deste n.º 2. A solução preferível consiste em atribuir a estas reclamações o seu efeito normal, ou seja, a suspensão da prescrição.

A suspensão mantém-se até que o transportador rejeite a reclamação por escrito e restitua os documentos que acompanhavam a reclamação. Não é exigida qualquer forma especial para esta rejeição, mas esta deve ser inequívoca. Se o transportador não se pronunciar sobre a reclamação, então é penalizado com o facto de a prescrição continuar suspensa (não obstante o direito se poder extinguir pelo decorrer de um prazo fixado no respectivo direito interno [119]).

O n.º 3 do artigo 32.º afirma que "Salvas as disposições do parágrafo 2 acima, a suspensão da prescrição regula-se pela lei da jurisdição a que se recorreu. O mesmo acontece quanto à interrupção da prescrição" [120].

Finalmente, o artigo 33.º da Convenção estipula o seguinte: "O contrato de transporte pode conter uma cláusula que atribua competência a um tribunal arbitral, desde que essa cláusula estipule que o tribunal arbitral aplicará a presente Convenção". À partida, convém, desde logo, estabelecer a diferença entre um compromisso arbitral e uma cláusula compromissória. Nos termos do n.º 2 do artigo 1.º da lei n.º 31/86, de 29 de Agosto, "a convenção de arbitragem pode ter por objecto um litígio actual, ainda que se encontre afecto a um tribunal judicial (compromisso arbitral), ou litígios eventuais emergentes de uma determinada relação jurídica contratual ou extracontratual (cláusula compromissória)". Como a CMR fala expressamente "numa cláusula que atribua competência" inserida no contrato de transporte, temos de deduzir que essa cláusula tem de ser escrita na guia [121]. Trata-se, portanto, de uma previsão *ab initio*, pelo que a Convenção se refere a uma cláusula compromissória. Assim, nada impede as partes de estabelecerem, num contrato de transporte CMR, uma cláusula compromissória, desde que sejam preenchidos os seguintes requisitos:

1.º que a cláusula compromissória seja convencionada por pessoas não impossibilitadas de contratar;

2.º que a cláusula compromissória não incida sobre relações jurídicas subtraídas ao domínio da vontade das partes;

3.º que a cláusula compromissória seja escrita;

4.º que a cláusula compromissória especifique a relação jurídica a que os litígios respeitem [122];

---

[119] Cfr. artigo 309.º e ss. do Código Civil.

[120] Cfr., respectivamente, artigos 318.º e ss. e 323.º e ss. do Código Civil.

[121] Cfr. o artigo 2.º da Lei n.º 31/86, de 29 de Agosto.

[122] Cfr. artigo 2.º, n.º 3 da Lei n.º 31/86, de 29 de Agosto.

150 *A responsabilidade do transportador na Convenção de Genebra*

5.º que a cláusula compromissória estipule que o tribunal arbitral aplicará a CMR.

Por fim, nada impede as partes de, perante um litígio presente e através de um compromisso arbitral, acordarem em submeter o litígio a um tribunal arbitral. Simplesmente, esse compromisso será concluído à luz da Lei n.º 31/86, de 29 de Agosto, e não à luz do artigo 33.º da Convenção [123-124].

VI. JUROS DE MORA DA INDEMNIZAÇÃO. O ARTIGO 27.º DA CMR.

Diz-nos o artigo 102.º do Código Comercial que "Haverá lugar ao decurso e contagem de juros em todos os actos comerciais em que for de convenção ou direito vencerem-se..." e que "a taxa de juros comerciais só pode ser fixada por escrito".

O artigo 559.º do Código Civil acrescenta: "Os juros legais e os estipulados sem determinação de taxa ou quantitativo são fixados em portaria conjunta dos Ministros da Justiça e das Finanças e do Plano".

O artigo 48.º da Lei Uniforme Sobre Letras e Livranças estipula que "O portador pode reclamar daquele contra quem exerce o seu direito de acção os juros à taxa de 6% desde a data do vencimento".

O artigo 46.º da Lei Uniforme Relativa ao Cheque afirma: "A pessoa que tenha pago o cheque pode reclamar daqueles que são responsáveis para com ele os juros da mesma importância, à taxa de 6%, desde o dia em que a pagou".

Para complicar a questão, o artigo 4.º do Decreto-Lei n.º 262/83, de 16 de Junho estabelece que o portador de letras, livranças ou cheques passa a poder pedir os juros legais estabelecidos nas Portarias n.ºs 581/83 de 18 de Maio e 807-H/83, de 30 de Junho. Existe, portanto, uma contradição mais que evidente entre o artigo 4.º do Decreto-Lei citado e o disposto na L.U.L.L. e L.U.C. Daí que tenha sido muito discutido nos tribunais a questão de saber se as portarias referidas estariam ou não eivadas de inconstitucionalidade face ao disposto no n.º 2 do artigo 8.º da Constituição da República Portuguesa [125]. A questão foi finalmente decidida

---

[123] A respeito de Arbitragem Voluntária, veja-se, ainda, a Convenção Sobre o Reconhecimento e a Execução de Sentenças Arbitrais Estrangeiras" de New York assinada a 10/6/58, o "Protocolo Relativo a Cláusulas de Arbitragem" assinado em Genebra a 24/9/1923, a "Convenção Para a Execução das Sentenças Arbitrais Estrangeiras" assinada em Genebra a 26/9/1927.

[124] V.g. os artigos 48.º, 49.º e 494.º, n.º 1, alínea *j*) do Código de Processo Civil.

[125] Vide Acórdão do STJ de 8 de Abril de 1987 – Processo 74 698 (BMJ, n.º 366,

A *responsabilidade do transportador na Convenção de Genebra*

pelo Assento do STJ de 13 de Julho de 1992[126] que determinou que não existe qualquer inconstitucionalidade e que "Nas letras e livranças, emitidas e pagáveis em Portugal, é aplicável, em cada momento, aos juros moratórios a taxa que decorre do disposto no artigo 4.° do Decreto-Lei n.° 262/83, de 16 de Junho, e não a prevista nos n.os 2 dos artigos 48.° e 49.° da Lei Uniforme sobre Letras e Livranças".

Decidida a aplicabilidade duma taxa de 15% nas letras, livranças e cheques, põe-se a dúvida: será esta aplicabilidade extensível às indemnizações devidas nos termos da CMR. O artigo 27.°, n.° 1 da Convenção diz-nos expressamente que "O interessado pode pedir os juros da indemnização. Estes juros, *calculados à taxa de 5 por cento ao ano*, contam-se desde o dia em que a reclamação for dirigida por escrito ao transportador, ou, se não houve reclamação, desde o dia em que intentou acção judicial". Note-se que, contrariamente aos aludidos diplomas referentes aos juros das letras, livranças e cheques, não existe nenhum diploma semelhante para o contrato de transporte. Deste modo, teremos de concluir que *a CMR fixa imperativamente a taxa de juro em 5% ao ano*. Todavia, face aos artigos 6.°, n.° 2, alínea *d*) e 23.°, n.° 6 da CMR, nada impede o transportador e o expedidor de fixarem, contra pagamento de um preço suplementar ao frete, uma taxa superior.

Leandro Covas. 1997.

Pág. 513 a 516) e Acórdão do STJ de 10 de Dezembro de 1985 – Processo n.° 73 524 (BMJ, n.° 352, Pág. 402 a 405).

[126] Vide BMJ, n.° 419, Pág. 75 a 80.

BIBLIOGRAFIA

Almeida Costa, Mário Júlio de, "Direito das Obrigações", 5ª edição, Almedina, 1991;

Antunes Varela; J. Miguel Bezerra e Sampaio e Nora, "Manual de Processo Civil", 2.º edição, Coimbra Editora Limitada, 1985;

Alter, Michael, "Droit des Transports", Dalloz;

Brunat, Pierre, "Lamy Transports", Tomo I, 1995;

Coelho, Carlos Manuel Ferreira, "Enciclopédia Comercial/Bancária", Rei dos Livros, 5ª edição;

Coelho, Prof. Pinto, "Lições de Direito Comercial, As Letras", 2.º Volume, 1, Fasc. I;

Cordeiro, A. Menezes, "Direitos Reais", 1979;

D. J. Hill, LL. M., Ph. D.; A.D. Messent, M. A., "CMR: Contracts for the internacional carriage of goods by road", 1984, Lloyd's of London Press;

Fioux, Jean-Luc, "Transports Terrestres", Ed. Dalmas, 1ª edição;

Gamborino, "Doutrina jurisprudencial sobre el Contrato de Transporte Terrestre", Edição Aguila;

Gonçalves, Cunha, "Comentário ao Código Comercial Português", 2.º Volume;

Gonçalves, Cunha, "Dos Contratos em Especial";

Lebre de Freitas, J., "A Falsidade no Direito Probatório", edição de 1984;

Leite, Jorge, "Direito do Trabalho – Lições ao 3.º ano da Faculdade de Direito", Coimbra – 1982;

M. Conceição Lopes, David Pina, Guilherme H. R. Silva, "O Tratado de Roma (C.E.E.)", Almedina, 1991;

Maria Ângela Coelho Bento Soares e Rui Manuel Gens de Moura Ramos, "Do Contrato de Compra e Venda Internacional", Coimbra, 1981;

Mendonça, Prof. Fernando, "Direito de Transportes";

Pires de Lima e Antunes Varela, "Código Civil Anotado", Volume II, 3ª edição, Coimbra Editora, 1986;

Putzeys, Prof. Jacques, "Le Contrat de Transport Routier de Marchandises", Bruxelas, 1981;

Revista de Transportes, n.º 87;

Rodiére, René, "CMR", 1974;

Rodiére, René, "Un Traité Générale de Droit Maritime, Affrètements et Transports", II Volume;

Silva, Farias da, "Contrato de Transporte de Coisas", Livraria Académica;

Telles, Galvão, "Direito das Obrigações", 5ª edição;

Telles, Galvão, "Manual dos Contratos em Geral";

Vallée, Charles, "O Direito das Comunidades Europeias", Editorial Notícias.

ANEXO

CONVENÇÃO RELATIVA AO CONTRATO DE TRANSPORTE INTERNACIONAL DE MERCADORIAS POR ESTRADA (CMR) *

Preâmbulo

As Partes contratantes, tendo reconhecido a utilidade de regular de maneira uniforme as condições do contrato de transporte internacional de mercadorias por estrada em particular no que diz respeito aos documentos utilizados para este transporte e à responsabilidade do transportador, convencionaram o seguinte:

CAPÍTULO I
Âmbito de aplicação

Art. 1.º – 1. A presente Convenção aplica-se a todos os contratos de transporte de mercadorias por estrada a título oneroso por meio de veículos, quando o lugar do carregamento da mercadoria e o lugar da entrega previsto, tais como são indicados no contrato, estão situados em dois países diferentes, sendo um destes, pelo menos, país contratante, e independentemente do domicílio e nacionalidade das partes.

2. Para a aplicação da presente Convenção, devem entender-se por «veículos» os automóveis, os veículos articulados, os reboques e semi-reboques, tais como estão definidos pelo artigo 4.º da Convenção da circulação rodoviária de 19 de Setembro de 1949.

3. A presente Convenção também se aplica quando os transportes abrangidos pelo seu âmbito de aplicação são efectuados por Estados ou por instituições ou organizações governamentais.

---

* Assinada em Genebra, em 19-5-1956, e aprovada, para adesão, pelo DL n.º 46235, de 18-3-1965, modificada pelo Protocolo de Genebra, de 5-7-1978, aprovado, para adesão, pelo Decreto n.º 28/88, de 6-9. O texto publicado insere as alterações introduzidas pelo citado Protocolo.

156 *A responsabilidade do transportador na Convenção de Genebra*

4. A presente Convenção não se aplica:

a) Aos transportes efectuados ao abrigo de convenções postais internacionais;

b) Aos transportes funerários;

c) Aos transportes de mobiliário por mudança de domicílio.

5. As Partes Contratantes comprometem-se a não fazer nenhuma modificação à presente Convenção, por meio de acordos particulares estabelecidos entre duas ou mais delas, salvo para a tornar inaplicável ao seu tráfego fronteiriço ou para autorizar a utilização, nos transportes efectuados inteiramente dentro do seu território, da declaração de expedição representativa da mercadoria.

Art. 2.º – 1. Se o veículo que contém as mercadorias for transportado, em parte do percurso, por mar, caminho de ferro, via navegável interior ou pelo ar, e as mercadorias, salvo se forem aplicáveis as disposições do artigo 14.º, dele não forem descarregadas, a presente Convenção aplicar-se-á, no entanto, ao conjunto do transporte. Todavia, na medida em que se provar que qualquer perda, avaria ou demora de entrega da mercadoria, que tenham ocorrido durante o transporte por qualquer via que não seja a estrada, não foi causada por qualquer acto ou omissão do transportador rodoviário, e provém de facto que só pode dar-se durante e em virtude do transporte não rodoviário, a responsabilidade do transportador rodoviário será determinada, não pela presente Convenção, mas sim pela forma como a responsabilidade do transportador não rodeviário teria sido determinada se se tivesse firmado um contrato de transporte entre o expedidor e o transportador não rodoviário apenas para o transporte da mercadoria em conformidade com as disposições imperativas da lei relativa ao transporte de mercadorias por outra via de rransporte que não seja a estrada. Contudo, na falta de tais disposições, a responsabilidade do transportador rodoviário será determinada pela presente Convenção.

2. Se o transportador rodoviário for ao mesmo tempo o transportador não rodoviário, a sua responsabilidade será também determinada pelo parágrafo 1, como se a sua função de transportador rodoviário e a de transportador não rodoviário fossem exercidas por duas pessoas diferentes.

CAPÍTULO II
Pessoas pelas quais o transportador é responsável

Art. 3.º – Para a aplicação da presente Convenção, o transportador responde, como se fossem cometidos por ele próprio, pelos actos e omissões dos seus agentes e de todas as outras pessoas a cujos serviços recorre para a execução do transporte, quando esses agentes ou essas pessoas actuam no exercício das suas funções.

CAPÍTULO III
Conclusão e execução do contrato de transporte

Art. 4.º – O contrato de transporte eslabelece-se por meio de uma declaração de expedição. A falta, irregularidade ou perda da declaração de expedição não prejudicam nem a existência nem a validade do contrato de transporte, que continua sujeito às disposições da presente Convenção.

Art. 5.º – 1. A declaração de expedição estabelece-se em três exemplares originais assinados pelo expedidor e pelo transportador, podendo estas assinaturas ser impressas ou substituídas pelas chancelas do expedidor e do transportador, se a legislação do país onde se preenche a declaração de expedição o permite. O primeiro exemplar é entregue ao expedidor, o segundo acompanha a mercadoria e o terceiro fica em poder do transportador.

2. Quando a mercadoria a transportar é carregada em veículos diferentes, ou quando se trata de diversas espécies de mercadorias ou de lotes distintos, o expedidor ou o transportador têm o direito de exigir que sejam preenchidas tantas declarações de expedição quantos os veículos a utilizar ou quantas as espécies ou lotes de mercadorias.

Art. 6.º – 1. A declaração de expedição deve conter as indicações seguintes:

a) Lugar e data em que é preenchida;

b) Nome e endereço do expedidor;

c) Nome e endereço do transportador;

d) Lugar e data do carregamento da mercadoria e lugar previsto de entrega;

e) Nome e endereço do destinatário;

f) Denominação corrente da natureza da mercadoria e modo de embalagem, e, quando se trate de mercadorias perigosas, sua denominação geralmente aceite;

g) Número de volumes, marcas especiais e números;

h) Peso bruto da mercadoria ou quantidade expressa de outro modo;

i) Despesas relativas ao transporte (preço do transporte, despesas acessórias, direitos aduaneiros e outras despesas que venham a surgir a partir da conclusão do contrato até à entrega);

j) Instruções exigidas para as formalidades aduaneiras e outras;

k) Indicação de que o transporte fica sujeito ao regime estabelecido por esta Convenção a despeito de qualquer cláusula em contrário.

2. Quando seja caso disso, a declaração de expedição deve conter também as seguintes indicações:

a) Proibição de transbordo;

b) Despesas que o expedidor toma a seu cargo;

c) Valor da quantia a receber no momento da entrega da mercadoria;

d) Valor declarado da mercadoria e quantia que representa o juro especial na entrega;

e) Instruções do expedidor ao transportador no que se refere ao seguro da mercadoria;.

158   *A responsabilidade do transportador na Convenção de Genebra*

f) Prazo combinado, dentro do qual deve efectuar-se o transporte;

g) Lista dos documentos entregues ao transportador;

3. As partes podem mencionar na declaração de expedição qualquer outra indicação que considerem útil.

Art. 7.º – 1. O expedidor responde por todas as despesas, perdas e danos que o transportador sofra em virtude da inexactidão ou insuficiencia:

a) Das indicações mencionadas no artigo 6.º, parágrafo 1, alíneas *b*), *d*), *e*) *f*) *g*), *h*) e *j*);

b) Das indicações mencionadas no artigo 6.º, parágrafo 2;

c) De quaisquer outras indicações ou instruções que dê para o preenchimento da declaração de expedição ou para incluir nesta.

2. Se o transportador, a pedido do expedidor, inscrever na declaração de expedição as indicações mencionadas no parágrafo 1 do presente artigo, considerar-se-á, até prova em contrário, que actua em nome do expedidor.

3. Se a declaração de expedição não contiver a menção prevista no artigo 6.º, parágrafo 1, alínea *k*), o transportador será responsável por todas as despesas, perdas e danos sofridos pela pessoa que tem direito à mercadoria em virtude desta omissão

Art. 8.º – 1. Ao tomar conta da mercadoria, o transportador tem o dever de verificar:

a) A exactidão das indicações da declaração de expedição acerca do número de volumes, marcas e números;

b) O estado aparente da mercadoria e da sua embalagem.

2. Se o rransportador não tiver meios razoáveis de verificar a exactidão das indicações mencionadas no parágrafo 1, alínea *a*), do presente artigo, inscreverá na declaração de expedição reservas que devem ser fundamentadas. Do mesmo modo, deverá fundamentar todas as reservas que fizer acerca do estado aparente da mercadoria e da sua embalagem. Estas reservas não obrigam o expedidor se este as não tiver aceitado expressamente na declaração de expedição.

3. O expedidor tem o direito de exigir que o transportador verifique o peso bruto da mercadoria ou sua quantidade expressa de outro modo. Pode também exigir a verificação do conteúdo dos volumes. O transportador pode reclamar o pagamento das despesas de verificação. O resultado das verificações será mencionado na declaração de expedição.

Art.9.º – 1. A declaração de expedição, até prova em contrário, faz fé das condições do contrato e da recepção da mercadoria pelo transportador.

2. Na falta de indicação de reservas motivadas do transportador na declaração de expedição, presume-se que a mercadoria e embalagem estavam em bom estado aparente no momento em que o transportador tomou a seu cargo, e que o número de volumes, as marcas e os números estavam em conformidade com as indicações da declaração de expedição.

Art. 10.º – O expedidor é responsável para com o transportador por danos a pessoas, matenal ou outras mercadorias, assim como por despesas originadas

A responsabilidade do transportador na Convenção de Genebra 159

por defeito da embalagem da mercadoria, a não ser que o transportador, sendo o defeito aparente ou tendo conhecimento dele no momento em que tomou conta da mercadoria, não tenha feito reservas a seu respeito.

Art. 11.º – 1. Para o cumprimento das formalidades aduaneiras e outras a observar até à entrega da mercadoria, o expedidor deve juntar à declaração de expedição, ou por à disposição do transportador, os documentos necessarios e prestar-lhe todas as informações pedidas.

2. O transportador não tem obrigação de verificar se esses documentos e informações são exactos ou suficientes. O expedidor é responsável para com o transportador por todos os danos que resultem da falta, insuficiência ou irregula-ridade desses documentos e informações, salvo no caso de falta do transportador.

3. O transportador é responsável como se fosse um agente pelas conse-quências da perda ou da utilização inexacta dos documentos mencionados na declaração de expedição e que acompanhem ou lhe sejam entregues; no entanto, a indemnização a que fica obrigado não será superior à que sena devida no caso de perda da mercadoria.

Art. 12.º – 1. O expedidor tem o direito de dispor da mercadoria, em espe-cial pedindo ao transportador que suspenda o transporte desta, de modificar o lugar previsto para a entrega e de entregar a mercadoria a um destinatário dife-rente do indicado na declaração de expedição.

2. Este direito cessa quando o segundo exemplar da declaração de expe-dição é entregue ao destinatário ou este faz valer o direito previsto no artigo 13.º, parágrafo 1, a partir desse momento, o transportador tem de conformar-se com as ordens do destinatário.

3. O direito de disposição pertence, todavia, ao destinatário a partir do preenchimento da declaração de expedição se o expedidor inscrever tal indicação na referida nota.

4. Se o destinatário, no exercício do seu direito de disposição, ordenar a en-trega da mercadoria a outra pessoa, esta não poderá designar outros destinatários.

5. O exercício do direito de disposição fica sujeito às seguintes condições:

a) O expedidor, ou, no caso mencionado no parágrafo 3 do presente artigo, o destinatário que quiser exercer este direito, tem de apresentar o primeiro exem-plar da declaração de expedição, no qual devem estar inscritas as novas instruções dadas ao transportador pelas despesas e pelo prejuízo causado pela execução destas instruções;

b) Esta execução deve ser possivel no momento em que as instruções chegam à pessoa que deve executá-las, e não deve dificultar a exploração normal da empresa do transportador, nem prejudicar os expedidores ou destinatários de outras remessas;

c) As instruções nunca devem provocar a divisão da remessa.

6. Quando o transportador, em virtude das disposições indicadas no pará-grafo 5, alínea *b*), do presente artigo, não puder executar as instruções que rece-ber, deve avisar imediatamente disso a pessoa que deu essas instruções.

160   *A responsabilidade do transportador na Convenção de Genebra*

7. O transportador que não executar as instruções dadas nas condições previstas no presente artigo, ou que se tenha conformado com essas instruções sem ter exigido a apresentação do primeiro exemplar da declaração de expedição, será responsável perante o interessado pelo prejuízo causado por esse facto.

Art. 13.º – 1. Depois da chegada da mercadoria ao lugar previsto para a entrega, o destinatário tem o direito de pedir que o segundo exemplar da declaração de expedição e a mercadoria lhe sejam entregues, tudo contra documento de recepção. Se se verifica perda da mercadoria, ou se esta não chegou até ao termo do prazo previsto no artigo 19.º, o destinatário fica autorizado a fazer valer em seu próprio nome para com o transportador, os direitos que resultam do contrato de transporte.

2. O destinatário que usa dos direitos que lhe são conferidos nos termos do parágrafo 1 do presente artigo é obrigado a pagar o valor dos créditos resultantes da declaração de expedição. Em caso de contestação a este respeito, o transportador só é obrigado a efectuar a entrega da mercadoria se o destinatário lhe prestar uma caução.

Art. 14.º – 1. Se por qualquer motivo a execução do contrato nas condições previstas na declaração de expedição é ou se torna impossível antes da chegada da mercadoria ao lugar previsto para a entrega, o transportador tem de pedir instruções à pessoa que tem o direito de dispor da mercadoria em conformidade como artigo 12.º.

2. No entanto, se as circunstâncias permitirem a execução do transporte em condições diferentes das previstas na declaração de expedição e se o transportador não pode obter a tempo as instruções da pessoa que tem o direito de dispor da mercadoria em conformidade com o artigo 12.º tomará as medidas que se lhe afigurarem melhores para o interesse da pessoa que tem o direito de dispor da mercadoria.

Art. 15.º – 1. Quando houver impedimentos à entre a, depois da chegada da mercadoria ao lugar de destino, o transportador pedirá instruções ao expedidor. Se o destinatário recusar a mercadoria, o expedidor terá o direito de dispor desta sem ter de apresentar o primeiro exemplar da declaração de expedição.

2. Mesmo que tenha recusado a mercadoria, o destinatário pode sempre pedir a entrega de enquanto o transportador não tiver recebido instruções em contrário do expedidor.

3. Se o impedimento à entrega surgir depois de o destinatário ter dado ordem de entregar a mercadoria a outra pessoa, em conformidade com o direito que lhe cabe em virtude do artigo 12.º, parágrafo 3, o destinatário substitui o expedidor e a refenda outra pessta substitui o destinatário para a aplicação dos paragrafos 1 e 2 acima.

Art. 16.º – 1. O transportador tem direito ao reembolso das despesas que lhe causar o pedido de instruções ou a execução destas, a não ser que estas despesas sejam consequência de falta sua.

2. Nos casos previstos no artigo 14.º, parágrafo 1, e no artigo 15.º, o transportador pode descarregar imediatamente a mercadoria por conta do interessado;

depois da descarga, o transporte considera-se terminado. O trensportador passa então a ter a mercadoria à sua guarda. Pode, no entanto, confiar a mercadoria a um terceiro, e então só é responsável pela escolha judiciosa desse terceiro. A mercadoria continua onerada com os créditos resultantes da declaração de expedição e de todas as outras despesas.

3. O transportador pode promover a venda da mercadoria sem esperar instruções do interessado quando a natureza deteriorável ou o estado da mercadoria o justifiquem ou quando as despesas de guarda estão desproporcionadas com o valor da mercadoria. Nos outros casos, pode também promover a venda quando nao tenha recebido do interessado, em prazo razoável, instruções em contrário cuja execução possa ser equitativamente exigida.

4. Se a mercadoria tiver sido vendida segundo este artigo, o produto da venda deve ser posto à disposição do interessado, depois de deduzidas as despesas que onerem a mercadoria. Se estas despesas forem superiores ao produto da venda, o transportador tem direito à diferença.

5. A maneira de proceder em caso de venda é determinada pela lei ou pelos usos do lugar onde se encontrar a mercadoria.

CAPÍTULO IV
Responsabilidade do transportador

Art. 17.º – 1. O transportador é responsável pela perda total ou parcial, ou pela avaria que se produzir entre o momento do carregamento da mercadoria e o da entrega, assim como pela demora da entrega.

2. O transportador fica desobrigado desta responsabilidade se a perda, avaria ou demora teve por causa uma falta do interessado, uma ordem deste que não resulte de falta do transportador, um vício próprio da mercadoria, ou circunstâncias que o transportador não podia evitar e a cujas consequências não podia obviar.

3. O transportador não pode alegar, para se desobrigar da sua responsabilidade, nem defeitos do veículo de que se serve para efectuar o transporte, nem faltas da pessoa a quem alugou o veículo ou dos agentes desta.

4. Tendo em conta o artigo 18.º, parágrafos 2 a 5, o transportador fica isento da sua responsabilidade quando a perda ou avaria resultar dos riscos particulares inerentes a um ou mais dos factos seguintes:

a) Uso de veículos abertos e não cobertos com encerado, quando este uso foi ajustado de maneira expressa e mencionado na declaração de expedição;

b) Falta ou defeito da embalagem quanto às mercadorias que, pela sua natureza, estão sujeitas a perdas ou avarias quando não estão embaladas ou são mal embaladas

c) Manutenção, carga, arrumação ou descarga da mercadoria pelo expedidor ou pelo destinatário ou por pessoas que actuem por conta do expedidor ou do destinatário;

162 *A responsabilidade do transportador na Convenção de Genebra*

d) Natureza de certas mercadorias, sujeitas, por causas inerentes a essa própria natureza, quer a perda total ou parcial, quer a avaria, especialmente por fractura, ferrugem, deterioração interna e espontânea, secagem, derramamento, quebra normal ou acção de bicharia e dos roedores;

e) Insuficiência ou imperfeição das marcas ou do número dos volumes;

f) Transporte de animais vivos.

5. Se o transportador, por virtude do presente artigo não responder por alguns dos factores que causaram o estrago, a sua responsabilidade só fica envolvida na proporção em que tiverem contribuído para o estrago os factores pelos quais responde em virtude do presente diploma.

Art. 18.º – 1. Compete ao transportador fazer a prova de que a perda, avaria ou demora teve por causa um dos factos previstos no artigo 17.º, parágrafo 2.

2. Quando o transportador provar que a perda ou avaria, tendo em conta as circunstâncias de facto, resultou de um ou mais dos riscos particulares previstos no artigo 17.º, parágrafo 4, haverá presunção de que aquela resultou destes. O interessado poderá, no entanto, provar que o prejuízo não teve por causa total ou parcial um desses riscos.

3. A presunção acima referida não é aplicável no caso previsto no artigo 17.º, parágrafo 4, alínea *a*), se houver falta de uma impontância anormal ou perda de volume.

4. Se o transporte for efectuado por meio de um veículo equipado de maneira a subtrair as mercadorias à influência do calor, frio, variações de temperatura ou humidade do ar, o transportador não poderá invocar o benefício do artigo 17.º, parágrafo 4, alínea *d*), a não ser que apresente prova de que, tendo em conta as circunstâncias, foram tomadas todas as medidas que lhe competiam quanto à escolha, manutenção e uso daqueles equipamentos e que acatou as instruções especiais que lhe tiverem sido dadas.

5. O transportador só poderá invocar o benefício o artigo 17.º, parágrafo 4, alínea *f*), se apresentar prova de que, tendo em conta as circunstâncias, foram tomadas todas as medidas que normalmente lhe competiam e acatou as instruções especiais que lhe possam ter sido dadas.

Art. 19.º – Há demora na entrega quando a mercadoria não foi entregue no prazo convencionado, ou, se não foi convencionado prazo, quando a duração efectiva do transporte, tendo em conta as circunstâncias, e em especial, no caso de um carregamento parcial, o tempo necessário para juntar um carregamento completo em condições normais, ultrapassar o tempo que é razoável atribuir a transportadores diligentes.

Art. 20.º – 1. O interessado, sem ter de apresentar outras provas, poderá considerar a mercadoria como perdida quando esta não tiver sido entregue dentro dos 30 dias seguintes ao termo do prazo convencionado, ou, se não foi convencionado prazo, dentro dos 60 dias seguintes à entrega da mercadoria ao cuidado do transportador.

2. O interessado, ao receber o pagamento da indemnização pela mercadoria perdida, poderá pedir por escrito que seja avisado imediatamente se a mercadoria

A *responsabilidade do transportador na Convenção de Genebra*

aparecer no decurso do ano seguinte ao pagamento da indemnização. Ser-lhe-á acusada por escrito a recepção desse pedido.

3. Dentro dos 30 dias seguintes à recepção desse aviso, o interessado poderá exigir que a mercadoria lhe seja entregue contra pagamento dos créditos resultantes da declaração de expedição e contra restituição da indemnização que recebeu, sendo eventualmente deduzidas as despesas incluídas nessa indemnização, e com reserva de todos os direitos a indemnização por demora na entrega prevista no artigo 23.°, e, se for caso disso, no artigo 26.°

4. Na falta quer do pedido previsto no parágrafo 2, quer de instruções dadas no prazo de 30 dias previsto no parágrafo 3, ou ainda no caso de a mercadoria só aparecer depois de mais de um ano após o pagamento da indemnização, o transportador disporá dela em conformidade com a lei do lugar onde se encontra a mercadoria.

Art. 21.° – Se a mercadoria for entregue ao destinatário sem cobrança do reembolso que deveria ter sido percebido pelo transportador em virtude das disposições do contrato de transporte, o transportador tem de indemnizar o expedidor até ao valor do reembolso, salvo se proceder contra o destinatário.

Art. 22.° – 1. Se o expedidor entregar ao transportador mercadorias perigosas, assinalar-lhe-á a natureza exacta do perigo que estas apresentam e indicar-lhe-á eventualmente as precauções a tomar. No caso de este aviso não ser mencionado na declaração de expedição, competirá ao expedidor ou ao destinatário apresentar prova, por quaisquer outros meios, de que o transportador teve conhecimento da natureza exacta do perigo que apresentava o transporte das referidas mercadorias.

2. As mercadorias perigosas, de cujo perigo o transportador não tenha tido conhecimento nas condições previstas no parágrafo 1 do presente artigo, podem ser descarregadas, destruídas ou tornadas inofensivas pelo transportador, em qualquer momento e lugar, sem nenhuma indemnzação; o expedidor, além disso, será responsável por todas as despesas e prejuizos resultantes de terem sido entregues para transporte ou do seu transporte.

Art. 23.° – 1. Quando for debitada ao transportador uma indemnização por perda total ou parcial da mercadoria, em virtude das disposições da presente Convenção, essa indemnização será calculada segundo o valor da mercadoria no lugar e época em que for aceite para transporte.

2. O valor da mercadoria será determinado pela cotação na bolsa, ou, na falta desta, pelo preço corrente no mercado, ou, na falta de ambas, pelo valor usual das mercadorias da mesma natureza e qualidade.

3 – A indemnização não ptoderá, porém, ultrapassar 8,33 unidades de conta por quilograma de peso bruto em falta.

4. Além disso, serão reembolsados o preço do transporte, os direitos aduaneiros e as outras despesas provenientes do transporte da mercadoria, na totalidade no caso de perda total e em proporção no caso de perda parcial; não serão devidas outras indemnizações de perdas e danos.

164   *A responsabilidade do transportador na Convenção de Genebra*

5. No caso de demora, se o interessado provar que disso resultou prejuízo, o transportador tera de pagar por esse prejuízo uma indemnização que não poderá ultrapassar o preço do transporte.

6. Só poderão exigir-se indemnizações mais elevadas no caso de declaração do valor da mercadoria ou de declaração de juro especial na entrega, em conformidade com os artigos 24.° e 26.°.

7 – A unidade de conta referida na presente Convenção é o direito de saque especial, tal como definido pelo Fundo Monetário Internacional. O montante a que se refere o n.° 3 do presente artigo é convertido na moeda nacional do Estado onde se situe o tribunal encarregado da resolução do litígio com base no valor dessa moeda à data do julgamento ou numa data adoptada de comum acordo pelas partes. O valor, em direito de saque especial, da moeda nacional de um Estado que seja membro do Fundo Monetário Internacional é calculado segundo o método de avalia que o Fundo Monetário Internacional esteja à data a aplicar nas suas próprias operações e transacções. O valor, em direito de saque especial, da moeda nacional de um Estado que não seja membro do Fundo Monetário Internacional é calculado da forma determinada por esse mesmo Estado.

8. Todavia, um Estado que não seja membro do Fundo Monetário Internacional e cuja legislação não permita que sejam aplicadas as disposições do n.° 7 do presente artigo poderá, no momento da ratificação do Protocolo à CMR ou da adesão ao mesmo, ou em qualquer momento ulterior, declarar que fixa em 25 unidades monetárias o limite da responsabilidade prevista no n.° 3 do presente artigo e aplicável no seu território. A unidade monetária referida no presente número corresponde a 10/31 gramas de ouro ao título de 0,900 de finura. A conversão em moeda nacional do montante indicado no presente número efectuar-se-á em conformidade com a legislação do Estado em questão.

9. O cálculo referido no último período do n.° 7, bem como a conversão referida no n.° 8 do presente artigo deverão ser efectuados de modo a expressarem em moeda nacional do Estado, tanto quanto possível, o mesmo valor real que o expresso em unidades de conta no n.° 3 do presente artigo. Aquando do depósito de qualquer instrumento nos termos do artigo 3.° do Protocolo à CMR e sempre que ocorra uma modificação nos seus métodos de cálculo ou no valor da sua moeda nacional relativamente à unidade de conta ou à unidade monetária, os Estados deverão comunicar ao Secretário-Geral da Organização das Nações Unidas o seu método de cálculo, em conformidade com o n.° 7 do presente artigo, ou os resultados da conversão, em conformidade com o n.° 8 do presente artigo, consoante os casos.

Art. 24.° – O expedidor poderá mencionar na declaração de expedição. contra pagamento de um suplemento de preço a convencionar, um valor da mercadoria que exceda o limite mencionado no parágrafo 3 do artigo 23.°, e nesse caso o valor declarado substitui esse limite.

Art. 25.° – 1. Em caso de avaria, o transportador paga o valor da depreciação calculada segundo o valor da mercadoria determinado em conformidade com o artigo 23.°, parágrafos 1, 2 e 4.

A responsabilidade do transportador na Convenção de Genebra 165

2. No entanto, a indemnização não poderá ultrapassar:

a) O valor que atingiria no caso de perda total, se toda a expedição se depreciou com a avaria;

b) O valor que atingiria no caso de perda da parte depreciada, se apenas parte da expedição se depreciou com a avaria.

Art. 26.º – 1. O expedidor pode fixar, mencionando-o na declaração de expedição e contra pagamento de um suplemento de preço a convencionar, o valor de um juro especial na entrega para o caso de perda ou avaria e para o de ultrapassagem do prazo convencionado.

2. Se houver declaração de juro especial na entrega, pode ser exigida, independentemente das indemnizações previstas nos artigos 23.º, 24.º e 25.º e até ao valor do juro declarado, uma indemnização igual ao dano suplementar de que seja apresentada prova.

Art. 27.º – 1. O interessado pode pedir os juros da indemnização. Estes juros, calculados à taxa de 5 por cento ao ano, contam-se desde o dia em que a reclamação for dirigida por escrito ao transportador, ou, se não houve reclamação, desde o dia em que intentou acção judicial.

2. Quando os elementos que servem de base para o cálculo da indemnização não são expressos na moeda do país onde é exigido o pagamento, a conversão é feita pela cotação do dia e lugar do pagamento da indemnização.

Art. 28.º – 1. Quando, segundo a lei aplicável, a perda, avaria ou demora ocorridas durante um transporte sujeito à presente Convenção possa dar lugar a uma reclamação extracontratual, o transportador poderá aproveitar-se das disposições da presente Convenção que excluem a sua responsabilidade ou que determinam ou limitam as indemnizações devidas.

2. Quando a responsabilidade extracontratual, por perda, avaria ou demora, de uma das pessoas pelas quais o transportador responde nos termos do artigo 3.º é posta em causa, essa pessea poderá também aproveitar-se das disposições da presente Convenção que excluem a responsabilidade do transportador ou que determinam ou limitam as indemnizações devidas.

Art. 29.º – 1. O transportador não tem o direito de aproveitar-se das disposições do presente capítulo que excluem ou limitam a sua responsabilidade ou que transferem o encargo da prova se o dano provier de dolo seu ou de falta que lhe seja imputável e que, segundo a lei da jurisdição que julgar o caso, seja considerada equivalente ao dolo.

2. Sucede o mesmo se o dolo ou a falta for acto dos agentes do transportador ou de quaisquer outras pessoas a cujos serviços aquele recorre para a execução do transpone, quando esses agentes ou essas outras pessoas actuarem no exercício das suas funções. Neste caso, esses agentes ou essas outras pessoas também não têm o direito de aproveitar-se, quanto à sua responsabilidade pessoal, das disposições do presente capítulo indicadas no parágrafo 1.

CAPÍTULO VI
Reclamações e acções

Art. 30.º – 1. Se o destinatario receber a mercadoria sem verificar contraditoriamente o seu estado com o transportador, ou sem ter formulado reservas a este que indiquem a natureza geral da perda ou avaria, o mais tardar no momento da entrega se se tratar de perdas ou avarias aparentes, ou dentro de sete dias a contar da entrega, não incluindo domingos e dias feriados, quando se tratar de perdas ou avarias não aparentes, presumir-se-á, até prova em contrário, que a mercadoria foi recebida no estado descrito na declaração de expedição. As reservas indicadas acima devem ser feitas por escrito quando se tratar de perdas ou avarias não aparentes.

2. Quando o estado da mercadoria foi verificado contraditoriamente pelo destinatário e pelo transportador, a prova em contrário do resultado desta verificação só poderá fazer-se se se tratar de perdas ou avarias não aparentes e se o destinatário tiver apresentado ao transportador reservas por escrito dentro dos sete dias, domingos e dias feriados não incluídos, a contar dessa verificação

3. Uma demora na entrega só pode dar origem a indemnização se tiver sido formulada uma reserva por escrito no prazo de 21 dias, a contar da colocação da mercadoria a disposição do destinatário.

4. A data da entrega, ou, segundo o caso, a da verificação ou da colocação da mercadoria à disposição, não é contada nos prazos previstos no presente artigo.

5. O transportador e o destinatário darão um ao outro, reciprocamente, todas as facilidades razoáveis para as observações e verificações necessárias.

Art. 31.º – 1. Para todos os litígios provocados pelos transportes sujeitos à presente Convenção, o autor poderá recorrer, além das jurisdições dos países contratantes designados de comum acordo pelas partes, para a jurisdição do país no território do qual:

a) O réu tiver a sua residência habitual, a sua sede principal ou a sucursal ou agência por intermédio da qual se estabeleceu o contrato de transporte, ou

b) Estiver situado o lugar do carregamento da mercadoria ou o lugar previsto para a entrega, e só poderá recorrer a essas jurisdições.

2. Quando num litígio previsto no parágrafo 1 do presente artigo estiver em instância uma acção numa jurisdição competente nos termos desse parágrafo, ou quando tal jurisdição pronunciar sentença em tal litígio, não poderá ser intentada mais nenhuma acção pela mesma causa entre as mesmas partes, a não ser que a decisão da jurisdição perante a qual foi intentada a primeira acção não possa ser executada no país onde é intentada a nova acção.

3. Quando num litígio previsto no parágrafo 1 do presente artigo uma sentença pronunciada por uma jurisdição de um país contratante se tornar executória nesse país, torna-se também executória em cada um dos outros países contraentes imediatamente após o cumprimento das formalidades prescritas para esse efeito no país interessado. Essas formalidades não podem comportar nenhuma revisão do caso.

A responsabilidade do transportador na Convenção de Genebra   167

4. As disposições do parágrafo 3 do presente artigo aplicam-se às sentenças contraditórias, às sentenças omissas e às transacções judiciais, mas não se aplicam às sentenças somente executórias por provisão nem às condenações em perdas e danos que venham a ser impostas além das despesas contra um queixoso em virtude da rejeição total ou parcial da sua queixa.

5. Não pode ser exigida caução a nacionais de países contratantes, com domicílio ou estabelecimento num destes países, para garantir o pagamento das despesas causadas por acções judiciais originadas pelos transpones sujeitos à presente Convenção.

Art. 32.º – 1. As acções que podem ser originadas pelos transportes sujeitos à presente Convenção prescrevem no prazo de um ano. No entanto, a prescrição é de três anos no caso de dolo, ou de falta que a lei da jurisdição a que se recorreu considere equivalente ao dolo. O prazo de prescrição é contado:

a) A partir do dia em que a mercadoria foi entregue, no caso de perda parcial, avaria ou demora;

b) No caso de perda total, a partir do 30.º dia após a expiração do prazo convencionado, ou, se não tiver sido convencionado prazo, a partir do 60.º dia após a entrega da mercadoria ao cuidado do transportador;

c) Em todos os outros casos, a partir do termo de um prazo de três meses, a contar da conclusão do contrato de transporte. O dia indicado acima como ponto de partida da prescrição não é compreendido no prazo.

2. Uma reclamação escrita suspende a prescrição até ao dia em que o transportador rejeitar a reclamação por escrito e restituir os documentos que a esta se juntaram. No caso de aceitação parcial da reclamação, a prescrição só retoma o seu curso para a parte da reclamação que continuar litigiosa. A prova da recepção da reclamação ou da resposta e restituição dos documentos compete à parte que invoca este facto. As reclamações ulteriores com a mesma finalidade não suspendem a prescrição.

3. Salvas as disposições do parágrafo 2 acima, a suspensão da prescrição regula-se pela lei da jurisdição a que se recorreu. O mesmo acontece quanto à interrupção da prescnção.

4. A acção que prescreveu não pode mais ser exercida, mesmo sob a forma de reconvenção ou excepção.

Art. 33.º – O contrato de transporte pode conter uma cláusula que atribua competência a um tribunal arbitral, desde que essa cláusula estipule que o tribunal arbitral aplicará a presente Convenção.

CAPÍTULO VI
**Disposições relativas ao transporte efectuado
por transportadores sucessivos**

Art. 34.º – Se um transporte regulado por um contrato único for executado

168 *A responsabilidade do transportador na Convenção de Genebra*

por transportadores rodoviários sucessivos, cada um destes assume a responsabilidade da execução do transporte total, e o segundo e cada um dos seguintes transportadores, ao aceitarem a mercadoria e a declaração de expedição, tornam-se partes no contrato nas condições da declaração da expedição.

Art. 35.º – 1. O transportador que aceitar a mercadoria do transportador precedente dar-lhe-á recibo datado e assinado. Deverá indicar o seu nome e morada no segundo exemplar da declaração de expedição. Se for caso disso, indicará neste exemplar, assim como no recibo, reservas analogas as previstas no artigo 8.º o parágrafo 2.

2. As disposições do artigo 9.º aplicam-se às relações entre transportadores sucessivos.

Art. 36.º – A não ser que se trate de reconvenção ou de excepção posta em relação a um pedido fundado no mesmo contrato de transporte, a acção de responsabilidade por perda, avaria ou demora só pode ser posta contra o primeiro transportador, o último transportador ou transportador que executava a parte do transporte na qual se produziu o facto que causou a perda, avaria ou demora; a acção pode ser posta simultaneamente contra vários destes transportadores.

Art. 37.º – O transportador que tiver pago uma indemnização segundo as disposições da presente Convenção terá o direito de intentar recurso quanto ao principal, juros e despesas contra os transportadores que participaram na execução do contrato de transporte, em conformidade com as disposições seguintes

a) O transportador que causou o dano é o único que deve suportar a indemnização, quer ele próprio a tenha pago, quer tenha sido paga por outro transportador;

b) Quando o dano foi causado por dois ou mais transportadores, cada um deve pagar uma quantia proporcional à sua parte de responsabilidade; se for impossível a avaliação das partes de responsabilidade cada um é responsável proporcionalmente à parte de remuneração do transporte que lhe competir;

c) Se não puderem determinar-se os transportadores aos quais deve atribuir-se a responsabilidade, o encargo da indemnização será distribuído por todos os transportadores, na proporção fixada em *b*).

Art. 38.º – Se um dos transportadores for insolvente, a parte que lhe cabe e não foi paga será distribuída por todos os outros transportadores, proporcionalmente às suas remunerações.

Art. 39.º – 1. O transportador contra o qual tiver sido posto um dos recursos previstos nos artigos 37.º e 38.º não poderá contestar o fundamento do pagamento efectuado pelo transportador que intentar o recurso, quando a indemnização tiver sido fixada por decisão judicial, desde que tenha sido devidamente informado do processo e tenha tido possibilidade de nele intervir.

2. O transportador que quiser intentar o seu recurso poderá apresentá-lo no tribunal competente do país no qual um dos transportadores interessados tiver a residência habitual, sede principal ou sucursal ou agência por intermédio da qual foi efectuado o contrato de transporte. O recurso poderá ser intentado numa só e mesma instância contra todos os transportadores interessados.

A responsabilidade do transportador na Convenção de Genebra   169

3. As disposições do artigo 31.º, parágrafos 3 e 4, aplicar-se-ão às sentenças pronunciadas nos recursos previstos nos artigos 37.º e 38.º.

4. As disposições do artigo 32.º o são aplicáveis aos recursos entre transportadores. No entanto o prazo de prescrição é contado quer a partir do dia de uma decisão judicial definitiva que fixe a indemnização a pagar em virtude das disposições da presente Convenção, quer, no caso de não ter havido tal decisão, a partir do dia do pagamento efectivo.

Art. 40.º – Os transportadores poderão convencionar entre si disposições diferentes das dos artigos 37.º e 38.º.

CAPÍTULO VII
Nulidade das estipulações contrárias à Convenção

Art. 41.º – 1. Salvas as disposições do artigo 40.º, é nula e sem efeito qualquer estipulação que, directa ou indirectamente, modifique as disposições da presente Convenção. A nulidade de tais estipulações não implica a nulidade das outras disposições do contrato.

2. Em especial, seria nula qualquer cláusula pela qual o transportador se atribuisse o benefício do seguro da mercadoria ou qualquer outra cláusula análoga, assim como qualquer cláusula que transfira o encargo da prova.

CAPÍTULO VIII
Disposições finais

Art. 42.º – 1. A presente Convenção fica patente à assinatura ou adesão dos países membros da Comissão Económica para a Europa e dos países admitidos na Comissão a título consultivo, em conformidade com o parágrafo 8 do mandato desta Comissão.

2. Os países que podem tomar parte em certos trabalhos da Comissão Económica para a Europa, segundo o parágrafo 11 do mandato desta Comissão, poderão tornar-se Partes Contratantes da presente Convenção, aderindo a esta depois da sua entrada em vigor.

3. A Convenção estará patente à assinatura até 31 de Agosto de 1956, inclusive. Depois dessa data, ficará patente à adesão.

4. A presente Convenção será ratificada.

5. A ratificação ou a adesão efectuar-se-á pelo depósito de um instrumento junto do secretário-geral da Organização das Nações Unidas.

Art. 43.º – 1. A presente Convenção entrará em vigor no 90.º dia depois de cinco dos países mencionados no parágrafo 1 do artigo 42.º terem depositado os seus instrumentos de ratificação ou adesão.

2. Para cada país que a ratificar ou a ela aderir, depois de cinco países terem

170　*A responsabilidade do transportador na Convenção de Genebra*

depositado os seus instrumentos de ratificação ou adesão a presente Convenção entrará em vigor no 90.º dia que se seguir ao depósito do instrumento de ratificação ou adesão do referido país.

Art. 44.º – 1. Qualquer Parte Contratante poderá denunciar a presente Convenção por notificação dirigida ao secretário-geral da Organização das Nações Unidas.

2. A denúncia produz efeito doze meses depois da data em que o secretário--geral dela tiver recebido notificação.

Art. 45.º – Se depois da entrada em vigor da presente Convenção o número das Partes Contratantes ficar reduzido a menos de cinco, em consequência de denúncias, a presente Convenção deixará de estar em vigor a partir da data em que produzir efeito a última dessas denúncias.

Art. 46.º – 1. Qualquer país, ao depositar o seu instrumento de ratificação ou adesão ou em qualquer outro momento ulterior, poderá declarar, por notificação dirigida ao secretário-geral da Organização das Nações Unidas, que a presente Convenção se aplica à totalidade ou à parte dos territórios que representa no plano internacional. A Convenção será aplicável ao território ou territórios mencionados na notificação a partir do 90.º dia depois da recepção desta notificação pelo secretário-geral, ou, se nesse dia a Convenção ainda não tiver entrado em vigor, a contar da data da sua entrada em vigor.

2. Qualquer país que tenha feito, em conformidade com o parágrafo precedente, uma declaração com o efeito de tornar a presente Convenção aplicável a um território que represente no plano internacional, poderá, em conformidade com o artigo 44.º, denunciar a Convenção no que diz respeito ao referido territótio.

Art. 47.º – Qualquer litígio entre duas ou mais Partes Contratantes acerca da interpretação ou aplicação da presente Convenção, que as Partes não possam resolver por meio de negociação ou outro modo de solução, poderá ser submetido à decisão do Tribunal Internacional de Justiça, a pedido de qualquer das Partes Contratantes interessadas.

Art. 48.º – 1. Qualquer Parte Contratante, no momento de assinar ou ratificar a presente Convenção ou de a esta aderir, poderá declarar que não se considera ligada pelo artigo 47.º da Convenção. As outras Partes Contratantes não ficarão ligadas pelo artigo 47.º para com qualquer Parte Contratante que tenha formulado tal reserva.

2. Qualquer Parte Contratante que tenha formulado uma reserva em conformidade com o parágrafo 1 poderá em qualquer momento retirar essa reserva por meio de notificação dirigida ao secretário-geral da Organização das Nações Unidas.

3. Não se admitirá nenhuma outra reserva à presente Convenção.

Art. 49.º – 1. Depois de a presente Convenção ter estado em vigor durante três anos, qualquer Parte Contratante, por meio de notificação dirigida ao secretário--geral da Organização das Nações Unidas, poderá pedir a convocação de uma conferência destinada a rever a presente Convenção. O secretário-geral comunicará este pedido a todas as Partes Contratantes e convocará uma conferência de revisão se, no prazo de quatro meses, a contar da comunicação enviada, pelo menos um quarto das Partes Contratantes lhe comunicar o seu assentimento a esse pedido.

2. Se for convocada uma conferência em confommidade com o parágrafo precedente, o secretário-geral avisará do facto todas as Partes Contratantes e convidá-las-á a apresentar, no prazo de três meses, as propostas que desejariam que fossem examinadas pela conferência. O secretário-geral comunicará a todas as Partes Contratantes a ordem do dia provisória da conferência e o texto dessas propostas, pelo menos três meses antes da data da abertura da conferência.

3. O secretário-geral convidará para qualquer conferencia, convocada em conformidade com o presente artigo, todos os países indicados no parágrafo 1 do artigo 42.° e todos os países que se tiverem tornado Partes Contratantes pela aplicação do parágrafo 2 do artigo 42.°.

Art. 50.° – Além das notificações previstas no artigo 49.°, o secretário-geral da Organização das Nações Unidas comunicará aos países indicados no parágrafo 1 do artigo 42.° e aos países que se tiverem tornado Partes Contratantes pela aplicação do parágrafo 2 do artigo 42.°:

a) As ratificações e adeções em virtude do artigo 42.°;

b) As datas em que a presente Convenção entrar em vigsr em conformidade com o artigo 43.°;

c) As denúncias em virtude do artigo 44.°.

d) A ab-rogação da presente Convenção em conformidade com o artigo 45.°;

e) As notificações recebidas em conformidade com o artigo 46.°;

f) As declarações e notificações recebidas em conformidade com os parágrafos 1 e 2 do artigo 48.°.

Art. 51.° – Depois de 31 deAgosto de 1956, o original da presente Convenção será depositado junto do secretário-geral da Organização das Nações Unidas, que dele transmitirá cópias devidamente certificadas a cada um dos países indicados nos parágrafos 1 e 2 do artigo 42.°.

Em fé do que os abaixo-assinados, para isso devidamente autorizados, assinaram a presente Convenção.

Feito em Genebra, aos dezanove de Maio de mil novecentos e cinquenta e seis, num só exemplar, nas línguas inglesa e francesa, ambos os textos fazendo fé.

Protocolo de assinatura

No momento de procederem à assinatura da Convenção relativa ao contrato de transporte internacional de mercadorias por estrada, os abaixo assinados, devidamente autorizados, convencionaram formular a declaração e o esclarecimento seguintes:

1. A presente Convenção não se aplica aos transportes entre o Reino Unido da Grã-Bretanha e Irlanda do Norte e a República da Irlanda.

2. Ad. artigo 1.º, parágrafo 4:

Os abaixo assinados obrigam-se a negociar convenções acerca do contrato de mudança de mobiliário e do contrato de transporte combinado.

Em, fé do que os abaixo assinados, para isso denidamente autorizados, assinaram o presente Protocolo.

Feito em Genebra, aos dezanove de Maio de mil novecentos e cinquenta e seis, num só exemplar, nas línguas inglesa e francesa, ambos os textos fazendo fé.

Vénia-Regra deontológica ou privilégio de classe?
(Uma visão de direito comparado)

Rosário Paixão

INTRODUÇÃO

O presente trabalho mais não pretende ser do que uma breve e modesta tentativa de compaginação e confronto das diferentes soluções consagradas nas ordens jurídicas portuguesa e espanhola para uma mesma matéria de cariz deontológico, a propósito de um caso concreto que a ambas, em maior ou menor grau, envolveu e que servirá de ponto de partida desta nossa exposição.

Nessa ordem de ideias, procuramos centrar os nossos esforços num estudo, que se pretendeu, tanto quanto possível, meticuloso e exaustivo, das normas deontológicas que especificamente regulam o instituto de direito espanhol que nos propusemos analisar, a "Vénia", procurando não olvidar a sempre actual e premente necessidade do seu entendimento e interpretação no âmbito dessa ordem mais vasta em que inelutavelmente se encontram inseridas: a ordem jurídica europeia.

Este tema é, em nossa opinião, de inegável interesse, dado o actual quadro de relações profissionais entre advogados de diferentes Estados membros, assumindo particular relevância por se reportar a um ordenamento jurídico que nos é próximo em muitos aspectos, divergente em tantos outros, mas com o qual, em qualquer momento, qualquer advogado ou sociedade de advogados portuguesa acaba por ter de contactar, quanto mais não seja por força da sua vizinhança geográfica.

Por fim, um breve, mas nunca esquecido, agradecimento ao Dr. Luís Miguel Novais, pelo permanente interesse e elevado grau de exigência e pelo incentivo a uma sólida e responsável preparação técnica e científica, sempre presentes ao longo do estágio profissional.

1. Das relações entre os advogados na união europeia

Constata-se hoje, mais do que nunca, que o actual panorama da prática da Advocacia não se cinge, nem pode cingir-se, ao modesto horizonte nacional: transcende-o, na esperança e no esforço conjunto de construção, nas doutas palavras da Exma. Sra. Dra. Maria de Jesus Serra Lopes, de uma *"Europa do Direito e da Justiça"*.

Não exista dúvida de que os advogados constituem, no domínio comunitário, a garantia de um correcto desenvolvimento e construção da tão almejada unidade jurídica europeia, orientando e aconselhando o cliente nos, por vezes sinuosos e quase sempre complexos, terrenos do direito comunitário e do direito interno de outros Estados membros.

Nomeadamente no que a este último campo se refere, a resolução das dificuldades que naturalmente surgem passa, designadamente, pelo crescente recurso à cooperação profissional interestadual entre sociedades e gabinetes de Advocacia, seja através da celebração de acordos transnacionais de cooperação ou similares, seja através da, hoje em dia cada vez mais comum, constituição de sociedades multinacionais de advogados.

Mas não só.

A consciência da nossa inserção num espaço único, liberto de fronteiras internas, da crescente necessidade de um inter-relacionamento profissional entre advogados de diferentes Estados e do natural obstáculo que constitui a disparidade dos regimes legais, em geral, e deontológicos, em particular, aplicáveis nesses diferentes Estados, levou igualmente à adopção progressiva de medidas de harmonização e coordenação dos diferentes regimes nacionais, tendentes a permitir e facilitar a efectivação dos consagrados direitos de estabelecimento e de livre prestação de serviços.

Nessa sequência de ideias viriam a surgir a Directiva do Conselho n.º 77/249/CEE, de 22 de Março de 1977, *"tendente a facilitar o exercício efectivo da livre prestação de serviços pelos advogados"* e, mais tarde, a Directiva do Conselho n.º 89/48/CEE, de 21 de Dezembro de 1988, relativa a um sistema geral de reconhecimento mútuo de diplomas de ensino superior, com vista a uma real concretização do direito de estabelecimento, ambas recebidas, de um modo generalizado, no direito interno dos vários Estados membros.

Com o mesmo escopo de harmonização, foi mais recentemente aprovada pelo Parlamento Europeu e pelo Conselho da União Europeia, em 16 de Fevereiro de 1998, a Directiva n.º 98/5/CE, tendente a facilitar o exercício permanente da profissão de advogado, com base no título profissional de origem, num Estado membro diferente daquele em que foi adquirida a qualificação profissional, tendo-se previsto como data limite para a sua adopção pelos Estados membros a de 14 de Março de 2000.

Espera-se que esta Directiva venha permitir uma ainda maior abertura do "mercado", sem que sejam postas em causa as regras nacionais de acesso à profissão, facilitando a cooperação entre advogados dos diferentes Estados, nomeadamente no âmbito da constituição de sociedades de profissionais[1].

Esta crescente adopção de medidas (ou tentativas) de harmonização vem no seguimento e amadurecimento da ideia de que o advogado é, acima de tudo, um prestador de serviços.

Enquanto tal, o seu direito de estabelecimento, a liberdade de prestação efectiva dos seus serviços têm de estar correctamente assegurados no panorama europeu e, concretamente, em cada uma das diferentes ordens jurídicas internas.

A verdade, porém, é que tais medidas harmonizadoras não põem, nem poderiam pôr, termo às divergências ainda existentes entre as várias legislações nacionais e, mais especificamente, entre os diferentes sistemas deontológicos.

E se em certos casos tais divergências facilmente se superam, outros haverá em que acabam por representar obstáculos, mais ou menos intransponíveis, a uma real efectivação daqueles direitos e à concretização de uma qualquer colaboração interestadual.

Nomeadamente por, tanto no estabelecimento como na prestação de serviços noutro Estado membro, o advogado comunitário estar, por princípio, sujeito às condições e regras profissionais e deontológicas em vigor no Estado membro de proveniência e, cumulativamente, às normas que, do mesmo modo, disciplinam o exercício da profissão no Estado membro de acolhimento.

Trata-se, afinal, da debatida questão da "dupla deontologia", prevista no artigo 4.º da referida Directiva n.º 77/249/CEE, de cuja aplicação resultam dificuldades que o Código Deontológico do C.C.B.E. (Conseille Communautaire des Barreaux Européens), de que falaremos mais adiante, veio, especificamente, procurar atenuar. Aliás, como se verá, nele sistematicamente se acentua a necessidade de regras uniformes que sejam aplicáveis a todos os advogados da Comunidade, relativamente à sua prática além-fronteiras.

---

[1] Nesse sentido, Carlos Botelho Moniz, "O direito de estabelecimento e a liberdade de prestação de serviços dos Advogados", publicado na Revista da Ordem dos Advogados (R.O.A.), 1995, págs. 311 e ss..

Não obstante, sempre surgirão casos pontuais em que, apesar da consagração comunitária pelo Código Deontológico do C.C.B.E. de certas regras que, como se referiu, se pretendem uniformes em matérias que diferentes ordenamentos tratam de modo diverso, a subsistência de normas nacionais contraditórias ou simplesmente arcaicas leva a que as dificuldades de um entendimento comum permaneçam, com consequências práticas potencialmente gravosas.

2. Um caso típico da diferença

Suponha-se a seguinte situação, a cada dia mais possível no actual quadro Europeu e, aliás, recentemente vivida por um nosso distinto colega, que se não furtou a relatá-la a fim de que a mesma constasse da presente exposição, à guisa de alerta e conselho aos restantes colegas.

É o nosso colega contactado por um seu cliente a fim de lhe confiar assunto de enorme importância, a ser resolvido, como todos afinal, o mais urgentemente possível e, de preferência, por forma amigável.

Acontece que, após ponderado estudo da questão e antes de lhe ser confiado mandato formal, o causídico chega à conclusão de que, por variadas razões de relevo, seria dada ao cliente uma mais pronta e eficaz solução se o dito assunto fosse conduzido por um colega espanhol. Aliás, pairando o sério risco de a tão desejada composição amigável não ser alcançada, previa-se com uma quase certeza a necessidade de actuação perante a jurisdição do país vizinho, mediante o recurso aos tribunais espanhóis, até porque, entre outros motivos, as regras de territorialidade aplicáveis *in casu* assim o impunham.

Contactado um gabinete de advogados espanhol e mostrado interesse e total disponibilidade por parte de um colega do referido gabinete, é-lhe confiadamente passada procuração pelo cliente, sublinhando-se a fulcral importância e manifesta urgência na resolução da questão.

Sucede porém que, por motivos certamente ponderosos mas que permaneceram desconhecidos, o colega espanhol começa a protelar a desejada resolução e, em momento crucial, deixa de dar efectivo cumprimento ao assunto para o qual se encontrava já devidamente mandatado, com consequências materiais gravosas para o cliente.

Em virtude da natural perda de confiança no referido colega espanhol e igualmente por dificuldades financeiras que naquele momento enfrentava, de que ao dito colega fôra, aliás, dado conhecimento previamente à aceitação do mandato confiado, o cliente recusa-se ao pagamento dos honorários entretanto apresentados pelo mandatário espanhol, de modo algo surpreendente e com carácter algo excessivo, e solicita ao advogado português que, a partir de então, dê o andamento possível à questão.

Depois de encetadas várias diligências com vista ao pagamento dos honorários devidos, todas elas infrutíferas, o colega português, procurando manter a boa relação que desde sempre mantivera com o seu cliente, bem como assegurar a qualidade e eficácia do serviço que sempre lhe houvera prestado e, acima de tudo, a defesa dos seus direitos, que entendia não dever ser descurada por motivo de temporárias dificuldades de pagamento, para as quais se encontrara devidamente alertado, pretende assumir a condução do dito assunto, no menor espaço de tempo possível, obviando a maiores prejuízos do cliente. Para tal, não sem previamente informar por escrito o colega anteriormente mandatado, contacta um outro colega espanhol, desta feita unicamente com vista à obtenção de uma ou outra orientação no âmbito da legislação vigente no país vizinho e de uma colaboração e acompanhamento técnicos, designadamente na preparação da actuação judicial que parecia revelar-se incontornável.

E eis que o colega português é alertado pelo novo colega espanhol contactado (até porque, como referido, haveria eventualmente a necessidade de agir, ainda que em termos esporádicos, perante a jurisdição do país vizinho), para a existência de uma regra deontológica espanhola que prevê a necessidade de obtenção da "vénia" junto do anterior advogado, antes da assunção da questão por novo advogado, o que, do seu ponto de vista, não levantaria problemas de maior.

De imediato, é o primeiro mandatário contactado pelo colega português, com o intuito de lhe dar, uma vez mais, conhecimento da decisão do cliente e dos esforços que desenvolvera para que fosse pago, bem como para que o mesmo concedesse a "devida vénia". Surpreendentemente, vê--se o nosso colega confrontado com a recusa categórica por parte daquele da concessão do, segundo o próprio, indispensável "consentimento" para que qualquer outro colega pudesse encarregar-se do assunto que anteriormente estivera (e formalmente ainda se encontrava) em suas mãos, independentemente de uma eventual revogação de mandato, enquanto lhe não fossem pagos os devidos honorários.

Perante um tal conflito de interesses, como agir?

3. Da solução consagrada nas diferentes ordens jurídicas

3.1. *A dúvida quanto ao entendimento subjacente ao regime do instituto de direito espanhol – a "Vénia"*

3.1.1. *A proibição contida no artigo 33.º do Estatuto General de la Abogacía Española*

Prescreve o artigo 33.º do *Estatuto General de la Abogacía Española* (E.G.A.E.), aprovado pelo Real Decreto 2090/1982, de 24 de Julho, uma das mais importantes compilações, senão a de maior relevo, de normas deontológicas do país vizinho, que:

"1. Queda prohibido a los Abogados encargarse de la dirección de asunto profesional encomendado anteriormente a otro compañero, sin haber obtenido la venia, como regla de consideración.

No podrá el Abogado entrante asumir la defensa del cliente sin que éste acredite haber satisfecho los honorarios del compañero que antes le defendia. Si no se hubiesen satisfecho los honorarios por considerarlos excesivos, el nuevo Letrado lo comunicará a la Junta de Gobierno[2] dentro de las veinticuatro horas de hacerse cargo del asunto.

En este caso, el Decano[3] podrá autorizar al Letrado para que actúe, pero señalando la cantidad que el cliente debe consignar en la Tesorería

---

[2] A Advocacia espanhola encontra-se estruturada em Colégios de Advogados, sendo o âmbito geográfico de cada um deles geralmente a Província. A *Junta de Gobierno* é o orgão dirigente de cada Colégio, sendo constituído por um Decano, um Tesoureiro, um Bibliotecário-Contador, um Secretário e um número de Vogais (denominados Deputados), determinado pelos estatutos de cada Colégio, nunca inferior a dois, nem superior a doze. De entre as inúmeras funções da *Junta de Gobierno*, podemos destacar as seguintes: velar para que os membros do Colégio observem uma boa conduta para com os Tribunais, os seus colegas, os seus clientes e que, no desempenho da sua função, demonstrem competência profissional; regular os honorários dos advogados nos casos previstos no Estatuto, prestando informações quando os tribunais solicitem o seu parecer, com sujeição ao disposto nas leis; exercer as faculdades disciplinares relativamente aos membros do Colégio; velar para que, no exercício da profissão, se observem as indispensáveis condições de dignidade e prestígio, providenciando o que se demonstre ser necessário à salvaguarda daquelas.

[3] Compete ao Decano a representação oficial do Colégio em todas as relações deste com os poderes públicos, entidades, corporações, etc.. Compete-lhe ainda exercer as funções de vigilância e correcção que o Estatuto lhe reserva e presidir a *Junta de Gobierno*,

de la Junta, para que ésta a su criterio, atienda el pago del Letrado anterior, apercibiéndole de que si no se consigna la cantidad en el plazo que se señale deberá cesar en la defensa. Todo ello sin perjuicio de la facultad de reclamación o impugnación que a las partes y Letrados correspondiere.

En caso de urgencia o por causa grave, el Decano podrá autorizar la intervención del nuevo Letrado en el asunto de que se trate.

2. Cuando se trate de sustitución en asesoramiento a empresas individuales o colectivas, el Letrado designado deberá cerciorarse de que al compañero sustituido no se le adeudan honorarios; en otro caso se estará a lo dispuesto en el apartado 1.

3. El incumplimiento de las anteriores normas será motivo de corrección disciplinaria."

O citado preceito, em suma, *proíbe* que qualquer advogado possa substituir um colega na condução de um assunto, sem que tenha previamente pedido e obtido deste a vénia, como regra de consideração.

Tem sido entendimento generalizado o de considerar este "consentimento obrigatório" como tendo duas vertentes ou propósitos fundamentais:

1.°) O de assegurar a troca de opiniões entre o anterior e o novo advogado, por forma a que aquele possa explicar ao segundo o seu ponto de vista e as razões que o terão motivado a cessar a sua actuação, bem como para que possa proporcionar-lhe toda a informação útil e necessária à continuação da defesa, além de constituir uma manifestação de respeito naturalmente devida;

2.°) O de facilitar ao advogado substituído o recebimento dos honorários em dívida e o reembolso de todas as quantias a que tenha direito, pelo trabalho realizado[4].

---

bem como as Juntas gerais e todas as comissões e comités especiais a que assista, dirigindo as discussões com voto de qualidade em caso de empate. Para além das referidas funções, o Decano, por definição, esforçar-se-á sempre por manter com todos os colegas uma relação assídua de protecção e conselho, procurando que o seu zelo constitua uma alta tutela moral que assista e oriente os mais inexperientes, de modo que a sua rectidão, severidade e o interesse demonstrado sejam exemplo para todos e encarnação da dignidade para quem desempenhe um papel na Justiça.

[4] Nesse sentido, Alfonso Álvarez Gândara, na sua intervenção relativa ao tema "Deontologia Profissional", no âmbito do I Encontro de Advogados do Arco Atlântico, ocorrido a 3, 4 e 5 de Maio de 1996.

180   *Vénia – Regra deontológica ou privilégio da classe?*

Porém, e antes de avançarmos na análise do referido preceito, a questão que desde logo se nos coloca é a de se, para se cumprirem os enunciados objectivos, será necessário o recurso a um regime proibitivo como o anteriormente exposto, com consequências práticas potencialmente gravosas, como tentaremos demostrar, ou se o mesmo resultado prático não poderá ser alcançado, afinal, com a adopção de uma solução mais pragmática e de menor formalismo.

A isto procuraremos dar resposta, começando por uma breve análise das implicações a nosso ver decorrentes de uma tal proibição.

Desde logo, uma simples atitude denegatória tomada ao abrigo desta disposição legal, terá as seguintes consequências imediatas no nosso caso:

– O advogado português vê-se confrontado com uma proibição, legalmente consagrada, de assumir a condução do referido assunto, no âmbito do ordenamento espanhol, não obstante a sua competência e disponibilidade para o fazer e a urgência em fazê-lo;

– Vê-se igualmente na contingência de ter de explicar ao, afinal seu, cliente que não pode avançar com vista a uma pronta resolução da sua questão, em virtude de uma "regra de consideração";

– E o cliente vê o seu problema "em águas de bacalhau"…

No fundo, o problema que o referido preceito levanta reconduz-se, em nossa opinião, a um erróneo entendimento da relação que efectivamente existe, ou deve existir, entre o direito/dever de defesa dos direitos e interesses do cliente e o direito do advogado ao recebimento dos honorários.

Não se põe sequer em causa o reconhecido e merecido direito que o advogado tem de receber honorários pelo trabalho prestado. Aliás, quantos colegas não terão já desejado, em situações idênticas de não pagamento dos justos honorários por que certamente terão passado, a consagração de uma regra de similar teor na nossa jurisdição deontológica…

Mas a verdade é que:

Uma regra que *proíbe* um outro advogado de assumir a defesa do cliente se este não tiver procedido ao pagamento da totalidade dos honorários ao advogado que antes o defendia;

Uma regra que estipula que, em caso de falta de pagamento de honorários considerados excessivos, o novo Advogado só poderá actuar *mediante autorização do Decano*, que fixará a quantia que o cliente deve consignar para pagamento daqueles honorários;

Uma regra que prescreve que, caso o cliente não deposite a quantia fixada, no prazo igualmente fixado, *deverá cessar a defesa* por parte do novo advogado (sem prejuízo, evidentemente, da faculdade de reclamação e impugnação que, porém, como sabemos, nem sempre serão meios de defesa compatíveis com os prazos e a urgência por vezes requerida ou mesmo imposta em determinadas situações);

É, afinal, uma regra que coloca o direito ao recebimento dos honorários claramente acima do dever de assistência e defesa, convertendo aquele numa condição para que este se concretize e seja salvaguardado, sem sequer procurar saber do motivo ou razoabilidade de uma eventual falta de pagamento.

É, afinal, uma regra que acaba por ignorar que as relações entre advogado e cliente se baseiam unicamente na confiança gerada e na liberdade de escolha do advogado por parte do cliente, a partir do momento em que permite que o cliente tenha de continuar vinculado a um advogado em quem perdeu a confiança e que não mais está disposto a prosseguir na sua defesa. Direito de livre escolha esse cujo exercício, aliás, de acordo com normas deontológicas espanholas expressamente consagradas, todo o advogado tem o dever de facilitar.

É uma regra que ignora ainda o princípio geral da liberdade de actuação e de aceitação do mandato por parte do (segundo) advogado, que se encontram claramente cerceadas.

E não nos esqueçamos que as consequências serão particularmente agravadas nas situações em que exista uma intervenção de advogados de diferentes Estados membros, na medida em que um advogado estrangeiro naturalmente dependerá em muito maior medida da colaboração do advogado espanhol do que um advogado do mesmo Estado.

Estes constituirão decerto alguns dos motivos que terão evidenciado a necessidade de alteração do regime dado ao instituto da vénia pelo E.G.A.E., o que efectivamente se viria a concretizar a breve trecho.

3.1.2. *A Regulamentação dada ao instituto pelas Normas Deontológicas de la Abogacía Española*

Foi certamente a dispersão e incompletude das normas de natureza deontológica contidas no E.G.A.E. que levaram ao surgimento, em 1987, de um sistema de normas, bastante semelhante ao do nosso Estatuto da Ordem dos Advogados Portuguesa (E.O.A.) e ao do Código Deontológico do C.C.B.E.: as *Normas Deontológicas de la Abogacía Española*, aprovadas pela Assembleia de Decanos realizada nos dias 28 e 29 de Maio de 1987 e às quais viriam a ser introduzidas modificações em 29 de Junho de 1995.

Após análise comparativa, pode mesmo afirmar-se que o Estatuto português, cujas normas acabam por se encontrar recolhidas nas Normas Deontológicas espanholas, terá servido como modelo fundamental à elaboração das mesmas, quanto mais não seja por aquele, como estas, terem ido inspirar-se nos princípios de deontologia contidos na Convenção de Perugia de 1977 (a que faz devida menção o preâmbulo do Estatuto da Ordem dos Advogados).

Na realidade, não se vislumbram diferenças conceituais profundas entre as instituições reguladas em um e outro dos diplomas, mas essencialmente diferenças no tratamento e soluções que a algumas dessas instituições é dado.

É o caso da vénia.

As *Normas Deontológicas de la Abogacía Española* vieram consagrar o seu último capítulo ao instituto da vénia, dando-lhe um novo(?) tratamento que, não estando em aberta contradição com o anterior, o modifica em aspectos pontuais, o especifica em alguns outros e, de um modo geral, o procura suavizar.

Reza assim a redacção de 1987:

"De la venia:

1. Para encargarse y asumir la dirección de un asunto profesional encomendado antes a outro compañero, el Abogado deberá obtener previamente la venia como regla de consideración. Se recomienda solicitarla por escrito y otorgarle, en su caso, con la mayor urgencia.

2. El Abogado requerido tan sólo podrá negarla cuando no haya percibido el importe de sus honorarios.

3. En caso de denegación de la venia, el solicitando podrá pedirla a la Junta de Gobierno del Colegio y ésta la concederá, si el peticionario consigna en la Secretaría del Colegio la cantidad que se fije en garantia del pago de sus honorarios.

La cantidad consignada se destinará al pago de los honorarios tan pronto como hayan sido fijados, por acuerdo entre las partes, decisión arbitral o resolución judicial. De resultar el importe de los honorarios superior a la cantidad consignada, el obligado al pago deberá hacer efectiva la diferencia. De no hacerlo así dentro del término que fije la Junta de Gobierno, quedará sin efecto la venia concedida y, consecuentemente, habrá de cesar en la defensa del asunto el Abogado que la haya asumido.

4. En caso de urgencia o por causa grave, el Decano podrá autorizar la actuación inmediata del nuevo Letrado en el asunto de que se trate, en las condiciones que determine.

5. Cuando se produzca la sustitución en asesoramiento de empresas, individuales o colectivas, siempre que la prestación de servicios profesionales no estuviera comprendida en la relación laboral, el Letrado designado deberá cerciorarse de que al compañero no se le adeuden honorarios. En otro caso se estará a lo dispuesto en la normativa anterior.

6. El cese del Letrado actuante y la obtención de la venia podrá también efectuarse a solicitud del cliente y en las condiciones anteriormente señaladas."

Pela simples leitura do preceito, ressalta de imediato como o regime consagrado no E.G.A.E. de 1982, no seu artigo 33.° – que alguma doutrina espanhola considera como virtualmente derrogado por estas Normas Deontológicas de 1987 (virtualmente, pois não podemos esquecer que aquele diploma de 82 foi aprovado por Real Decreto do Governo e uma sua revogação teria sempre que se efectivar por diploma com, pelo menos, idêntica força legal) – se revela aparentemente menos extremista, mas, na realidade, em nossa opinião, mais artificioso.

Qual terá sido, efectivamente, o contributo dado pela nova redacção para um diferente entendimento do instituto?

Começa-se, desde logo, pelo abandono do termo *"proibição"*, para se passar a falar num "dever" de prévia obtenção da vénia. Diferenças em termos práticos, porém, não se conseguem vislumbrar...

Recomenda-se agora que a vénia seja solicitada por escrito e concedida "com a maior urgência", sugestão certamente decorrente da sábia experiência.

O n.° 2 do preceito de 87 é inovador, na medida em que vem expressamente restringir a possibilidade de não concessão da vénia unicamente aos casos em que o anterior advogado não haja recebido os seus honorários. Mas será esse um fundamento sempre justificado?

Diferença também é a introduzida pelo n.° 3, que se refere à hipótese de recusa da vénia, quando prescreve que, sendo a mesma pedida à *Junta de Gobierno*, *"esta a concederá"*. O termo imperativo tem, porém, como condição a consignação pelo cliente da quantia que venha a ser fixada, como garantia do pagamento dos honorários.

O segundo parágrafo do mesmo n.° 3 limita-se a descrever o processo de determinação dos honorários devidos, referindo uma fixação provisória, de garantia, e a definitiva, a que poderá chegar-se por qualquer dos meios que aí surgem indicados. Não obstante, na prática, é a mesma a derradeira consequência nos preceitos de 82 e 87: se o cliente não pagar o montante que venha a ser em definitivo fixado, no prazo que lhe for

184 *Vénia – Regra deontológica ou privilégio da classe?*

igualmente fixado, cessará a defesa por parte do novo advogado que a tenha assumido!

Ou seja, temos agora um preceito que consagra a "obrigatoriedade" de concessão da vénia pela *Junta de Gobierno* quando a mesma seja negada pelo anterior advogado ("obrigatoriedade" dependente, como vimos, de caução), mas que simultaneamente nos vai avisando que, caso o cliente deixe de pagar o montante fixado ou a diferença que falte para esse montante, a mesma vénia que naqueles termos fora concedida, fica sem qualquer efeito...

E note-se que nem sequer é agora feita qualquer menção à faculdade de reclamação ou impugnação prevista no preceito de 1982 (o que, evidentemente não afastando a sua possibilidade, não deixa de ser curioso).

O artigo segue autorizando o Decano a permitir a substituição imediata do advogado, em caso de urgência ou por causa grave, mas "nas condições que determine". Ou seja, aos dois conceitos indeterminados recebidos da redacção de 82, acrescem agora "condições" igualmente a determinar.

Por fim, para além da distinção estabelecida entre prestação de serviços no âmbito ou fora de uma relação laboral que se contém no n.º 5 e da ausência de referência expressa a qualquer sanção disciplinar (o regime disciplinar só mais tarde viria a ser previsto), a grande novidade está no seu n.º 6 que, pela primeira vez, prevê que o mecanismo de substituição possa ser accionado não só a pedido de um qualquer advogado, como também do cliente que nisso esteja interessado. Não deixando, porém, de estar sujeito a todas as condições anteriormente fixadas.

Posto isto, dir-se-á que, com o surgimento das *Normas Deontológicas de La Abogacía Española*, não se verifica qualquer alteração de fundo no entendimento do instituto, embora existam algumas diferenças na redacção utilizada e, sobretudo, se denote a preocupação em torná-lo um pouco mais flexível.

3.1.3. *O entendimento jurisprudencial e sua influência na regulamentação do instituto – as alterações introduzidas em 29 de Junho de 1995*

Em Sentença de 3 de Abril de 1990[5], o Supremo Tribunal espanhol, a propósito de litígio em que sérias dúvidas se suscitaram quanto aos expe-

---

[5] Publicada no *Repertorio de Jurisprudencia* Espanhola de 1990, com o n.º 3578, a págs. 4559 e ss..

dientes relativos à obtenção da vénia prevista no artigo 33.º do E.G.A.E., veio, em termos sucintos, entender o seguinte:

i) Como havia sido reiteradamente sublinhado pelo próprio Tribunal Constitucional espanhol, o direito a um processo justo inclui, em si mesmo, o *direito à defesa por um advogado*, não só em processo penal, mas qualquer que seja a natureza do processo, como, aliás, decorre do artigo 24.º da Constituição Espanhola[6];

ii) Nesse contexto, salientou que a relação do cliente com o seu advogado é baseada na *confiança*, de modo que, desaparecida esta, deve cessar a dita relação, sem que se possa admitir que eventuais dificuldades económicas impeçam a mudança de advogado, pela necessidade de saldar os honorários ao anterior antes que o novo advogado assuma a defesa;

iii) Isto porque nem sempre o jogo dos prazos admite dilações e, além disso, não seria razoável vincular o cliente ao seu anterior advogado por forma a que este continuasse a defesa de quem nele havia perdido a confiança.

Apesar do claro entendimento contido em tais conclusões, o Supremo Tribunal vem, de modo algo surpreendente, afirmar que o mesmo não significará, sem mais, a inconstitucionalidade da regulamentação contida no artigo 33.º do E.G.A.E., que poderá ser "acomodada" à Constituição Espanhola se entendida nos seguintes termos:

a) No que se refere ao primeiro parágrafo do n.º 1 do referido normativo, há-de entender-se que a vénia *não implica a outorga de uma licença ou permissão do anterior advogado*: o novo advogado dirige-se ao seu antecessor para que este, antes de mais, conheça a decisão do cliente e possa comunicar ao colega que o vai substituir os seus honorários, a fim de que ele, como "regra de consideração", empreenda as medidas adequadas com vista ao seu pagamento.

b) Em caso algum as dificuldades económicas no pagamento dos honorários poderão dar lugar à ausência de defesa ou à manutenção da actuação de um advogado em que o seu cliente tenha perdido a confiança. Neste sentido haverá de interpretar-se, segundo o Supremo, o último parágrafo do artigo 33.º n.º 1 do E.G.A.E..

---

[6] O n.º 1 do artigo 24.º da Constituição Espanhola consagra que *"Todas las personas tienen derecho a obtener la **tutela efectiva** de los Jueces y Tribunales en el ejercicio de sus derechos e intereses legítimos, **sin que, en ningún caso, pueda producirse indefensión."** (sublinhados nossos).

c) Finalmente, haverá que considerar-se como possível, sempre que as circunstâncias o imponham, que o novo advogado assuma o assunto *sem vénia ou autorização do Decano*, dando conta do ocorrido a este e ao anterior advogado o quanto antes. Esta é, afinal, apenas mais uma manifestação da virtualidade que as circunstâncias excepcionais têm para alterar regras ordinárias de conduta. Note-se, porém, que esta possibilidade excepcional, se não fosse adiantada pelo Supremo, nunca resultaria da fechada e impositiva letra ou sequer do espírito da norma contida no artigo 33.º do E.G.A.E..

Uma vez exposto o seu entendimento, o Supremo conclui fazendo menção aos casos em que haja urgência na actuação encomendada ao advogado, neles se justificando que se prescinda, inclusive, das formalidades mencionadas nas supra-referidas alíneas *a)* e *b)*, sendo necessário, no entanto, proceder-se imediatamente nos termos da alínea *c)*. Uma vez desaparecida a urgência, porém, dever-se-ão seguir os trâmites ordinários.

Podemos concluir que a interpretação conformadora que o Supremo Tribunal espanhol pretendeu dar ao instituto consagrado no artigo 33.º do E.G.A.E., apenas em certas *nuances* difere, afinal, do dever de solidariedade que o nosso Estatuto da Ordem dos Advogados consagra no n.º 2 do seu artigo 86.º e que o Código Deontológico do C.C.B.E., recebido na ordem jurídica interna espanhola em 1989, também adoptou e que decerto terá inspirado um tal entendimento.

Em 29 de Junho de 1995, certamente na esteira da orientação jurisprudencial e da solução contida no referido Código Deontológico do C.C.B.E., vêm a ser aprovadas pela Assembleia de Decanos novas alterações ao regime da vénia contido nas *Normas Deontológicas de la Abogacía Española*.

No entanto, apenas dois dos seus parágrafos vêem a sua redacção alterada.

De facto, o primeiro parágrafo do agora artigo 10.º em nada altera a previamente consagrada obrigação de solicitar a vénia.

Já a redacção dos seus parágrafos 2 e 3 passa a ser a seguinte:

"10.2. Si la venia fuere denegada por el Abogado requerido, el solicitante podrá pedirla al Decano, y este la concederá.

10.3. Si al producirse la sustitución estuvieran pendientes de cobro los honorarios del Letrado sustituido, el Decano podrá adoptar, en su caso, las medidas que estime necesarias para garantizar el cobro, pudiendo exigir al peticionario la consignación en Secretaria de la cantidad que al efecto establezca o el aseguriamiento del pago de aquella cantidad."

A mais recente redacção do n.º 2 reflecte claramente a influência do entendimento do Supremo: referindo-se à hipótese de recusa da vénia, prevê que o interessado (um advogado ou o próprio cliente, como vimos) possa pedi-la ao Decano, *que a concederá*. E desta feita o termo imperativo não postula qualquer condição.

O n.º 3 vem acrescentar que, verificando-se a substituição e encontrando-se em dívida os honorários do anterior advogado, o Decano *poderá* adoptar as medidas que considere necessárias para garantir o pagamento, *podendo* exigir a consignação de determinada quantia que para o efeito estabeleça.

Uma vez mais se reflecte o contributo daquele entendimento jurisprudencial, com o desaparecimento formal da obrigatoriedade de fixação e de consignação de quantia para pagamento dos honorários ao advogado substituído. Note-se, porém, que aquela obrigatoriedade de consignação reaparece, a partir do momento em que o Decano entenda dever adoptar tal medida para garantia de pagamento.

As razões daquelas mais recentes alterações, essas, poderão condensar-se numa única frase, que mais não foi, aliás, do que a expressa justificação de que a Assembleia de Decanos as fez acompanhar: *"hacer más flexible este instituto nuestro, para mejor mantenerlo"*.

Mas, se se reconhece que essas alterações tiveram o intuito (ao menos formal) de lhe conceder mais flexibilidade, também o é que a obrigação de obtenção da vénia, conjugada com o poder discricionário do Decano para fixar as medidas que entenda necessárias, designadamente a consignação de quantias, para o pagamento de honorários em dívida, lá continua consagrada e a ser, na prática (embora, de que tenhamos conhecimento, cada vez mais, em casos isolados), invocada, por vezes em termos abusivos, com todas as consequências daí decorrentes. E tais consequências só poderiam ser totalmente eliminadas, em nossa opinião, com a adopção expressa de uma redacção semelhante à consagrada no Código Deontológico do C.C.B.E. e no E.O.A., à qual, aliás, se acaba por reconduzir, em última análise, o "acomodado" entendimento do Supremo Tribunal espanhol.

3.2. *Do dever de solidariedade consagrado no artigo 86.° n.° 2 do Estatuto da Ordem dos Advogados Portuguesa. Breve referência à redacção contida no projecto do novo Estatuto aprovado pelo Conselho Geral da Ordem dos Advogados*

A respeito do tema da mudança de advogado, ora em análise, consagra o n.° 2 do artigo 86.° do Estatuto da Ordem dos Advogados (E.O.A.), aprovado pelo Decreto-Lei n.° 84/84, de 16 de Março, a seguinte doutrina:

"O advogado a quem se pretenda cometer assunto anteriormente confiado a outro advogado fará tudo quanto de si dependa para que este seja pago dos honorários e mais quantias em dívida, devendo expor verbalmente ou por escrito ao colega as razões da aceitação do mandato e dar-lhe conta dos esforços que tenha empregado para aquele efeito."

No que à primeira parte do preceito se refere e contanto que o advogado diligencie no sentido de o colega ser reembolsado da sua conta de despesas e honorários – pressupondo, evidentemente, que se não trate de honorários manifestamente imoderados –, aquele não está inibido de aceitar o patrocínio pelo facto de o constituinte se recusar a liquidar ao anterior advogado a respectiva conta de honorários[7].

Mas se não é obrigado a apenas aceitar o patrocínio se o seu antecessor for pago, a boa ética, no entanto, aconselha-o a ponderar criteriosamente se a recusa de pagamento pelo cliente tem razoabilidade, para o efeito de se decidir ou não pela aceitação[8].

Dado assente é também o de que o advogado que aceita mandato para tratar de assunto anteriormente confiado a um colega, deve expor-lhe as razões dessa aceitação, sob pena de cometer infracção disciplinar[9].

Afinal, subjacente a todo este preceito está a presunção de que o advogado merece ser esclarecido das razões que ditaram a sua substituição – quando esta seja da iniciativa do ex-cliente – e, em qualquer caso, ser pago pelo trabalho que prestou, ou seja, exactamente os mesmos dois propósitos que o normativo espanhol contido no E.G.A.E. procura alcançar através de uma redacção de carácter proibitivo.

---

[7] Nesse sentido, Parecer do Conselho Geral da Ordem dos Advogados de 26/07/73, publicado na Revista da Ordem dos Advogados (R.O.A.) 24, págs. 176 e ss..

[8] Cfr. douto Parecer do Exmo. Sr. Dr. Augusto Lopes Cardoso, aprovado em 04/11/85, R.O.A., 46, págs. 269 e ss..

[9] Cfr.. Parecer da Ordem dos Advogados de 28/06/75, R.O.A., 36, págs. 282 e ss..

Como ficou já dito, não se põe sequer em causa o reconhecido e merecido direito do advogado de receber os honorários pelo trabalho realizado.

Aliás, reconhecemos que possivelmente na grande maioria dos casos de falta de pagamento de honorários, não se verificará sequer um conflito entre o referido direito aos honorários e o direito de defesa de um cliente inadimplente, por motivo de falta de liquidez.

Só que, quando um tal conflito se suscite, a lei é clara em fazer prevalecer o interesse do ex-cliente sobre o do advogado: *o dever de assistência tem sempre primazia sobre o recebimento dos honorários.*

Princípio que surge, aliás, expressamente consagrado no artigo 93.º do novo projecto de Estatutos da Ordem dos Advogados, entretanto aprovado pelo Conselho Geral, quando diz que *"o advogado tem o dever de actuar da forma mais conveniente para a defesa dos interesses do seu cliente e de colocar tais interesses antes dos seus próprios e dos de outros advogados, sem prejuízo das normas legais e deontológicas".*

Nessa ordem de ideias já se decidiu, aliás, que haverá que ponderar a doutrina consagrada no Código Internacional de Ética Profissional, aprovada pela Assembleia Geral da *"International Bar Association"*, no sentido de que a renúncia do advogado por falta de provisão nunca deve ser exercida *"num momento em que o cliente possa ser incapaz de encontrar assistência noutro lado suficientemente a tempo para evitar prejuízos irreparáveis"*[10].

No já mencionado novo projecto de Estatutos da Ordem dos Advogados, o preceito ora em análise passará a n.º 2 do artigo 107.º, de resto com apenas uma ligeira diferença na sua redacção:

"O advogado a quem se pretenda cometer assunto anteriormente confiado a outro advogado diligenciará para que este seja pago dos honorários e mais quantias em dívida, devendo expor verbalmente ou por escrito ao colega as razões da aceitação do mandato e dar-lhe conta dos esforços que tenha desenvolvido para aquele efeito."

E, com efeito, a mais não é obrigado. Embora a isso seja obrigado de forma clara e séria, por se tratar de um dever de correcção e lealdade recíproca entre os advogados.

Aliás, a solução que entre nós vigora e que consideramos dotada de maior sensatez, não só decorre expressamente do referido artigo 86.º n.º 2, como claramente se retira de outros preceitos do E.O.A..

---

[10] Cfr. R.O.A., 13, págs. 32 e ss..

190   *Vénia – Regra deontológica ou privilégio da classe?*

Assim, do artigo 54.° n.° 1, quando prescreve que *"o mandato judicial, a representação e a assistência por advogado são sempre admissíveis e não podem ser impedidos perante qualquer jurisdição, autoridade ou entidade pública ou privada, nomeadamente para a defesa de direitos, patrocínio de relações jurídicas controvertidas, composição de interesses ou em processos de mera averiguação, ainda que administrativa, oficiosa ou de qualquer outra natureza"*.

Como também está, da mesma forma, presente nas normas que consagram o princípio da livre escolha do advogado pelo cliente, como seja o n.° 2 do mesmo artigo 54.°, onde se estatui que *"o mandato judicial não pode ser objecto, por qualquer forma, de medida ou acordo que impeça ou limite a escolha directa e livre do mandatário pelo mandante"*.

Em conclusão, podemos dizer que, contrariamente ao entendimento para alguns decorrente da redacção dos analisados normativos espanhóis, o correcto entendimento que subjaz à solução contida no E.O.A. é o de que se a lealdade e a confiança, esteios basilares das relações advogado--cliente, deixam de existir, o melhor será que o advogado renuncie ao mandato ou que o cliente procure outro patrono. Aliás, entre nós, nos casos em que é o cliente a prescindir do patrocínio, é praxe o advogado substituído substabelecer sem reserva no novo colega[11].

E, caso isso se verifique, o colega que venha substituir o anterior advogado terá tão só de cumprir o preceituado no n.° 2 do artigo 86.° do E.O.A., solução ponderada e suficiente para que se dê um cumprimento sério e responsável do dever de correcção e solidariedade entre advogados que com ela se pretende assegurar.

3.3. *Do regime do Código Deontológico do C.C.B.E. e sua aproximação ao regime português*

O Código Deontológico do C.C.B.E. (Conseille Communautaire des Barreaux Européens), aprovado em Estrasburgo em 28 de Outubro de 1988, versando a hipótese de mudança de advogado no seu artigo 5.6, exprime-se de forma não totalmente idêntica, mas praticamente análoga ao preceito português:

"5.6.1 O advogado a quem é confiada a representação de um cliente em substituição de outro advogado, com relação a um assunto determina-

---

[11] Neste sentido, António Arnaut, Estatuto da Ordem dos Advogados Anotado, 3ª edição.

do, deve informar esse outro advogado e, sem prejuízo do disposto no artigo 5.6.2, não deve iniciar a sua actuação antes de se ter assegurado de que foram tomadas providências para liquidação dos honorários e despesas do outro advogado. Este dever, contudo, não torna o novo advogado pessoalmente responsável pelas despesas e honorários do anterior.

5.6.2 Se for necessário tomar medidas urgentes, no interesse do cliente, antes de cumpridas as condições estabelecidas no artigo 5.6.1, o advogado pode tomar tais medidas, desde que delas dê imediato conhecimento ao outro advogado."

De facto, este preceito não prescreve qualquer proibição ou dever de obtenção de prévio consentimento. O segundo advogado apenas *deve informar* o seu antecessor da substituição.

Além disso, *não deve* iniciar a sua actuação sem se assegurar de que foram tomadas providências para o pagamento dos honorários e despesas do anterior advogado. A boa ética o impõe.

Ou seja, esta segunda parte do preceito traduz apenas a obrigação de ponderar, casuisticamente, se deve ou não começar a agir, sendo certo que uma tal ponderação não será sequer necessária se o novo advogado se tiver assegurado de que foram tomadas as medidas possíveis, não tendo de aguardar ou se certificar de que o colega foi efectivamente pago para iniciar a sua actuação.

Nisto se traduz, afinal, a enorme diferença relativamente ao regime espanhol.

De facto, no caso com que iniciamos a nossa exposição, e apesar de o colega português ter agido em conformidade com tudo o que lhe é exigido pelo C.C.B.E. (devidamente recebido no ordenamento interno espanhol, sublinha-se), as normas deontológicas internas do nosso país vizinho não lhe permitiriam actuar, sem dar cumprimento às várias formalidades nelas previstas.

Observam-se, pois, diferenças entre os ordenamentos português e europeu, de um lado, colocando maior ênfase nos *esforços desenvolvidos* pelo novo advogado para conseguir que o antecessor seja pago, ambos se bastando com que se informe e dê conhecimento ao anterior advogado, e o ordenamento espanhol, de outro, fazendo questão que o novo advogado *peça formalmente a vénia* ao seu colega ou ao Decano e contemplando a possibilidade "obrigatória" de consignação de quantias como caução ou garantia de pagamento[12].

---

[12] Nesse sentido, Alfonso Álvarez Gândara, na citada intervenção.

Ora, em nossa opinião, o artigo 5.6 do Código do C.C.B.E, à semelhança do já referido artigo 86.° n.° 2 do E.O.A., consagra, esse sim, uma verdadeira "regra de consideração", que se pretende seja uniforme e aplicável, *"de harmonia com as normas nacionais e/ou comunitárias, à actividade além-fronteiras do advogado na Comunidade Europeia"* (artigos 1.3.1 e 1.3.2 do mesmo diploma).

E esta consagração terá, sem dúvida, como previamente referido, sido um dos factores que inequivocamente contribuiu para as mais recentes alterações na regulamentação espanhola dada ao instituto, previamente referidas.

Aliás, o próprio Código do C.C.B.E. o diz, quando prescreve que as normas por ele consagradas *deverão ser tomadas em consideração, aquando da revisão das regras deontológicas internas, com vista à sua progressiva harmonização, assim como estas deverão ser interpretadas e aplicadas de harmonia com o mesmo Código* (cfr. o mesmo artigo 1.3.2).

4. Conclusões

Somos da opinião que a progressiva homogeneidade entre as normas de Deontologia Profissional dos diversos países, no contexto da União Europeia, só se verificará se os diversos Estados membros reconhecerem e defrontarem, em termos graduais, a ineficiência e o desajustamento gerados pelo arcaísmo de determinadas normas nacionais.

Efectivamente, a Deontologia que nos tem de orientar não é já só a Deontologia consagrada em cada uma das legislações nacionais, mas também, cada vez mais, aquela que nos é comum e que se encontra, afinal, essencialmente consagrada no Código Deontológico do C.C.B.E..

É certo que este mesmo Código, prevendo a natural subsistência de divergências, não deixa de afirmar a páginas tantas que *"sempre que advogados de dois Estados Membros cooperem entre si, têm ambos o dever de tomar em consideração as diferenças que possam existir entre os seus sistemas legislativos, as suas organizações profissionais e competências próprias e as suas obrigações como advogados"*.

Mas será que o *respeito pelas diferenças* que eventualmente possam existir entre sistemas deontológicos e organizações profissionais, entre outras, deve colocar-se acima do dever último de qualquer advogado – o de *defesa dos interesses do seu cliente* (aliás igualmente e por mais de uma vez consagrado no mesmo Código)?

Cremos que não.

Nessa conformidade e nunca perdendo de vista aquele objectivo de harmonização progressiva sistematicamente propugnado pelo Código Deontológico do C.C.B.E., julgamos que a solução do caso com que principiamos esta nossa exposição repousaria precisamente na aplicação da doutrina, que se pretende uniforme, consagrada neste diploma conjuntamente trabalhado e adoptado, a nível interno, pelos diversos Estados membros.

Assim, se o nosso colega português pretendesse assumir, ele próprio, a condução do assunto que o seu cliente antes houvera confiado nas mãos do colega espanhol e, para tal, viesse a precisar de agir, ainda que apenas em termos esporádicos, sob a jurisdição do país vizinho, quer mantendo as suas actividades fora do âmbito judicial, quer desenvolvendo as mesmas, se necessário fosse, perante os tribunais ou outras autoridades espanholas (embora, neste último caso, cumprindo sempre as regras específicas de actuação em juízo deontológica e legalmente consagradas, nomeadamente a que consagra a necessidade de actuação em conjunto com um advogado inscrito no país de acolhimento), estamos convictos da suficiência e absoluta correcção da sua actuação, tal como descrita.

Bastaria, de facto, que actuasse como actuou, informando o anterior advogado da decisão do cliente e tomando todas as medidas ao seu alcance para que o mesmo fosse pago, sem que lhe pudesse ser exigida a efectiva obtenção da "vénia", configurada enquanto verdadeira obrigação de resultado (até porque consubstanciada, em última instância, na imposição de uma prévia consignação em depósito dos honorários em dívida), na medida em que os objectivos supostamente visados por tal instituto se encontravam já, em nossa opinião, devidamente salvaguardados.

Não pomos de parte, evidentemente, a hipótese de o nosso colega dar conhecimento da situação à *Junta de Gobierno* do Colégio competente, mas nunca conceberemos uma tal comunicação como uma obrigação do colega a desencadear todo um processo de determinação de consignação em depósito de uma determinada quantia (depósito esse do qual dependerá, ou não, a continuação da defesa do cliente), mas, tão somente, como uma mera questão de cortesia profissional e de cumprimento dos deveres de correcção e solidariedade entre advogados.

De facto, como chegou a ser afirmado pelo Tribunal de Justiça das Comunidades Europeias, segundo uma jurisprudência constante, *"a aplicação das regulamentações nacionais aos prestadores* (de serviços) *estabelecidos noutros Estados membros deve ser destinada a garantir a realização do objectivo por elas visado e não ultrapassar o que é necessário para que o mesmo seja alcançado; noutros termos, é necessário que o mesmo resultado não possa ser obtido através de normas menos restritivas*"[13].

A própria Directiva 77/249/CEE, relativa à prestação de serviços por advogados, consagra expressamente que, designadamente quanto a actividades que não sejam de representação e defesa de clientes em juízo ou perante autoridades públicas, as normas que disciplinam o exercício da profissão no Estado membro de acolhimento serão aplicáveis, na medida em que possam ser cumpridas por um advogado não estabelecido no referido Estado e o seu cumprimento se justifique *objectivamente* para assegurar o correcto exercício da actividade de advogado e a dignidade da profissão[14].

Em jeito de conclusão, pensamos que, no nosso caso, o correcto exercício da profissão e a sua intrínseca dignidade só ficarão totalmente assegurados com o cabal cumprimento do dever de solidariedade e correcção uniformemente consagrado, nos termos já referidos, pelo Código do C.C.B.E. (que, salienta-se uma vez mais, surgiu precisamente com vista à atenuação das dificuldades resultantes de uma "dupla deontologia"), pois apenas assim não serão postos em causa princípios tão fundamentais como o da confiança, o da liberdade de escolha de advogado pelo cliente, o da liberdade de actuação e de aceitação do mandato e, acima de todos, o basilar princípio da defesa dos interesses do cliente.

E enquanto formos assistindo à marcha gradual da tão desejada e proclamada harmonização, a prudência aconselhará a que, em casos semelhantes, se recorram a formas de colaboração interestadual que, à partida, se preveja não poderem vir a suscitar entraves à livre prestação de serviços num outro Estado membro, decorrentes de subsistentes divergências normativas ou de princípio, de que será um mero exemplo o simples substabelecimento com reserva num colega de outro Estado membro. Até que não mais seja necessário um tal juízo de prognose.

Porto, Junho de 1998

---

[13] Entre outros, Acórdão do Tribunal de Justiça das Comunidades Europeias de 25/07/91 – Collectieve Antennevoorziening Gouda, C-288/89, Col., pp. I-4007 ss., p. I-4040, in Dicionário de Jurisprudência Comunitária Fundamental, de Abel Laureano, págs. 394 e ss..

[14] Nesse sentido, Carlos Botelho Moniz, ob. cit..

ÍNDICE

Introdução 173

1. Das relações entre os advogados na União Europeia 174
2. Um caso típico da diferença 176
3. Da solução consagrada nas diferentes ordens jurídicas 178
   3.1. A dúvida quanto ao entendimento subjacente ao regime do instituto de di-
      reito espanhol – a "Vénia" 178
      3.1.1. A proibição contida no artigo 33.° do *Estatuto General de la Abo-*
            gacía Española 178
      3.1.2. A regulamentação dada ao instituto pelas *Normas Deontológicas de*
            la Abogacía Española 181
      3.1.3. O entendimento jurisprudencial e sua influência na regulamentação
            do instituto – as alterações introduzidas em 29 de Junho de 1995 . . 184
   3.2. Do dever de solidariedade consagrado no artigo 86.° n.° 2 do Estatuto da
      Ordem dos Advogados Portuguesa. Breve referência à redacção contida no
      projecto do novo Estatuto aprovado pelo Conselho Geral da Ordem dos
      Advogados 188
   3.3. Do regime do Código Deontológico do C.C.B.E. e sua aproximação ao re-
      gime português 190
4. Conclusões 192

You Must Remember This…
(O Advogado, a Palavra, a Memória e a Verdade

João Seixas

Que é a verdade?
Pôncio Pilatos
S. João, XVIII, 38

A verdade é uma perspectiva pessoal!
Jorge Luis Borges

Não é a verdade que persuade o homem, mas quem a diz.
Axioma de Arnault

INTRODUÇÃO – O ADVOGADO

Sejamos frontais: numa sociedade perfeita, os Códigos Deontológicos, a existir, seriam não-escritos. Da mesma forma, numa sociedade perfeita também os Advogados seriam supérfluos.

Sofismaria, porém, quem ousasse definir tal sociedade ou tão-só arriscasse cartografar semelhante Utopia. A sociedade é, assim, um *constructo* de contingente imperfeição; imperfeição essa derivada quer da permanente necessidade de coadunação de quasi-infinitos interesses individuais, quer da consequente tentativa de conformação dos decorrentes conflitos interpessoais.

É no panorama sempre conflituoso e conflituante do tecido social da realidade que o Advogado surge como conformador de uma função (por vezes involuntária, por vezes inconsciente) de cimentação e reforço dos vínculos sociais (*maxime*, dos vínculos directa ou indirectamente legais – e quais não o são, numa realidade normativizada em extremo?).

Papel normalmente reconhecido à Magistratura, mais comummente ainda ao Juiz, popularmente identificado como uma figura salomónica (personificação *per se* da Justiça), é na realidade o Advogado que pode – e deve – ser reconhecido como agente determinante de aglutinação dos vários elementos de qualquer situação jurídica controvertida.

O Juiz, com todo o respeito devido à dignidade inseparável de qualquer interveniente judicial, é a mais das vezes a '*audiência especializada*' (Gaspar, 1998), por vezes distante e quase inacessível, a quem o *ad vocato* (o chamado (a falar) por outro) dirigirá a sua prédica, exporá os factos, e perante quem defenderá a sua tese (*sua*, que o sendo sempre, nunca verdadeiramente o é).

É irónico e de certa forma trágico (poderia ser poético, a mais das vezes tragicómico) que o Advogado nunca é pessoa querida e estimada. Dele foge--se como as sombras da luz e, se é procurado – muitas vezes no final de um prazo apertado e inadiável – é-o sempre com a desconfiança de quem espera encontrar mais espinhos do que rosas no bouquet que lhe é oferecido.

É conhecido o célebre aforismo popular (citado por Arnault) '*Se ganhei foi porque tinha razão. Se perdi foi porque tinha um mau Advogado.*' E, se Morus mantinha os Advogados longe da sua *Utopia* não podia deixar de ser porque numa Utopia, ninguém precisa de advogados.

A verdade mais profunda, silenciosamente cavada no inconsciente colectivo, é que o Advogado se encontra associado (quase sempre) aos maus momentos da vida de cada um. Ao advogado recorremos quando somos multados, quando somos agredidos ou enxovalhados, quando nos queremos divorciar, quando nos devem dinheiro (ou, pelo contrário, quando nos querem despojar dos nossos bens para saldar dívidas, sempre contraídas com a melhor das intenções, também sempre reclamadas no pior dos momentos); ao Advogado recorremos quando nos disputam a propriedade de um bem, quando perdemos a cabeça perante a adversidade; ao Advogado recorremos quando morre um familiar. Ao Advogado recorremos apenas quando algo está mal. E nunca recorremos ao Advogado de livre vontade, apenas o fazemos empurrados pela força das circunstâncias.

Um Advogado é só despesas. Um Advogado é só preocupações. *Já não chega o vizinho querer o meu terreno, ainda vou ter que pagar ao Advogado. Se não perder a causa* (por inépcia, incompetência ou preguiça do advogado, ou porque este está feito com a parte contrária), *vou ter que vender o terreno para lhe poder pagar.*

O Advogado procura-se em desespero.

E, infelizmente, o Advogado não tem sempre a resposta mágica que se espera ouvir. Nem sempre o seu saber, por estar ao serviço de interesses maiores, lhe permite proferir a litania ritual que, quem o busca, espera encontrar. O Advogado não é o confessor que prontamente faz dádiva da absolvição; nem é o médico que com a sua perícia quase mágica prontamente afasta a mazela e o mal-estar; nem é o amigo sempre pronto a reconhecer a razão onde ela não existe.

O Advogado é, antes de mais, o primeiríssimo juiz da causa. É ele que, amparado tão só pelos seus conhecimentos, quantas vezes insuficientes, quer do direito, quer dos factos, decide da razão (total, parcial, ou nula) daquele que dele se socorre.

Daí a afirmação *supra* proferida (que certamente não terá deixado de provocar algum certo desconforto) de que '*o saber do Advogado está ao serviço de interesses maiores*': é que o Advogado é – e não pode deixar de ser – acima de tudo, um servidor, isento e independente, da Justiça e do Direito (*art. 76.° n.° 1 do EOA*).

O dever maior do Advogado é para com a Justiça e o Direito, e só depois para com os interesses (necessariamente legítimos) do seu cliente. É obrigação que lhe é imposta a de '*tratar com zelo a questão de que seja incumbido, utilizando para o efeito, todos os recursos da sua experiência, saber e actividade*' (*art. 83.° n.° 1 d) do EOA*), mas isso depois de ser obrigado a '*recusar o patrocínio a questões que considere injustas*'(*Art. 78.° c)*).

É este equilíbrio de deveres, cuja síntese é magnificamente processada pelo *artigo 1.1* do Código Deontológico do C.C.B.E. ('*A sua missão* (do Advogado) *não se limita à execução fiel, no âmbito da lei, do mandato que lhe foi confiado. O advogado deve servir os interesses da justiça, tanto quanto os daqueles que lhe confiam a defesa dos seus direitos e liberdades(...)*') que melhor define e justifica a importância desse '*cavaleiro de triste figura*', buscado por todos, louvado tão só pelos seus pares, que empresta o seu saber, conhecimento e trabalho, à defesa de interesses alheios (que faz seus e de todos, pois são afinal interesses da Justiça os que o Advogado serve).

Porquê, então, este longo ditirambo, em que se repetem apenas verdades há muito adquiridas?

Apenas para permitir uma mais fácil introdução ao tema de que busco tratar nestas páginas. Se me é permitida uma breve tautologia, acrescentarei que é esta dupla vertente deontológica da conduta do Advogado aquela que o define, ie, nenhum Advogado o será verdadeira e cabalmente, se não tiver ínsito em si próprio, na sua personalidade, o desejo de salvaguardar a Justiça tanto quanto os interesses do seu cliente. Assim, serão Advogados aqueles que intimamente (já) o forem.

Com este jogo de palavras procuro apenas justificar a afirmação com que iniciei esta modesta dissertação, ou seja, que numa sociedade perfeita os Códigos Deontológicos seriam não escritos. E seriam não escritos, se fossem de todo necessários. Isso porque, algumas pessoas, entre as quais se contam os Advogados, exercem profissões tão relevantes ao serviço de uma função social, ou interesse público, que a sua actividade se encontra necessariamente acompanhada de certos imperativos deontológicos elementares.

Imperativos esses que, independentemente da sua redução a escrito, ou tão só da sua formulação estruturada, se imporiam a qualquer um que desempenhasse tal papel. De tal forma que, quem os não observasse, seria naturalmente excluído do seu meio profissional, quer pelos colegas, quer pelos clientes, pois mesmo aqueles pior intencionados que a eles recorressem não conseguiriam fazer a sua tese prevalecer perante um juiz independente (e menos ainda, perante o juízo popular).

Daí, então, a necessária pergunta: para quê os Códigos Deontológicos?

A resposta é necessariamente simples, quase redundante.

Porque embora possa haver um consenso (quase unanimidade) quanto aos grandes princípios deontológicos (aliás como sucede com qualquer codificação) a realidade mostra-se sempre mais rica em variantes do que a limitada capacidade de abstracção de qualquer ser humano. E se isso é verdade no que respeita à constante sondagem a que a Ciência submete o real (ou a nossa percepção dele) mais premente o será ainda em se tratando de questões concernentes à consciência individual de cada um.

A codificação representa, nesse sentido, uma tentativa de uniformização das respostas de uma classe profissional à inabarcável multiplicidade de formas de que se pode revestir uma mesma situação.

Tal é, ademais, a função primeira de toda a lei: a subsunção de casos concretos a uma idealização apriorística abstracta. Mas, mais do que isso, a codificação espelha um elenco de respostas (as melhores respostas) encontradas no passado para fazer frente a determinada situação concreta. Elenco esse que, em princípio, e por identidade de elementos, permitirá resolver de forma coerente qualquer novel nuance da mesma matriz.

Questão que se perfila seguidamente é precisamente a de saber se é possível encontrar lacunas numa Codificação Deontológica (escrita ou não escrita). Serão os princípios gerais suficientes para permitir um enquadramento lógico de qualquer situação passível de suscitar uma questão ética?

E pode essa lacuna sê-lo e simultaneamente não o ser, ao arrepio da mais essencial lógica aristotélica?

Em última análise é a esta questão que procurarei responder, servindo-me para isso da minha pouca experiência, tacteando o caminho como

Diógenes na sua barrica, arriscando-me inclusivamente a surpreender-me com a resposta que eu próprio encontrar.

O Advogado, para servir a justiça e defender os interesses que lhe são confiados pelos seus clientes, torna-se parte dessa *'inconfundível ligação psicológica que se estabelece entre o Advogado e o seu Constituinte'* (Gaspar, 1988), ligação psicológica essa que poderíamos legitimamente estender à própria comunidade à qual pertence o Advogado, uma vez que este é, idealmente, um elo de ligação entre a Justiça (interesse de todos os membros da comunidade) e a situação controvertida (interesse de um – ou mais – dos membros dessa mesma comunidade ideal).

Mas não podemos esperar do Advogado uma intervenção meramente mecânica nessa relação a três (ou a todos), como se o Advogado fosse tão só um instrumento desapaixonado e calculista. O Advogado é antes de mais, possuidor de empatia para com os problemas de quem o procura.

E, se de facto é friamente analista quando pela primeira vez é confrontado com o problema que lhe apresentam, uma vez convencido do direito e do justo da causa, é arrastado pela *'paixão ardente'* de que fala Enrico Altavilla (cit. Gaspar, 1988): *'ele tem nas suas mãos a liberdade, algumas vezes a vida de um homem e é impelido por dores, por paixões, por tormentos, que provocam nele um sentimento de profunda piedade, porque os compreendeu. O seu espírito está obcecado pela grave responsabilidade, pela preocupação da tese a adoptar, pelo discurso a fazer. Mesmo que não queira, está obcecado pela ideia da causa, que o preocupa nos momentos mais diversos da vida'*.

Torna-se então imposição de elementar ética profissional, que o Advogado defenda os interesses que lhe foram confiados com toda a diligência e capacidade, sabendo que dele depende mais do que simplesmente a vitória ou a derrota; dele depende em primeiro lugar o cliente que nele confiou ('*El abogado, una vez aceptado el encargo profesional, debe anteponer siempre el interés de su patrocinado a su própio interés*' – **Art. 27.º do Código de Ética da la Abogacía Iberoamericana**); dele dependem a Justiça e o Direito; dele dependem em última instância todos os Advogados pois que, aos olhos públicos, a conduta de um é a conduta de todos.

Para levar a cabo esta sua melindrosa missão, o Advogado tem que contar com as duas principais armas da sua profissão: a Palavra e a Verdade.

A Palavra

A palavra (linguagem) é o elemento estruturante da realidade humana.

O todo que nos rodeia apenas adquire o seu significado, aos nossos olhos, a partir do momento em que é nomeado e, consequentemente, pode ser articulado. Desde a mais tenra infância que a necessidade de nomear, como processo de ordenação do real, se impõe de forma urgente, alimentando as constantes perguntas '*o que é?*', '*para que serve?*' ou '*como se chama?*', com que as crianças bombardeiam os pais, ou que os adultos dissimulam sob uma aparência de confiança absoluta perante o desconhecido.

A palavra é rito. É um ritual social (tanto quanto é ritual religioso). '*As palavras são símbolos que evocam uma memória compartilhada*', como escrevia Borges. É isto que explica a estranha sensação que nos invade quando confrontados com a nomenclatura estrangeira para objectos que nos são familiares. É como se a estranheza da palavra desconhecida se espalhasse até ao objecto, roubando-lhe o vínculo de familiaridade que ele tem para connosco.

Nesse aspecto, é inesquecível o início do filme de Peter Grenaway, **Drowning by Numbers (1987)**, em que uma adulta-criança salta à corda, contando as estrelas e identificando-as pelo seu nome científico, estendendo um rosário monocórdico que se arrasta até à centena, enquanto se mostra autisticamente alheia à realidade mais imediata, à realidade das pessoas que a rodeiam e atravessam o écran como fantasmas, sem fala e sem nome.

Abstraindo voluntariamente das mais recentes classificações da moderna linguística, a definição em que Nietzche (1873) apresentava a palavra como sendo '*a representação sonora de um estímulo nervoso*' não perdeu nenhum do seu brilho ou acutilância. Para o filósofo austríaco, a linguagem (e como tal a representação do mundo) humana não passava de uma sucessão de metáforas (e como sabemos, a metáfora é uma mentira linguística, uma mentira poética). Assim, cada estímulo físico, sensorial, seria transformado numa imagem (1ª metáfora) que logo seria transformada num som (palavra – 2ª metáfora).

Podemos acrescentar ainda uma terceira 'metáfora' na passagem da palavra sonora para o signo de escrita, para esse '*símbolo que evoca memórias compartilhadas*' e que nos dá, assim, acesso ao mundo em que nos movemos. Que traduz esse mundo para a nossa representação da realidade.

Curiosamente, e como que para honrar o filósofo austríaco, Gerschwind, em 1965, avançou a hipótese de que '*durante a evolução dos hominídeos, algumas áreas do cérebro adquiriram uma função especial devido à convergência nelas de informação de duas ou mais modalidades sensoriais. Por exemplo, se a informação sensorial do tacto e da visão converge nos mesmos neurónios, como por exemplo os da área 39 de Broadmann* (**ver Fig.1**), *estes neurónios seriam capazes de sinalizar a identidade da* *coisa sentida com a coisa vista, o que poderia levar à sua objectivação e, assim, à sua nomeação*' (citado por Eccles, 1989).

A palavra é portanto o meio de representação do mundo, quer objectivo quer subjectivo, de cada um de nós. É também o meio principal (quer escrita, quer oralmente) de que o Advogado dispõe para conhecer do problema que aflige o seu constituinte, para conhecer do direito que lhe assiste e, por fim, de expor as razões de facto e de direito que, em seu entender, são aplicáveis à situação em concreto.

Fig. 1

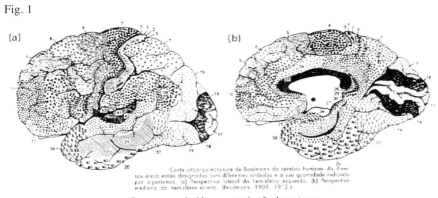

Gravura reproduzida sem autorização dos autores

A palavra não é, porém, uma realidade unidimensional, subsumível ao acto de comunicar uma percepção e receber uma outra. E menos ainda o é a palavra do Advogado (ou, na realidade, a de qualquer interveniente do procedimento judicial, maxime os magistrados do Ministério Público e os Juízes). Recorrendo à classificação Buhler-Popper para as funções da linguagem, encontramos três que poderemos considerar básicas (ou talvez basilares) e uma quarta mais elaborada. São elas:

1 – *Função Expressiva ou Sintomática* – Comum a todos os animais, pela qual o emissor exprime os seus estados emocionais ou sentimentos, através de chamamentos, gritos, riso, etc..

2 – *Função de Transmissão ou de Sinalização* – pela qual o emissor, por meio de uma certa forma de comunicação da sua expressão sintomática, procura provocar alguma reacção no receptor.

3 – *Função Descritiva* – pela qual o emissor descreve as suas experiências aos outros (na perspectiva dos autores será um nível de linguagem necessariamente exclusivo dos seres humanos, embora vários autores tenham já demonstrado que '*nem o homem fenotipicamente moderno (...) nem*

mesmo o género Homo, têm o monopólio quer da cultura, quer da consciência reflectida, quer, possivelmente, da linguagem verbal' (A. Bracinha Vieira, 1994).

A quarta função, apenas acrescentada por Popper em 1972, é a *Função Argumentativa*, ou seja, *'a arte de discussão crítica'*(Eccles, 1989). E é esta quarta faculdade da linguagem que nos permite afirmar, como José Luiz Aranguren (cit. Gaspar, 1988) que a *'linguagem não é puro discurso intelectual. A sua dimensão emotiva é-lhe intrínseca. Ou, dito de outro modo, a linguagem não é apenas dialéctica, mas também retórica'*[1].

E é sobretudo tendo em conta esta essencial dimensão retórica da linguagem, que afirmei que a palavra é uma das duas principais armas[2] do Advogado quando no desempenho das suas funções.

Porque este é obrigado, pelas naturais características inseparáveis da missão por si desempenhada, a dominar de forma satisfatória as várias dimensões da linguagem, quais sejam (Gaspar, 1988): *'a) a sua dimensão* sintáctica, *que assenta na construção de frases gramaticalmente correctas, b) a sua dimensão* semântica, *que faz apelo ao significado do que se diz, ou do que se escreve; c) a sua dimensão* pragmática, *que respeita ao uso ou função daquilo que se quer comunicar.'*

Tal levanta uma questão valorativa incindível da própria dimensão deontológica da Advocacia. Conforme já salientado por Popper, a caminhada ascendente pelos quatro níveis funcionais da linguagem, mapeia os contornos de um quadro de valores que lhes estão associados (**ver Fig. 2**).

Com a crescente complexidade do domínio da expressão, nomeadamente dos níveis 3 e 4, sobretudo se conjugados com as dimensões da linguagem conforme enumeradas por Alfredo Gaspar, surge inevitavelmente o *'primeiro afloramento da ética da linguagem: enquanto a semântica linguística abre a possibilidade da verdade e do erro (sentido lógico), a pragmática linguística faz distinguir entre a veracidade e a falsidade ou mentira (sentido moral)'* (idem).

---

[1] Alfredo Gaspar (1998), citando Campbell, define acto retórico como sendo a *'tentativa intencional, criada e elaborada para superar os obstáculos numa dada situação, perante uma audiência específica, sobre determinada questão, para conseguir um certo objectivo. Um acto retórico é uma mensagem, cujo teor e forma, princípio e fim, são nela marcados por um acto humano, com um propósito, para uma audiência'.*

[2] Subentende-se implícita nesta dimensão, por essencial, o conhecimento e domínio das leis e do Direito, sem os quais seria impossível intentar um exercício retórico perante a especializada audiência que é a do Advogado.

Fig. 2

Funções	Valores
(4) Função argumentativa ⎤ (3) Função descritiva ⎬ homem (2) Função de sinalização ⎦ (1) Função expressiva	Validade / invalidade Falsidade / verdade Eficácia / ineficácia Revelador / não revelador

Ética da linguagem esta, que adquire uma dupla dimensão deontológica quando em referência ao Advogado. Porque, se com a linguagem surge a possibilidade de mentir - (in)conscientemente ou (in)voluntariamente – ie, se surge a possibilidade de transmitir um significado diferente da realidade que a própria linguagem visa prefigurar, é imperativo ético de todo o 'falante' que, quando o faça, o faça com verdade, ou seja, o faça com total respeito pelo código social que é a linguagem (a palavra).

Com mais força ainda se aplica este princípio ao papel específico do Advogado. Este não se limita a falar. Fala por outrém, e fá-lo utilizando-se de um código restrito aos 'iniciados' na linguagem técnico-jurídica. A realidade que o Advogado procura representar com o seu discurso, é uma realidade específica, a realidade do Direito (artificialismo elaborado ao longo de séculos de vida em comunidade, nem sempre consentâneo com o sentir vivido e histórico das gentes e cuja razão é disputada pelos litigantes); mais ainda, ao Advogado compete a obrigação de *'persuadir o juiz'*, a obrigação de, com o seu discurso, *'convencê-lo das razões que assistem ao seu constituinte e que invoca em juízo'* (Gaspar,1988). Para o Advogado, em suma, *'a obrigação retórica sobreleva à obrigação gramatical'* (Lausberg, cit. idem).

Como se revela então, no plano concreto, esta dupla dimensão deontológica da linguagem do Advogado?

A resposta mostra-se simples se atentarmos numa característica distintiva da realidade processual que impõe um ónus acrescido ao emissor da mensagem: é que no plano judiciário, não interessa tanto dizer como demonstrar aquilo que se diz. No plano judicial onde se move o Advogado, dizer algo sem a intenção de o provar é uma inexistência discursiva[3]. É, mesmo, uma inexistência ontológica.

---

[3] Exceptuam-se, naturalmente, os casos em que a lei estabelece directa ou indirectamente, a inversão do ónus da prova, seja por atribuição de valor probatório especial a um determinado meio de prova, seja pelo estabelecimento de presunções legais (esta última hipótese terá menor incidência no Direito Criminal, precisamente em virtude da presunção maior que assiste ao arguido, de ser inocente até provado o contrário).

'Tal é a dimensão ética da linguagem do Advogado: **este só deve dizer aquilo que pode provar.**' (Gaspar, 1988).

A Prova da Verdade

'Sem prejuízo das normas legais e deontológicas, o advogado tem o dever de actuar da forma que mais conveniente for para a defesa dos interesses do seu cliente(...)'. Assim se encontra estatuído no art. 2.7 do Código Deontológico do C.C.B.E.

Ao colocar todo o seu empenho na defesa dos interesses do seu constituinte, o Advogado, servidor da Justiça e do Direito, não pode nunca esquecer qual o principal dever que lhe incumbe ou, poderíamos mesmo dizer, qual o objectivo que funda e justifica a particular dignidade da profissão: o Advogado é um privilegiado colaborador da Justiça na correcta aplicação da lei e na descoberta da verdade material (**art. 78.° b) in fine**).

Desnecessário será salientar o relevo que assume nesta perspectiva o dever ético que se lhe impõe, de dizer apenas aquilo que pode provar. Isto é, dizer apenas aquilo para que dispõe de elementos probatórios suficientes e bastantes, quer para a demonstração cabal dos factos que invoca, quer para a criação de uma dúvida séria quanto à sua provável realidade.

Como ensina Castro Mendes (Gaspar, 1998, cit.) prova é *'o pressuposto da decisão jurisdicional que consiste na formação através do processo no espírito do julgador da convicção de que certa alegação singular de facto é justificavelmente aceitável como fundamento da mesma decisão'*.

O objectivo determinante do processo é, assim, a produção da prova necessária para a fundamentação do direito invocado pela parte ou para a demonstração dos factos que sustentam esse mesmo direito. A *'arte do processo'*, como escrevia Bentham (**Traité des Preuves Judiciaires**), *'não é essencialmente senão a arte de administrar as provas'*(Cit. Ferreira, 1993).

E de que provas dispõe o Advogado? A que meios de produção dessas mesmas provas pode o Advogado lançar mãos para exercer de forma legítima (e entendemos por legítimos apenas aqueles meios que permitam conhecer a verdade ou, tautologicamente, que podem obter a validade processual da prova assim conseguida) o patrocínio da causa que o leva a sentir a sua colaboração como necessária para obter a verdade e assim, concretizar no plano real o ideal poético da Justiça?

Esses não podem ser outros que não os colocados à sua disposição pelo legislador e só esses, conforme claramente resulta do preceito do Código Deontológico do C.C.B.E. citado na abertura desta secção.

Estes são, em termos gerais, os meios probatórios previstos e regulados nos artigos 128.° a 170.° do Código de Processo Penal e 523.° a 645.° do Código de Processo Civil.

Para o escopo forçosamente limitado desta dissertação, e de forma a procurar ensaiar uma resposta para as várias questões levantadas na Introdução, circunscrever-me-ei ao âmbito da prova prestada em Processo Penal, quer pela particular dignidade dos interesses e valores por ele tutelados, quer pelo mais amplo leque probatório de que é permitido dispor para a nem sempre fácil tarefa de descortinar a tímida verdade. E isto, sem ignorar o particular grau de exigência que se espera da prova necessária a criar a convicção do julgador, nem a especial acuidade que é de se esperar da prova conseguida através da aplicação dos meios probatórios legais.

É portanto, socorrendo-nos da terminologia utilizada por Marques Ferreira (1993), imperativo o recurso em direito probatório penal à distinção entre *thema decidendum* (factos provados) e *thema probandum* (meios de prova) para que, e contrariamente ao que sucede em processo Civil, se possa '*acentuar a não coincidência necessária entre o objecto do processo factualizado na acusação ou na pronúncia e os factos que, relevantemente poderão ser objecto de prova*'.

Com efeito, no campo do processo civilista, vigora o princípio da auto-suficiência das partes, limitando-se o julgador a apreciar as provas (e a sua validade) que lhe são apresentadas pelas partes nos seus articulados, princípio este plasmado quer no art. 515.° do Código de Processo Civil ('*O tribunal deve tomar em consideração todas as provas produzidas, tenham ou não emanado da parte que devia produzi-las(...)*') quer noutras previsões do mesmo diploma, como os artigos 523.° n.° 1 ou 638.° n.° 1.

Também em processo civil, o objecto da prova circunscreve-se aos '*(...) factos relevantes para o exame e decisão da causa que devam considerar-se controvertidos ou necessitados de prova*' (art. 513.° do Código de Processo Civil), perímetro probatório claramente insuficiente para a teleologia impressa ao Processo Penal Português pela sua revisão de 1993 e adoptada pelas subsequentes alterações.

É bem outro o escopo do processo penal, insuficientemente capturado pela formulação legal que considera objecto da prova '*todos os factos juridicamente relevantes para a existência ou inexistência do crime, a punibilidade ou não punibilidade do arguido e a determinação da pena ou a medida de segurança aplicáveis*' (art. 124.° do Código de Processo Penal).

São assim objecto de prova penal, não só todos os factos relevantes para a existência do crime cuja prática é imputada ao arguido, mas também novos factos surgidos no decurso do processo (conduzido por um juiz a quem pertence um incontornável dever de investigação e apuramento da verdade material) e que conformem uma substancial alteração dos factos descritos na acusação ou pronúncia e, eventualmente mesmo, lhe imputem a prática de um crime inteiramente distinto.

Mas não se detém aqui a filosofia que inspira o processualismo penal. Em obediência ao preceito citado, não basta tão só ao Advogado fazer a prova da existência ou inexistência do crime imputado ao seu constituinte; é-lhe ainda necessário (por vezes aparentemente impossível, tais são as circunstâncias ou o factualismo descrito) provar a (in)existência de culpa do arguido, tendo em conta as duas linhas de força que enfunam as velas da orgulhosa nau processualista: é que, se bem que a prova em processo penal tenha por natureza um cariz meramente **retrospectivo** (visa essencialmente a fiel reconstituição e análise de factos passados: o crime, a conduta) anima-a como fim último um cariz manifestamente **prospectivo**, no sentido em que encontra como objectivo supremo a posterior reinserção social do delinquente (cnf. Ferreira, 1993).

Tal aspecto prospectivo, reveste particular acuidade quando se trate da produção da prova dos factos que fundamentarão a moldura penal a aplicar em concreto pelo julgador (art. 72.° n.°1 do Código Penal), já que, devendo esta incidir sobre a *'personalidade e condições de vida do delinquente desde o início do processo'*, não podem ser considerada durante as fases de instrução e inquérito (*ex vis* do artigo 128.° n.°2).

Encontra-se assim o Processo Penal sob o estandarte da verdade material, devendo o julgador recolher (*ex officio*) toda a prova que considere necessária para formar a sua convicção interior, indispensável ao sentido da sentença. Pese embora o papel desempenhado pelo Ministério Público em todo o processo, é em última análise ao juiz que compete fundamentar a sua decisão (art. 374.° n.°2), fazendo-o de tal forma a que seja transparente o processo lógico ou racional que lhe subjaz (Ferreira, 1993).

Está de tal forma o julgador obrigado a investigar, a descobrir o refúgio último da verdade, que se pode dizer que, face ao princípio **in dubio pro reo** (princípio revestido com dignidade constitucional, apesar de não escrito), é à acusação que incumbe fazer a total prova da culpa, estando o arguido exonerado de qualquer *onus probandi*.

'Como a prova do crime é a demonstração judiciária dos elementos que o constituem – um facto típico, ao mesmo tempo ilícito e culposo –, e a lei os não distingue, também ao intérprete não é legítimo distingui-los;

logo, a acusação está obrigada a provar tanto os elementos objectivos como os elementos subjectivos da infracção' (Gaspar, 1988).

Desta breve e consequentemente redutora exposição, parece resultar que a intervenção do Advogado em Processo Penal se reveste de uma simplicidade tal que, a ser verdadeira, raiaria a ingenuidade. É verdade que, como resume Miguel Teixeira de Sousa (cit. Gaspar, 1988) *'em processo civil, o tribunal condena quando tem dúvidas para a absolvição e absolve quando tem dúvidas para a condenação'* e que *'em processo penal o tribunal condena quando tem certezas para a não absolvição e absolve quando tem dúvidas para a condenação'*; no entanto, tal facto, paradoxalmente, em vez de aliviar a tarefa do Advogado, vai fazer recair sobre ele um dever acrescido de acompanhamento do processo acusatório[4], *maxime* da apreciação da prova produzida pela acusação.

Impõem-se agora aclarar as circunstâncias em que tal sucede, surgindo a oportunidade de apertar ainda mais a extensão do tema que é objecto do presente trabalho.

Disse-se que o Advogado tem a obrigação ética e deontológica de só dizer aquilo que pode provar. Subjacente a esta obrigação não pode deixar de estar o sumo interesse da Justiça que se traduz pela descoberta da verdade material. O advogado está, portanto, imbuído do dever de colaborar na descoberta dessa verdade.

E deve fazê-lo, no respeito pela lei que lhe é imposto, quer pelos art. 78.° *a)*, *b)* do EAO e 1.1 e 2.7 do Código Deontológico do CCBE, quer pela sua própria consciência profissional que, crê-se, antedata essa obrigação estatutária[5]. Deve portanto o Advogado fazer seu, no sentido de dele se valer com eficiência, ponderação e elegância, o próprio Processo, o mesmo é dizer todos os meios colocados à sua disposição pelo legislador. Ora, como escreve Marques Ferreira (1993), é o direito probatório que, *'abrangendo as normas relativas à produção e valoração de provas, constitui o verdadeiro cerne de qualquer processo.'*

Será, portanto, e acima de tudo, do uso que o Advogado fizer dos meios processuais (e nomeadamente dos meios de prova) que se avaliará da sua verdadeira dimensão ética e moral.

---

[4] Dever que não lhe pesará, uma vez que é um dever que lhe assiste sempre e em qualquer processo. É-o acrescido no caso particular da prova testemunhal, conforme se discutirá *infra*, no texto.

[5] Pese embora aquela que é também uma inegável obrigação do Advogado: combater as leis injustas.

O Advogado está obrigado a observar a lei, é certo, mas não está menos obrigado a pugnar pelo aperfeiçoamento das instituições jurídicas (**art. 78.° a) in fine do EAO**). E de todas as instituições jurídicas. E mesmo do processo que lhe é dado para defender os interesses daqueles que dele se socorrem.

E que melhor forma terá para o fazer do que, nunca se contentando com o menos, exigir de si próprio mais do que o que *ex lege* lhe é exigido? Ser-lhe-á também exigido menos em termos deontológicos?

Passemos a explicar.

Os meios processuais de prova colocados ao dispor das partes e, consequentemente, dos seus defensores ou patronos, são um dado adjectivo apenas substantivado pelo uso que deles for feito em processo. É sabido que o seu uso pode ser legítimo ou ilegítimo e, em última instância, reconduzir-se a uma questão moral.

Como? Quando apesar de legítimo o seu uso configurar uma deformação (ainda que involuntária) do escopo funcional de qualquer meio probatório, ou seja, a revelação da verdade. E, se todos os meios de prova são em maior ou menor medida susceptíveis de um uso desvirtuante em casos contados, o desvio final em relação à verdade que se procura pode ter de ser medido por um esquadro demasiado amplo para ser confortável.

Isso não poderá deixar de suceder quando o grau de certeza que usualmente se reconhece a cada meio de prova, sustentado na normal experiência quotidiana, seja de tal forma elevado que o recurso a ele seja decisivo para sustentar a convicção do juiz.

É o que sucede com aquela que é considerada a 'rainha das provas', e à qual limitaremos a abordagem, que se espera breve, desta questão: a Prova Testemunhal.

A Memória

A prova testemunhal é o mais importante, por mais frequente, meio de prova em processo penal, conforme nos ensina Cavaleiro Ferreira (cit. Ferreira, 1993). Não só por isso, mas porque é aquela em que, crê-se, a correspondência entre o seu conteúdo e a realidade é mais estreita. Não que permita a mesma certeza de um documento autêntico ou uma gravação cinematográfica ou videográfica, mas por ser aquela onde, aparentemente, é maior o imediatismo entre o facto passado e a sua evocação no presente.

Por outras palavras, é mais imediatamente sondável a memória codificada nas palavras da testemunha, do que aquela que se contém num documento. Uma vez consignada a função mnemónica a um objecto distinto dos vivos, receia-se perder essa comunhão quase supersticiosa entre o evento e as suas testemunhas. Se a declaração cometida a um documento não corresponde à verdadeira vontade das partes ou do declarante (veja-se o caso de uma simulação de compra e venda de imóvel), aqueles que foram imediatos interventores nos acontecimentos serão os únicos detentores da realidade histórica. A verdade consignada ao documento, acessível a todos, tem menos valor representativo do real do que a (inacessível) memória daqueles que testemunharam o acordo fraudulento.

Isto compreende-se facilmente se atentarmos à forma como nos encaramos a nós próprios: '*a consciência é memória*', como diria Bergson. Nós não somos mais do que o somatório das nossas experiências de vida que, desde a infância, se vão acumulando num conjunto heteróclito de reacções aos mais variados estímulos e que, em última análise, formarão as bases de sustentação da nossa personalidade. Somos, afinal, o somatório daquilo que vivemos.

E, neste condicionalismo, é inevitável a identificação entre a memória (que quando compartilhada vai alimentar esses símbolos borgesianos que são as palavras) e a verdade.

George Orwell compreendeu perfeitamente essa unidade ao escrever **Nineteen Eighty Four** (1949). Nessa genial distopia, atribui ao *Ministério da Verdade*, onde trabalha o seu protagonista Winston Smith, a interminável tarefa de produzir diariamente versões actualizadas da história, através das quais se suprime da memória colectiva a existência dos factos e dos indivíduos que, por um motivo ou outro, desagradaram a essa sombria ficção, o *Big Brother* (à semelhança, aliás, do que sucedia na União Soviética de Staline, onde os próprios textos de Lenine chegavam a ser reescritos, e as fotografias trabalhadas de forma a retratar uma realidade muito particular).

A mensagem é clara: '*se os registos físicos de determinados eventos e a sua memória na mente das pessoas forem totalmente erradicados e se, consequentemente, não houver qualquer forma de alguém estabelecer o que é 'verdadeiro' no sentido comum da palavra, nada subsiste para além das crenças geralmente impostas, as quais, é claro, podem voltar a ser substituídas na manhã seguinte. Não há qualquer critério de verdade senão aquilo que é proclamado como tal em cada momento*' (Kolakowski, 1983).

Aquilo que Orwell intuiu, também o nosso Legislador Constituinte o sabia, e não deixou de consagrar no texto fundamental a obrigatoriedade de uma estrutura acusatória para o Processo Penal (***art. 32.° n.° 5 da CRP***).

Tal estrutura, essencialmente assente nos princípios *in dubio pro reo* (mais concretamente, da presunção de inocência até cabal prova em contrário), da *imediação* e da *contrariedade*, visa conseguir que ao julgador lhe seja permitido o contacto imediato com os elementos da prova. O mesmo é dizer, que ao juiz lhe seja facultado o acesso a uma experiência de imediata recriação dos factos controvertidos. Que ao juiz lhe seja possível a sub-rogada vivência de uma realidade histórica existente em determinada altura do passado. Que ele possa, em suma, partilhar uma memória que não construiu presencialmente.

Daí a proibição do testemunho indirecto estatuída pelo art. 129.° do Código de Processo Penal, bem como do depoimento conhecido classicamente como *piscatio anguillarum*, pelo art. 130.° do mesmo diploma.

Proíbe-se assim o testemunho que '*não verse sobre factos concretos e de conhecimento directo*'(Gonçalves, 1993) da testemunha, já que é absolutamente imperativo, seja para obedecer ao princípio do contraditório e da imediação, seja tão só em respeito à mais basilar finalidade de todo o Direito – a Justiça – que os depoimentos incidam sobre os factos concretos e não sobre o que se diz e que, simultaneamente, se verifique a presença física de quem o diz para que o tribunal possa aferir da sua credibilidade (cnf. Ferreira, 1993).

Assim o estatui claramente o art. 128.° n.° 1 do Código de Processo Penal quando afirma, ao delimitar o objecto e o limite do depoimento das testemunhas, que estas serão inquiridas '***sobre factos de que possua(m) conhecimento directo e que constituam objecto da prova***', ie, que estejam ínsitos na vasto repertório da sua memória pessoal e que, para além disso, sejam mais do que meras conclusões suas ou tão só juízos de valor formulados sobre o conhecimento indirecto dos factos.

O que interessa portanto ao tribunal é o acesso directo à memória da testemunha, como se o próprio julgador pudesse assistir aos acontecimentos; como se se tratasse de um filme que perante ele se projectasse e do qual a testemunha seria tão só o repositório[6].

Mas será isto de todo possível?

---

[6] Naturalmente esta seria tão só a situação ideal já que, em sede de realidade, conhece perfeitamente o julgador a falibilidade da memória e as suas necessárias imprecisões, quantas vezes inocentes. Não ignora também o julgador a existência de 'falsas testemunhas' que, no fito de favorecer um amigo ou prejudicar uma inimizade, ali se apresentam de reportório ensaiado e sorriso confiante. Fique a redução ao absurdo perdoada pelo seu valor imagético e exemplificativo.

E qual o papel do Advogado nesse processo, levando em linha de conta tudo aquilo que se disse anteriormente nas duas primeiras secções? Deixaremos a resposta à segunda pergunta para a próxima secção, e tentaremos responder agora à primeira delas, trazendo à colação as mais recentes descobertas na área da cognição e memória humanas.

Pode parecer surpreendente que, tendo já Homero mencionado a importância da memória para a personalidade individual (episódio dos lotófagos no Canto IX da *Odisseia*), e dedicando-se a Ciência de há longas décadas à descoberta dos mecanismos neuro-fisiológicos da *mnesis* humana, só recentemente tenha sido reconhecida, de forma séria e aturada, a relevância desta questão para o cerne do Direito Probatório.

O gatilho desta 'descoberta' foi o celebrizado caso de Nadean Cool que se resolveu por acordo extrajudicial em 1997, no estado norte-americano do Wisconsin[7]. Este, e uma quase infindável multidão de casos similares, construíram a questão conhecida como *False Memory Syndrome* (FMS) que, até então somente debatida pelas revistas científicas especializadas, obrigou o sistema penal americano a uma quase revolução, já que as suas ondas de choque se espalharam pelas mais vastas áreas processuais, desde a fundamentação da acusação (cível e penal), passando pela credibilidade da prova testemunhal, até tocar o instituto da prescrição do direito à acção[8] (*'statute of limitations'*, ver Smith, 1998).

---

[7] Esta auxiliar de enfermagem procurou o apoio profissional de um psiquiatra para a ajudar a ultrapassar alguns momentos difíceis provocados por certos acontecimentos traumáticos na vida da sua filha. No decorrer da terapia, e com o recurso à hipnose como método auxiliar de diagnóstico (em franca expansão também entre nós), 'descobriram-se' memórias recalcadas da infância da paciente, que indicavam que esta teria participado em rituais satânicos, onde fora violada, obrigada a praticar a zoofilia, assim como a antropofagia. Além disso, teria sido obrigada a presenciar o homicídio da sua melhor amiga.

Todas essas recordações reprimidas se vieram a revelar falsas memórias implantadas pelo psiquiatra que procedia ao seu acompanhamento, o que originou a competente acção judicial (por *malpractice*).

O caso de Cool não foi o único, sendo de destacar, pelos efeitos perversos que se alastraram aos familiares da vítima com a consequente ruína de carreiras profissionais e de convívio social, o caso da jovem Beth Ruthford (Missouri, USA). Em 1992, um conselheiro religioso que acompanhava a vítima, ajudou-a a recordar-se de ter sido repetidas vezes violada pelo seu pai, um respeitado clérigo protestante, por vezes com auxílio da sua própria mãe. Sob a orientação do conselheiro, a vítima 'recordou-se' de ter engravidado por duas vezes em virtude das violações, tendo o próprio pai procedido ao aborto com o auxílio de um 'cabide'(Loftus, 1997). Posteriores exames médicos à jovem de 22 anos confirmaram a sua virgindade e a inviolabilidade do útero.

[8] Vejam-se as decisões proferidas nos casos *Flores v. Sargeant*, *917 P.2d250*

A questão suscitou acesa polémica na opinião pública e colocou em estado de choque a psiquiatria norte-americana, obrigando mesmo Kathleen McHugh da *International Society for the Study of Dissociation* (Glenview, Illinois) a emitir um comunicado estridentemente intitulado '**Federal Government Seeks to Criminalize Psychotherapy**' (29 de Outubro de 1997) na sequência da primeira acusação penal desencadeada pelo Federal Grand Jury americano contra a Drª. Judith Peterson por ter '*falsa e repetidamente criado e diagnosticado Desordem Dissociativa de Identidade (DDI) em pacientes seus, bem como por ter intencionalmente implantado falsas memórias nesses pacientes, de forma a mantê-los sob baixa hospitalar prolongada, assim providenciando terapia fraudulenta para traumas que nunca tiveram lugar*'.

A violência (*rectius*, a proporção) destas reacções encontra-se perfeitamente justificada se atentarmos que a revelação de que falsas memórias podem ser criadas tão facilmente, toca no mais profundo de todos nós, toca mesmo naquilo que nós somos. '*Qualquer pessoa é, aos seus olhos, aquilo que ela se lembra de si própria*' [9] (Freyd & Goldstein, 1997).

Tendemos a acreditar que a memória se processa de forma semelhante à gravação de uma fita de vídeo ou à impressão de uma película cinematográfica, fielmente depositadas em qualquer recanto obscuro da nossa mente, qual repositório fiel e duradouro de cada momento da nossa existência. Durante muitos anos considerada como sendo o processo pelo qual invocamos mentalmente prévias experiências conscientes (LeDoux, 1994, denuncia esta visão), revela-se agora como sendo uma frágil elaboração da nossa mente, na qual projectamos os nossos desejos, expectativas e medos. Aprendemos agora que reconstruímos a(s) nossa(s) memória(s) de acordo com a nossa visão (real ou ideal) do mundo.

Isso sucede devido quer a imperativos evolutivos, quer de pressão social. Com efeito, um ser humano saudável necessita de uma memória que funcione bem, mas não bem demais (Beardsley, 1997a). Da mesma forma em que a progressivamente vaga memória dum paciente de Alzheimer provoca a lenta e dolorosa erosão da personalidade, também a memória demasiado vívida de um veterano de guerra ou de um grave acidentado, transforma as suas vidas num eterno prolongamento desse momento infernal.

(Ariz.1996) perante o Supremo Tribunal de Justiça Norte-Americano (Ariz. Ver. Stat. Parágrafos 12-542); ***Nolde v. Frankie****, 949 P.2d511 (Ariz. App. 1997)* perante o Court of Appeals; e ***Doe v. Roe***, *955 P.2d951*, 266 Ariz. Adv. Rep. 19 (1998)para acompanhar a evolução desta questão.

[9] 'We are who we are in terms of what we remember about ourselves'

O delicado equilíbrio exigido por uma memória funcional (no sentido de saudável) atinge-se pelo facto (avançado por Lu, Williamson e Kaufman, 1992) do sujeito reter uma informação geral acerca do contexto do acontecimento, perdendo no entanto informação sobre os factos concretos integrantes desse contexto. Isso provoca, necessariamente, uma actividade modeladora das experiências passadas sobre as futuras. Com efeito, conforme se dá o progressivo decaimento da memória sensorial, o 'julgamento do sujeito favorece os padrões de experiências recentes' (idem).

Abstraindo das mais variadas classificações esquemáticas do dificilmente perceptível processo mnemónico [10], é unanimemente reconhecido que a estrutura fundamental da memória humana se encontra no córtex pré-frontal, onde se distribuem, de forma ainda não cabalmente esclarecida, as várias funções mnésicas (**Ver Fig. 3**).

Como o funcionamento cerebral assenta nas comunicações sinápticas entre neurónios, crê-se hoje que o processo que serve de modelo para a criação de memórias é a chamada Potenciação de Longo Prazo (*'Long Term Potentiation'* - LTP). Este processo, que é comummente estudado no hipocampo, implica uma alteração na eficiência da transmissão sináptica ao longo de determinada via neuronal. *'Por outras palavras, os sinais viajam mais depressa a longo dessa via, depois de ter ocorrido a LTP'* (Beardsley, 1997c).

---

[10] Popper distinguia entre memória implícita (aquilo que consideramos como conhecimento inato) e explícita, enquanto Eccles (1989) opta pela distinção fundamental entre memória motora (memória inata) e memória cognitiva (ou cultura, ie, o conhecimento culturalmente transmissível).

Pese embora o mérito filosófico destas classificações, os investigadores preferem hoje a distinção entre memória *declarativa* (que depende das estruturas límbicas e diencefálicas do cérebro, e que fornece a base para a recordação consciente de factos e acontecimentos) e várias outras funções ou capacidades mnemónicas que sustentam a aprendizagem de desempenhos e hábitos motores, ou mesmo o simples condicionamento – outros autores (Edelman, 1992; Eccles, 1989) referem-se-lhe como memória motora) (Knowlton & Squire, 1993).

Uma distinçãp igualmete importante (Damásio, 1994, entre outros) é entre memória a longo prazo (*long term memory*, ou seja, o corpo de factos e conhecimentos dos quais o sujeito tem a disponibilidade inconsciente) e memória de trabalho (*working memory*, que consiste na capacidade de reter informação durante um período de vários segundos e de a manipular mentalmente). De salientar que os psicólogos consideram que uma memória que dure mais de 30 segundos é já uma *long term memory* (Beardslsey, 1997b).

Quanto à distinção de LeDoux (1994), ver *infra* nota (12) e seguimento do texto.

Este processo vai também propiciar uma resposta padronizada aos estímulos exteriores uma vez que, cada novo sinal transmitido, vai reforçar essa ligação neuronal, uniformizando a reacção a estímulos próximos.[11-12]

Fig. 3

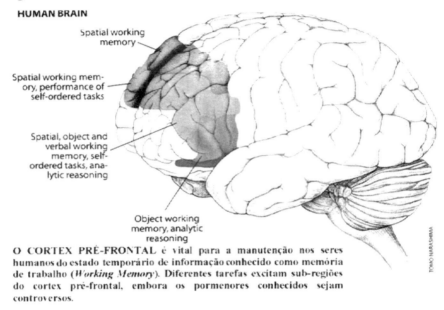

O CORTEX PRÉ-FRONTAL é vital para a manutenção nos seres humanos do estado temporário de informação conhecido como memória de trabalho (*Working Memory*). Diferentes tarefas excitam sub-regiões do cortex pré-frontal, embora os pormenores conhecidos sejam controversos.

© *Scientific American*   Reproduzido sem autorização do editor.

---

[11] Já Nietzche (1873) explicara a forma como os conceitos se formavam pela '*igualização do não igual*'.

[12] LeDoux (1994) cita vários estudos que demonstram a existência de LTP no processo conhecido por condicionamento do medo (*fear-conditioning*), uma das mais importantes aprendizagens para a sobrevivência do indivíduo. Enquanto se demonstrou já que a aprendizagem do medo se verifica preponderantemente na amígdala (**Ver. Fig. 4**) – mundialmente celebrizada por Damásio (1994) – mostrou-se que a LTP relevante para o condicionamento do medo se encontrava também na via tálamo-amígdala (LeDoux e Clugnet), e numa projecção cortical para a amígdala (Brown e Chapman).

Estas descobertas abriram novas vias para a compreensão da *memória emocional*. O posicionamento de um processo básico de memória emocional na via amigdalar traz inegáveis benefícios, pois esta, devido à sua localização central, permite que cada uma das vias nela confluentes (as do tálamo e cortex sensoriais e a do hipocampo) nela despeje informação insubstituível.

Daí a principal distinção entre memória declarativa e memória emocional: enquanto

Em que medida contribui este processo para a formação de falsas memórias?

Os estudos conduzidos por Elizabeth Loftus, Professora de Psicologia e Professora-adjunta de Direito na Universidade de Washington (Loftus, 1997; Murphy e Doherty, 1998), levam à conclusão de que as memórias falsas são criadas através da combinação de uma memória autêntica com sugestões de outrém, aquilo que se poderia chamar informação pós-acontecimento (*'post-event information'*), ou seja, todo o conjunto de actos, ideias e sugestões surgidas após o acontecimento presenciado ou vivido.

---

a memória é encarada como o processo pelo qual se 'chama' à mente anteriores experiências. Neste caso, quer a aprendizagem inicial, quer a sua posterior recordação são fenómenos conscientes. No entanto, e apesar de a memória declarativa ser mediada pelo hipocampo e cortex cerebral, a remoção deste último não tem qualquer efeito no condicionamento do medo, senão outro que o do condicionamento do contexto.

Pelo contrário, a aprendizagem emocional que resulta do condicionamento do medo, não é conhecimento declarativo. Assim, embora *'informação emocional possa ser armazenada na memória declarativa, é mantida aí como um facto friamente declarativo. Se uma pessoa é ferida num acidente de automóvel em que o claxon ficou encravado, ela pode ter uma reacção (condicionada) ao ouvir buzinas de automóvel. Essa pessoa pode recordar os detalhes do acidente'*, etc... (LeDoux, 1994). Estas são memórias declarativas dependentes do hipocampo. O indivíduo também se pode mostrar tenso, ansioso e deprimido, à medida que a memória emocional é reactivada através do sistema amigdalar. O sistema declarativo guardou o conteúdo emocional do acontecimento, mas fê-lo como se de um facto se tratasse.

'As memórias emocionais e declarativas são guardadas e recuperadas em paralelo, sendo a sua actividade respectiva esbatida na nossa experiência consciente, até serem indestrinçáveis.' Podemos assim concluír que a *'emoção não é apenas memória inconsciente: ela exerce uma influência poderosa e decisiva sobre a memória declarativa e outros processos de pensamento'*(idem).

Fig. 4

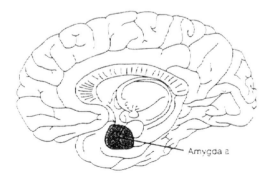

Inconscientemente, pode o sujeito integrar essas informações exteriores na sua própria memória, modificando aquilo que acredita ter visto, ouvido, ou vivido. Posteriormente, essas informações 'exteriores' podem elas próprias ser completadas com informações realmente colhidas na altura do evento, criando um todo coerente de onde se torna impossível distinguir aquilo que verdadeiramente ocorreu (foi presenciado) daquilo que foi *post-facto* sugerido.

A isto poderíamos claramente acrescentar a projecção inconsciente sobre a realidade exterior dos preconceitos pessoais de quem presencia o acontecimento. É sabido que o ser humano procura estruturar a realidade em padrões reconhecíveis e confortáveis, '*igualizando o desigual*' (Nietzche, 1873), subsumindo a categorias arbitrariamente definidas toda uma inabarcável realidade fenoménica. Essa busca de segurança emocional e intelectual é muitas vezes um processo inconsciente e subversivo, do qual nunca nos chegamos a aperceber.

Quem se deparasse eventualmente com as seguintes palavras, que um tipógrafo desastrado ocultou parcialmente, não teria qualquer dificuldade em abstrair o seu sentido da informação parcial de que dispõe.

DFONTQIOCLA RPQELSSIQNAI

No entanto, o texto real que se encontra sob a barra negra, podia perfeitamente ter resultado de um dedilhar aleatório do teclado, como poderão verificar se se dignarem encontrá-lo no final do presente trabalho, no final da bibliografia.

Uma outra dimensão que este fenómeno gestáltico pode revestir, a um nível menos elaborado de abstracção, pode ser claramente prefigurado se imaginarmos o seguinte exemplo (Barinaga, 1992): Chega-se a casa tarde da noite e encontra-se a porta aberta e a casa mergulhada em impenetrável escuridão. Cautelosamente embrenhamo-nos no interior, o coração num galope desesperado, a boca seca, os músculos das pernas a tremer como se batidos por uma ventania furiosa. Imaginamos imediatamente um intruso armado e quase desfalecemos quando o gato nos roça pelas tíbias. Uma hora mais tarde, com as luzes acesas, a porta fechada e a certeza de que a casa se encontra intocada, o ritmo cardíaco diminui e a respiração torna-se mais compassada.

Este é um exemplo real e concreto do medo aprendido (ver *supra*, nota 12). Nada na situação apreendida é em si intrinsecamente assustador, no entanto encontra-se recheada de elementos que nós aprendemos a associar a uma situação de perigo.

A razão porque a selecção natural dotou quase todos os mamíferos [13] com semelhante mecanismo parece ter sido o princípio de que *'fracassar na resposta a um perigo é mais custoso do que responder de forma imprópria a um estímulo inocente (benign)'* (LeDoux, 1994).

Acompanhemos este outro exemplo, fornecido por LeDoux (*idem*): caminhamos no meio do bosque quando o súbito avistar de uma forma acastanhada, enrolada entre a erva, faz disparar imediatamente respostas defensivas (*defensive fear responses*), quais sejam o aumento da pressão sanguínea, do ritmo cardíaco e respiratório e contracção dos músculos. Isto sucederá, independentemente de nos certificarmos cabalmente de que realmente é uma serpente que se oculta na relva, ou tão só um madeiro retorcido.

Esta reacção (imbuída do princípio elementar – primitivo – da preservação pessoal) verifica-se devido à particular organização funcional dos instrumentos cefálicos envolvidos na resposta à situação (a amígdala, o córtex sensorial e o hipocampo, conforme referido na *nota 12, supra*) (**Ver Fig. 5**).

Assim, as vias neuronais que têm a sua origem no tálamo sensorial, providenciam apenas uma percepção grosseira da realidade exterior, uma vez que implicam apenas uma ligação neuronal, motivo que explica a sua velocidade. Em claro contraste, as vias que partem do córtex oferecem representações detalhadas e precisas da realidade, permitindo-nos reconhecer qualquer objecto ao avistá-lo ou ouvi-lo. Estas vias, porém, que correm do tálamo para o córtex sensorial e deste para a amígdala envolvem várias ligações neuronais, cada uma das quais atrasa a recepção do sinal.

Na agreste *bellum omnium contra omnes* da vida em estado natural, foi necessário desenvolver um mecanismo de resposta mais célere, embora menos preciso, para o menor sinal de perigo.

Desenvolveu-se assim um sistema de vias dual – cortical e subcortical – para a aprendizagem emocional. O tálamo activa a amígdala sensivelmente ao mesmo tempo em que activa o córtex, o que permite que a resposta se inicie na amígdala antes de se reconhecer aquilo a que se reage. Esta ligação talámica (subcortical) pode ser bastante útil quando uma situação de perigo requer uma resposta imediata (o que aconteceria no exemplo apresentado se se tratasse realmente de uma serpente). Apenas mais tarde, quando a informação cortical for fornecida à amígdala, se pode proceder à

---

[13] Assim como algumas aves, répteis, peixes, moluscos e mesmo alguns insectos (LeDoux, 1994)

coordenação da informação talâmica rudimentar com a do córtex, o que permite a verificação (*sim, é de facto uma serpente*) ou pôr termo à reacção (*gritos, hiperventilação ou fuga*).

Não se exige grande esforço de imaginação para nos apercebermos da incontornável relevância destes factos para a apreciação do depoimento de uma testemunha perante o tribunal, nomeadamente após termos tomado conhecimento de como é relativamente fácil a criação de uma (inocente) memória falsa [14].

---

[14] Henry L. Roediger III e Kathleen McDermott, psicólogos da Universidade de Washington, fornecem o seguinte exercício de criação de memórias falsas, que pode ser facilmente reproduzido em qualquer lugar e por qualquer pessoa. Atente-se no seguinte quadro (optou-se por manter a versão original deste pequeno teste):

O objectivo do teste é simples e consiste em ler as palavras constantes da coluna da esquerda, em voz neutra e de forma pausada, sendo suficiente a leitura de três das listas escolhidas aleatoriamente. Durante a leitura, recomenda-se uma pequena pausa entre cada palavra, mas não na passagem de uma lista para outra. Após a leitura das 45 palavras deve ser pedido aos voluntários que escrevam, em qualquer ordem, as palavras que se recordem ter ouvido dentre aquelas que foram lidas, sem que lhes seja permitido lançarem-se a adivinhar. Ao fim de quatro minutos, é possível verificar que muitos dos voluntários terão escrito as palavras-chave (coluna da direita), criando assim uma falsa memória de palavras que não foram pronunciadas.

False-Memory Test

Read any three of these lists consecutively. Then check subject's recall for...	...these unspoken target words
bed, rest, awake, tired, dream, wake, snooze, blanket, doze, slumber, snore, nap, peace, yawn, drowsy	Sleep
nurse, sick, lawyer, medicine, health, hospital, dentist, physician, ill, patient, office, stethoscope, surgeon, clinic, cure	Doctor
thread, pin, eye, sewing, sharp, point, prick, thimble, haystack, thorn, hurt, injection, syringe, cloth, knitting	Needle
hot, snow, warm, winter, ice, wet, frigid, chilly, heat weather, freeze, air, shiver, Arctic, frost	Cold
apple, vegetable, orange, kiwi, citrus, ripe, pear, banana, berry, cherry, basket, juice, salad, bowl, cocktail	Fruit
hill, valley, climb, summit, top,molehill, plain, peak, glacier, goat, bike, climber, range, steep, ski	Mountain

Numa variação deste exercício, os autores puseram de parte a lista das palavras

Na verdade, e voltando ao primeiro exemplo, bastaria que alguém informasse o dono da casa de que tinha a impressão de ter visto alguém afastar-se apressadamente na rua, aparentemente em frente à porta de entrada para que estivessem criadas as condições necessárias para o desenvolvimento de memórias falsas: poucas dúvidas restam de que o proprietário não demoraria muito a descobrir objectos (supostamente) desaparecidos ou tão só a afirmar que a disposição de móveis e objectos denunciava uma revista passada à casa. Com um pouco mais de elaboração interior, em breve ficaria convencido disso e talvez mesmo resolvesse substituir a fechadura, pondo completamente de parte a sua inicial certeza do esquecimento de fechar a porta.

Fig. 5

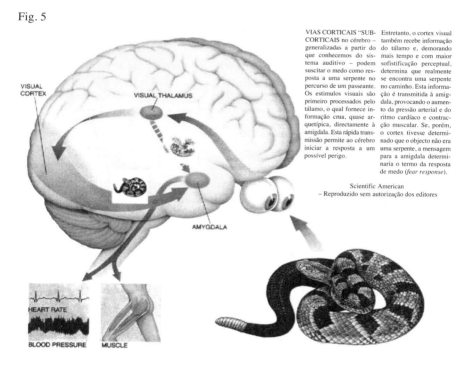

VIAS CORTICAIS "SUBCORTICAIS no cérebro – generalizadas a partir do que conhecemos do sistema auditivo – podem suscitar o medo como resposta a uma serpente no percurso de um passeante. Os estímulos visuais são primeiro processados pelo tálamo, o qual fornece informação crua, quase arquetípica, directamente à amígdala. Esta rápida transmissão permite ao cérebro iniciar a resposta a um possível perigo. Entretanto, o cortex visual também recebe informação do tálamo e, demorando mais tempo e com maior sofisticação perceptual, determina que realmente se encontra uma serpente no caminho. Esta informação é transmitida à amígdala, provocando o aumento da pressão arterial e do ritmo cardíaco e contracção muscular. Se, porém, o cortex tivesse determinado que o objecto não era uma serpente, a mensagem para a amígdala determinaria o termo da resposta de medo (fear response).

Scientific American
– Reproduzido sem autorização dos editores

recordadas pelos voluntários e recomeçaram o exercício, sem essas palavras. Os resultados revelaram a inclusão de ainda mais memórias falsas.

Numa segunda variação, as palavras foram lidas alternadamente por um homem e por uma mulher, revelando que as memórias falsas desenvolvidas eram tão fortes que, além de os sujeitos da experiência afirmarem recordar-se ter ouvido uma palavra não pronunciada, chegavam a precisar quem tinha proferido a palavra (Beardsley, 1997b).

A sugestão é, com efeito, a forma mais efectiva de criar uma falsa memória (Loftus, 1997; Murphy e Doherty, 1998; Beardsley, 1997) viciando assim *ab initio* a possibilidade de, mais tarde, reconstruir fielmente os acontecimentos controvertidos. Conforme demonstram os estudos citados, muitos dos voluntários a quem foi implantada uma falsa memória não traumática, recusaram-se posteriormente a acreditar que os acontecimentos por eles tão minuciosamente descritos não tinham passado de uma criação dos experimentadores (Loftus, 1997). Chegaram-se a verificar inclusivamente situações em que, tendo sido pedido aos voluntários que indicassem de uma lista quais os acontecimentos por eles descritos que tinham menos probabilidade de ser reais, estes optaram por excluir memórias verídicas em detrimento das falsas memórias implantadas.[15]

Chegados, então, ao fim deste longo mas necessário desvio, disporemos já de todos os elementos necessários para dar resposta às questões que nos colocamos?

Estará o Advogado suficientemente equipado para fazer frente a esta nova realidade que lhe impõe um novo e acrescido dever de cuidado quando 'luta' pelos interesses do seu constituinte e pelo apuramento da verdade?

Qual deve ser a nova relação do Advogado com a prova testemunhal?

A Verdade da Prova

Afirmamos por várias vezes que o Advogado se socorre, como suas principais armas na prossecução da Justiça, da Palavra (o seu saber, os seus conhecimentos, a sua perícia e todo o seu ser intelectual) e da Verdade (ainda que circunstancialmente limitada ao mínimo irredutível, ou seja, a sua dimensão moral). O Advogado será sempre um fiel defensor da Justiça

---

[15] Não descurar, porém, o facto de se tratar aqui de condições experimentais de laboratório e que, na vida real, não é de esperar que sejam espontaneamente criadas falsas memórias de acontecimentos traumáticos completos. O que sucede com mais frequência é, precisamente, a criação de pequenas falsas memórias quotidianas, através das quais subjectivamos o real de acordo com aquilo que projectamos sobre ele. Como dizia o personagem de Bill Pulman em *Lost Highway* (Lynch, 1996): 'Não gosto de recordar a minha vida como ela foi. Prefiro recordá-la como queria que tivesse sido.'

Veja-se a este propósito, o exemplo apresentado por Paul Doherty (Murphy e Doherty, 1997) em que este descobre através do seu diário a falsidade de uma memória 'heróica' por ele acalentada.

ainda que a complexidade do caso o reduza tão só à dimensão última da sua consciência.

Mas o Advogado é não só servidor da Justiça e do Direito, mas também seu representante, tanto quanto o são os magistrados, tanto quanto o é o próprio legislador. A função judicial cumpre-se apenas com a integração do seu todo e não se compadece com menos do que a excelência (quantas vezes inalcançável) do todo holístico que lhe dá um rosto. Rosto esse que adquire as feições do juiz que decide de forma justa e isenta aquela questão que perturba as gentes; as daquele magistrado do Ministério Público que, incansável, não desiste de conseguir provar (não a culpa) mas a inocência do homem que tem que acusar; são também as feições de todos os funcionários judiciais que diligentemente mantêm esse grande Leviathan em perfeito funcionamento, que animam a expressão desse rosto.

Mas são sobretudo os Advogados que lhe conferem a sua particular vivacidade e que, por vezes, carregam as suas rugas e as suas dores, pois são eles que se encontram sempre, em virtude da sua especial função, no centro das atenções.

São eles o elemento de ligação entre o público leigo que pede Justiça, e o formalismo quase religioso do ritual judiciário, com as suas vestes negras e a sua pesada solenidade. Ele é o procurador daqueles que o demandam, o seu 'arauto' nesse mundo estranho e distante onde as palavras adquirem sentidos quase litúrgicos. E as massas esperam ouvir nele o eco do seu próprio rugido, o trovão das suas convicções, o surdo ribombar da fulgurante verdade.

Espera-se, sobretudo, que o Advogado fale!

Mais do que quando prepara de forma paciente e diligente os mais complexos articulados, mais do que quando estrutura a defesa da sua tese e avalia a sua prova, é quando fala que o Advogado é verdadeiramente medido pela opinião popular. Porque o Advogado é um homem público, um homem que exerce o seu mister sob os olhos atentos da comunidade.

E nunca esses olhos o devoram com mais expectativa do que quando ele, erecto e convicto, sereno e superior, se prepara para iniciar as suas alegações finais.

A não ser quando se prepara para interrogar uma testemunha.

E, tendo perfeito conhecimento disso, sucede por vezes ao Advogado exceder-se na defesa dos seus argumentos, hostilizando a testemunha que hesita, exigindo-lhe certezas que ela não tem.

O Advogado sente sobre os ombros o peso da responsabilidade, carrega na sua pasta muitas vezes o futuro dos seus constituintes, cobre frequentemente com a toga acolhedora a insegurança que não pode nunca demonstrar. Ele sabe que precisa provar a verdade dos factos. Sabe também agora, que precisa possuir a verdade da prova.

Escolhi para tema desta breve dissertação a perspectiva deontológica que as últimas descobertas sobre o *False Memory Syndrome* exigem seja pensada aquando do recurso à prova testemunhal.

Sabemos agora (Loftus, 1997) que a criação de uma falsa memória pode resultar de uma simples pergunta indiciadora[16], e no entanto o Estatuto da Ordem dos Advogados é omisso quanto ao que se espera do Advogado no momento em que conduz o interrogatório (ou contra-interrogatório) de uma testemunha, relegando essa matéria quer para o estudo da retórica forense, quer para a alçada do Direito Probatório. Com efeito, a única menção expressa às testemunhas encontra-se no seu art. 89.º, que exige apenas que o Advogado proceda com urbanidade para com todos os intervenientes processuais.

A questão que se levanta agora é a de saber se, face a esta omissão, se encontra o Advogado suficientemente equipado para enfrentar a possibilidade de, inconscientemente ou por excesso de zelo ou combatividade, influenciar negativamente o resultado do pleito (sendo certo que o processo, em matéria de prova, corre sob o signo da livre apreciação desta pelo julgador – art. 127.º do Código de Processo Penal).

---

[16] Era minha inicial intenção analisar neste trabalho não só a Prova Testemunhal em Processo Penal (arts. 128.º a 139.º) mas também o regime legal das declarações do arguido (arts. 140.º a 145.º), uma vez que de acordo com os vários estudos consultados e citados no texto, embora '*uma sugestão suficientemente forte não seja frequente num interrogatório policial*'(Loftus, 1997), a sugestão na forma de um exercício de imaginação, pelo qual se peça ao arguido que suponha ter estado em tal lugar, ou tenha praticado determinado acto, não raramente dá origem a uma memória falsa.

Com efeito, a simples corroboração de um falso acontecimento por alguém revestido de especial responsabilidade, pode levar uma pessoa a efectuar uma falsa confissão. Conseguiu-se nomeadamente que sujeitos sob estudo, acusados de ter danificado um computador ao pressionarem uma determinada tecla, não só assinassem declarações de culpa, como construíssem toda uma rede circunstancial em volta do falso acontecimento, em ordem a criar uma justificação para ele.

Como conclui a própria Elizabeth Loftus (1997), '*estas descobertas mostram que uma falsa prova* (false incriminating evidence) *pode induzir as pessoas a aceitar a culpa por um crime que não cometeram, e induzi-las mesmo a criarem memórias que suportem esse sentimento de culpa*'.

Isto levanta sérias questões quanto ao entendimento generalizado na justiça portuguesa – e contra o qual se insurgia já Marques Ferreira (1993) – de que a confissão do arguido em audiência reveste características de prova legal plena.

Tal seria, porém, transformar uma breve dissertação sobre Deontologia Profissional num trabalho sobre Direito Probatório.

You Must Remember This... 225

Sendo verdade, como o é, que '*a questão capital para a prática judicial é diagnosticar os erros que se ocultam sob uma aparência de verdade nos testemunhos*' (Gorphe, cit. Gaspar, 1998), será também imperativo ético preservar a integridade da memória que suporta esses mesmos testemunhos.

Isto, não só no sentido de evitar que um depoimento falso por parte de uma testemunha de acusação leve à condenação do arguido, como de evitar que um outro falso depoimento de uma testemunha de defesa facilite a sua injusta absolvição [17]. Em mais nenhum ponto desta matéria se erguerá tão alto a responsabilidade ética do Advogado, que se poderá encontrar na ingrata situação de ver precludir a absolvição de um arguido inocente por se recusar a explorar em seu favor uma apercebida sugestibilidade da testemunha a cujo interrogatório se entrega.

Impõe-se-lhe, por conseguinte, evitar as perguntas susceptíveis de inculcar uma falsa certeza ao depoimento de uma testemunha que o des//favorece.

Veja-se o seguinte caso [18]:

Interroga-se uma testemunha sobre um acidente (colisão) que presenciou. Pretende-se avaliar da sua violência, dos estragos sofridos, da verificação de eventual excesso de velocidade. Pergunta-se: 'A que velocidade seguiam os veículos quando se bateram?'

A uma outra testemunha, pergunta-se: 'A que velocidade seguiam os veículos quando chocaram?' [19]

Evidentemente, a testemunha a quem foi colocada a segunda formulação apresentada, terá tendência a indicar uma velocidade claramente superior àquela indicada pela testemunha a quem se formulou a primeira questão. Nada que não se espere já de tão simples questão de retórica forense. No entanto, e na continuação do interrogatório, e se perguntadas sobre a existência no local do acidente de vidros partidos, a testemunha que indicou uma velocidade superior tenderá a responder afirmativamente, apesar de nenhum vidro se ter partido [20].

---

[17] Utilizo aqui o termo 'falso depoimento' não no sentido que lhe é normalmente atribuído de depoimento que falta à verdade, mas no sentido de depoimento que expressa uma falsa verdade.

[18] Relatado por Murphy e Doherty (1998) e Loftus (1997)

[19] A pergunta, originalmente formulada em inglês, contrapunha os termos '*hit each other*' e '*crash into each other*' o que amplia consideravelmente o efeito mais limitado que conseguimos com a tradução.

[20] De salientar que em mais de 200 experiências semelhantes, envolvendo mais de 20.000 pessoas e destinadas a demonstrar e documentar a forma como a exposição a desin-

Neste sentido, prescreve já o art. 126.° n.° 2 al. *b*) do Código de Processo Penal a nulidade das provas obtidas através de *'perturbação, por qualquer meio, da capacidade de memória ou de avaliação'* do arguido.

Procura o legislador evitar as *'formas de interrogatório ou de inquirição, em que o fim exclusivo das perguntas e da forma como são formuladas nada têm a ver com o esclarecimento que se pretende mas exclusivamente "enervar", "baralhar" ou "provocar" o interrogado com o fim de dificultar a apreciação da prova'* (Ferreira, 1993).

Argumentar-se-ia que este preceito fornece ao Advogado um imperativo legal que, a partir de uma interpretação extensiva da expressão *'capacidade de memória'*, permitisse abarcar também a perturbação da própria memória. Pretendeu, porém, o legislador tão só salvaguardar os casos, porventura mais frequentes, em que se impede o interrogado de recordar o facto que efectivamente presenciou, impedindo a sua recordação e narração ordenada, e não os casos agora em debate, em que se procura *alterar* o próprio *conteúdo* da memória. A falta de doutrina neste segundo sentido, não permite porém a formação de convicções precipitadas.

Além do mais, como veremos, tem o Advogado solo mais seguro e fértil, onde firmar a sua passada.

Sumariamente esgotado o recurso à lei processual, resta vasculhar a vasta pradaria que não necessitávamos abandonar tão precipitadamente: a própria Deontologia Profissional do Advogado.

Mas não tínhamos já constatado o carácter omisso das normas deontológicas constantes do EOA quanto ao depoimento testemunhal? E não é também verdade que o Código Deontológico do C.C.B.E. consagra no seu artigo 1.1 *'deveres e obrigações múltiplas, por vezes contraditórias entre si'*, relativamente ao cliente, aos tribunais e outras autoridades, à sua profissão em geral e a cada um dos colegas em particular, bem como em relação ao público, sem mencionar expressamente as testemunhas?

Mas não é também verdade, que o Advogado tem também, e antes de mais, obrigações para consigo próprio enquanto Advogado? Enquanto membro desse escol de profissionais forenses que construíram laboriosa-

---

formação (*'misinformation'* no original, talvez melhor traduzido como *'malinformação'*) induz distorções da memória, os sujeitos foram levados a 'recordar' um silo de cereais numa paisagem bucólica onde não existia qualquer edificação, vidro partido no local do acidente e um gravador de cassetes no local do crime que não se encontravam nos filmes projectados, a existência de um bigode no rosto glabro do agressor, a existência de um carro branco em vez de um azul na cena de um crime, e mesmo a existência de um sinal de cedência de prioridade onde na realidade se encontrava uma placa de STOP.

mente um passado de valor e dedicação que honra a todos nós, Advogados e Advogados-estagiários, e que nos legou mais do que um Código Deontológico, uma Ética?

Não vive o Advogado, e cada um dos advogados, por amplos princípios onde pontifica a verdade, a justiça e o progresso das ideias? Não vive o Advogado no seu tempo?

Declara o artigo 4.2 do Código Deontológico do C.C.B.E. que '*o advogado deve, em qualquer circunstância, usar de lealdade na condução do processo*.' Acrescenta o artigo 4.4 que '*em circunstância nenhuma pode o advogado, conscientemente, dar ao Tribunal uma informação falsa ou susceptível de o induzir em erro*'.

Não estaria o Advogado a induzir em erro o Tribunal se, pelo seu comportamento durante o interrogatório das testemunhas, induzisse falsas memórias, sugestões, ou tão só aproveitasse de uma falsa memória já implantada na testemunha? Não compete ao Advogado zelar pela descoberta da verdade, no que é um auxiliar insubstituível do próprio juíz?

Mas, e mesmo que tais disposições se não encontrassem escritas...? Mesmo que nenhum Código Deontológico existisse, não continuaria a existir a Ética do Advogado, não continuaria a existir a sua Deontologia? Não continuaria ele a ser acima de tudo, um servidor independente e isento da Justiça e do Direito?

Penso ser esta a melhor resposta à pergunta que eu mesmo me formulei. É possível a existência de lacunas nas compilações de deontologia... mas para quem realmente vive a profissão, não são nunca verdadeiras lacunas. São simplesmente desafios...

BIBLIOGRAFIA (CONSULTADA E CITADA)

Barinaga, Marcia – '*How Scary Things Get That Way*', in *Science*, Vol. 258, pp. 887-888, Novembro de 1992

Barinaga, Marcia – '*The Remembrance of Blinks Past*' in *Science*, Vol. 260, p. 894, Maio de 1993

Beardsley, Tim (a) – '*Memories are Made of...*', in Scientific American, Ano 152, Março de 1997, pp. 23-24

Beardsley, Tim (b) – '*As Time Goes By...*', in *Scientific American*, Ano 152, Maio de 1997, pp. 18-19

Beardsley, Tim (c) – '*The Machinery of Thought*', in *Scientific American*, Ano 152, Agosto de 1997, pp. 58-63

Begley, Shannon – '*You Must Remember This*', in *Newsweek*, 13 de Julho de 1996

Connoly, John B.; Tully, Tim – '*You Must Remember This*', in *The Sciences*, Maio-Junho de 1996, pp. 37-42

Damásio, António R. – "**Descarte's Error- Emotion, Reason and the Human Mind**" (1994), traduzido em Portugal como "O Erro de Descartes", Publicações Europa-América, Lisboa, 1995

Eccles, John - "**Evolution of the Brain, Creation of the Self**" **(1989),** publicado em Portugal com o título 'A Evolução do Cérebro', Instituto Piaget, 1995

Edelman, Gerald M. – "**Bright Air, Brilliant Fire**" **(1992),** Publicado em Portugal com o título 'A Psicologia da Consciência', Instituto Piaget, 1995

Ferreira, Marques – '*Meios de Prova*' in "*O Novo Código de Processo Penal*", Livraria Almedina, Coimbra, 1993

Fischman, Joshua – '*New Clues Surface About the Making of the Mind*', in *Science*, Vol. 262, p. 1517, Dezembro de 1993

Freud, Sigmund – '*Zum Psychischen Mechanismus der Vergesslichkeit*' (1898), publicado em Portugal com o título '*Sobre o Mecanismo Psíquico do Esquecimento*' in '**Esquecimento e Fantasma**', Assírio e Alvim, Lisboa, 1991

Freud, Sigmund - "**Zur Psychopatologie des Altagslebens**", publicado em Portugal com o título '*Psicopatologia da Vida Cotidiana*', Relógio d'Água, Lisboa. 1990

Freyd, Pamela; Goldstein, Eleanor – "**Smiling Through Tears**", Upton Books, 1997

Gallant, Jack L. ; Braun, Jochen; Van essen, David C. – '*Selectivity for Polar, Hyperbolic, and Cartesian Gratings in Macaque Visual Cortex*' in *Science*, Vol. 259, pp. 100- -103, Janeiro de 1993

Gaspar, Alfredo – '*O Advogado e a Sua Liberdade de Expressão nos Tribunais*', in *ROA*, ano 48, tomo III, pp. 991-1038, Dezembro de 1988

Gaspar, Akfredo – "**Instituições da Retórica Forense**", Minerva, Coimbra, 1998

Gibbons, Ann – *'Databasing the Brain'* in *Science*, Vol. 258, pp 1872-1873, Dezembro de 1992

Gonçalves, M. Maia – *'Meios de Prova'* in *"O Novo Código de Processo Penal"*, Livraria Almedina, Coimbra, 1993

Karni, Avi; Tanne, David; Rubenstein, Barton S.; Askenasy, Jean J.M.; Sagi, Dov – *'Dependence on REM Sleep of Overnight Improvement of a Perceptual Skill'*, in *Science*, Vol. 265, pp. 679-682, Julho de 1994

Knowlton, Barbara J.; Squire, Larry R. – *'The Learning of Categories: Parallel Brain Systems for Item Memory and Category Knowledge'*, in *Science*, Vol. 262, pp. 1747-1749, Dezembro de 1993

Kolakowski, Leszek – *'Totalitarianism and the Virtue of the Lie'*, in *"1984 Revisited"*, edited by Irving Howe, Harper & Roe, New York, 1983

Krupa, David J.; Thompson, Judith K.; Thompson, Richard F. – *'Localization of a Memory Trace in the Mammalian Brain'*, in *Science*, Vol. 260, pp. 989-991, Maio de 1993

LeDoux, Joseph F. – *'Emotion, Memory and the Brain'*, in *Scientific American*, Ano 149, pp. 32-39, Junho de 1994

Loftus, Elizabeth F. – *'Creating False Memories'*, in *Scientific American*, Ano 152, pp. 51-55, Setembro de 1997

Lu, Z.-L.; Williamson, S.J.; Kaufman, L – *'Behavioral Lifetime of Human Auditory Sensory Memory Predicted by Physiological Measures'*, in *Science*, Vol. 258, pp. 1668-1669, Dezembro de 1992

McHugh, Kathleen – *'Federal Government Seeks to Criminalize Psychotherapy'*, comunicado da International Society for the Study of Dissociation, Glenview, Illinois, 1997

Middleton, Frank A.; Strick, Peter L. – *'Anatomical Evidence for Cerebellar and Basal Ganglia Involvement in Higher Cognitive Function'*, in *Science*, Vol. 266, pp. 458-461, Outubro de 1994

Murphy, Pat; Doherty, Paul – *'Science: Messing With Your Mind'*, in *Fantasy & Science Fiction*, June 1998, pp. 112-119

Nietzche, Friedrich – *'Luge im aussermoralischen Sinne'* (1873), publicado em Portugal com o título *'Acerca da Verdade e da Mentira no Sentido Extramoral'*, in *Obras Escolhidas de Nietzche, Vol. 1*, Círculo de Leitores, 1996

Pinatel, Jean – *'Criminologia Y Linguística'*, in *"Criminologia y Derecho Penal al servicio de la persona"*, IVAC-KREI, San Sebastián, 1989, pp. 341-349

Service, Robert F. – *'Will a New Type of Drug Make Memory-Making Easier?'*, in *Science*, Vol. 266, pp. 218-219, Outubro de 1993)

Smith, Susan K. – *'Florez Revisited: Arizona Rethinks Its Approach to Extending Statutes of Limitation in Childhood Sexual Abuse Cases'*, The Fine Print, *Internet*, 1998

Vieira, António Bracinha – **"Ensaios sobre a Evolução do Homem e da Linguagem"** (1995), Fim de Século Edições, Lisboa, 1995

Wilson, Matthew A.; McNaughton, Bruce L. – *'Reactivation of Hippocampal Ensemble Memories During Sleep'* in *Science*, Vol. 265, pp. 676 – 678, Julho de 1994.

A clonagem,
um desafio à ordem jurídica

Catarina Afonso

SERÁ QUE PROIBIR A CLONAGEM HUMANA
É A SOLUÇÃO? UM CASO PRÁTICO

– Bom dia.

– Bom dia, Sr. Dr.

O Dr. Afonso sobe as escadas (para manter a boa forma) e entra no seu escritório. Hoje vai ser um dia duro. Aquele julgamento da herança do falecido José Pereira vai dar que fazer... Confere no seu computador os seus compromissos. Às 10h00 o tal julgamento... das 17h00 até às 20h00, consultas... Resta-lhe pouco tempo para estudar os assuntos pendentes. Começa a trabalhar, mas não conseguia deixar de pensar naquele julgamento... Estávamos em pleno século XXI mas, de facto, ainda havia coisas que não concebia. E este era um dos tais assuntos em que tinha uma certa dificuldade por razões de consciência

O Sr. José Pereira e a Sra. Isabel Martins casaram muito cedo, tinha então ele vinte anos e ela dezoito. Logo após a realização dessa união a D. Isabel foi submetida a uma intervenção cirúrgica em resultado da qual ficou impedida de procriar.

Confrontados com tal impossibilidade, e porque ambos desejavam ter, pelo menos, um filho, resolveram recorrer ao auxílio médico. O clínico consultado expôs-lhes os diversos métodos possíveis, tendo aconselhado, no seu caso, o recurso à Clonagem , após prévia explicação sobre a mesma e suas consequências, nomeadamente, quanto à necessidade de obter um concurso de uma terceira pessoa, uma mulher, a quem se convencionou chamar «mãe de aluguer».

Na altura, o mesmo clínico deu-lhes a conhecer a existência de reservas a tal método, no plano jurídico, embora com elas não concordasse. A decisão seria, assim, exclusivamente deles.

Após ponderação demorada, o casal decidiu-se por tal via e, encontrada a mãe de aluguer, foi-lhe solicitado um óvulo. Este foi desnucleado e posteriormente fecundado pelas células mamárias da D. Isabel. Em seguida foi introduzido no útero da «mãe de aluguer». Decorridos alguns meses nasceu uma bebé a que chamaram Maria, a qual era a imagem fiel da D. Isabel quando tinha a mesma idade.

Após o nascimento o casal registou-a como filha de ambos e assim a trataram.

Decorridos dois anos, a D. Isabel morreu, tendo o Sr. José Pereira sofrido forte abalo emocional, porque amava profundamente a sua esposa.

Tardou em recompor-se e, porque era muito novo, voltou a casar com outra senhora, a D. Júlia Barros, a quem narrou o método de concepção da Maria. A D. Júlia, tendo verificado a surpreendente parecença da Maria com a sua falecida mãe, receosa que seu marido, por tal facto, não a esquecesse, foi criando resistências à convivência da Maria, pelo que o Sr. José Pereira, afim de evitar dissídios, entregou a guarda da sua filha à avó materna.

A Maria foi crescendo e o Sr. José Pereira foi visitando-a com a regularidade possível.

Quando aquela já era uma mulher, continuava a verificar-se a semelhança da Maria com a falecida mãe, facto que muito perturbou o Sr. José, o que não passou despercebido a todos os familiares.

As visitas do Sr. José à Maria aumentaram, até que esta engravidou daquele.

Tal facto ocasionou grande escândalo que o Sr. José Pereira não suportou, acabando por se suicidar.

Ora, o falecido, para além da Maria, tinha mais quatro filhos, os quais se desentenderam na partilha da herança do pai.

Um dos pontos fundamentais da discórdia era o seguinte:

Será que a Maria e o seu filho possuíam algum direito à herança?

Sustentavam os herdeiros que a Maria e o seu filho eram inexistentes face à ordem jurídica, uma vez que tinham sido concebidos de uma forma claramente infractora das nossas leis, quer naturais, quer jurídicas.

Diziam ainda que apesar de a Maria estar registada como filha de ambos, esta de facto não era filha de ninguém, uma vez que tinha sido criada, manipulada.

Levantava-se ainda uma outra questão: o bebé, filho da Maria, era neto ou filho do Sr. José Pereira?

O presente caso, hipotético, levanta questões de difícil resolução face ao quadro jurídico vigente em Portugal.

*Desconhecemos como evoluirá a ciência, no que respeita ao apro-
fundamento dos conhecimentos sobre o genoma humano.*

*Tal facto, porém, não nos deve inibir de reflectir sobre as suas con-
sequências na vida de todos nós, quer optemos ou não, desde já, a favor
ou contra a Clonagem.*

*A estas questões tentaremos, assim, responder dando notícia da dis-
cussão que sobre a mesma se vai fazendo, especialmente, nos centros mais
avançados do conhecimento científico.*

1. Introdução

A Clonagem, nunca foi realizada com seres humanos, mas, estamos
cientes, mais tarde ou mais cedo será feita. (actual♥) Os avanços da ciência em
todos os campos e especialmente no do chamado " Projecto do Genoma
Humano [1]", levam-nos a pensar que ela será levado a cabo, já que, até ao
ano 2005, se terá provavelmente descodificado aquele por inteiro. (actual♠)

actual♠ O Projecto do Genoma Humano, começou formalmente em 1990,
numa coordenação de esforços entre o Departamento de Energia dos EUA (D.O.E.)
e os Institutos Nacionais de Saúde (N.I.H.), e deveria ter uma duração aproximada
de 15 anos. Os objectivos a que se propunha eram os seguintes:
1 – identificar os 100.000 genes do DNA humano;

[1] Nos anos 60 iniciou-se através da observação directa dos cromossomas a análise
do Genoma Humano. Hoje em dia essa análise implica a construção de mapas genéticos,
físicos e sequenciação. O mapa genético calcula a localização relativa de vários genes nos
cromossomas, baseada na frequência com que eles são transmitidos conjuntamente. O
mapa físico estabelece, ao longo do DNA, a localização de locais de ataque de enzimas de
restrição e de outros marcadores identificáveis. A sequenciação pretende determinar a
ordem efectiva das 3 x 10 unidades (nucleotídeos) que constituem o DNA de cada uma das
células humanas. Só menos de 0,1 % destas unidades foram até agora sequenciadas.

Calcula-se que o genoma humano contenha cerca de 50 a 100 mil genes. Destes,
cerca de 4600 foram já identificados (Mckusick,1988), mas só pouco mais de 1500 foram
localizados, tendo sido clonados e sequenciados menos de mil (Schmidtke e Cooper,
1988).

A partir da clonagem de um dado gene humano facilmente se extrai um grande
número de cópias desse gene, as quais, depois de desnaturadas (por separação das duas
cadeias de DNA) e marcadas (por exemplo, com isótopos radioactivos) constituem o que
se designa por sondas. Por hibridação molecular, elas irão ligar-se a zonas homólogas do
genoma, indicando assim a sua localização. Entre as múltiplas aplicações das sondas contam-se os diagnósticos pré-natal e pré-sintomático, assim como a identificação individual.

2 – determinar as sequências dos 3 biliões de bases químicas que fazem o DNA humano;

3 – introduzir toda esta informação em bases de dados;

4 – desenvolver melhores tecnologias de sequenciação;

5 – desenvolver bases de dados para análise;

6 – verificar as questões éticas, legais e sociais que podem surgir deste projecto.

Para atingir estes objectivos os investigadores estão a estudar outros organismos., nomeadamente o rato de laboratório, a bactéria "Escherichia coli", e a "drosophila Mellanogaster" ou mosca da fruta. O interesse dos cerca de 5 000 cientistas que em todo o mundo investigam este insecto reside no facto de 177 dos 289 genes humanos conhecidos susceptíveis de causarem doenças terem equivalência nos genes desta mosca.

A par desta investigação, o departamento de Energia dos E.U.A. e os Instituto Saúde Pública dedicaram 3% a 5% do seu programa anual de investigação do Genoma humano a estudar as questões éticas, legais e sociais dai decorrentes.

Assim, debatem-se :

1 – O sigilo, a privacidade e confidencialidade das informações genéticas. "Quem pode ter acesso a estas? e quem as controla?"

2 – O impacto e o estigma psicológico que as informações genéticas podem criar.

"Como é que as informações genéticas afectam um indivíduo, e a percepção da sociedade desse mesmo indivíduo."

3 – A reprodução – a questão do consentimento informado para complexas, potenciais e controversos procedimentos; O uso das informações genéticas nas decisões reprodutivas.

4 – A cura de doenças – a educação dos médicos e outros serviços, pacientes e público em geral para as capacidades e limitações cientificas e riscos sociais, a necessidade de implementação de "Standards" de controle de qualidade.

5 – Incertezas associadas aos testes genéticos relacionados com susceptibilidades e condições complexas relacionadas com os múltiplos genes e as reacções dos genes ao meio ambiente.

6 – Implicações conceptuais e filosóficas relacionadas com responsabilidade e a boa vontade Humana, com o determinismo genético e os conceitos de saúde e doença;

7 – Questões relacionadas com a segurança e a biodiversidade, nomeadamente quais as repercussões dos organismos geneticamente modificados no meio ambiente em que todos estamos inseridos.

8 – Comercialização destes produtos, incluindo os direitos de propriedade (patentes, direitos de reprodução), e a sua acessibilidade a bases de dados e de materiais;

Em 26 de Junho de 2000 foi feito o "rascunho" da sequenciação do Genoma Humano, ou seja, conseguiu-se sequenciar as quatro unidades químicas, bases, que formam a molécula do D.N.A., designado pelas letras A (adenine), C (cytosine), G (guanine) e T (thymine), embora de uma forma desordenada. Esta descodificação apenas nos conseguiu dar conhecimento da ordem em que estão inscritas as instruções nas células, não nos dando, no entanto, qualquer informação acerca da missão de cada um dos mil genes ou sobre a posição que ocupam. Só em 2003, ou seja, quando se comemorarem os 50 anos da descoberta da molécula do D.N.A.(realizada por James Watson e Francis CricK em 1953) é que se prevê que conheceremos com precisão o " Mapa" Humano.

Esta antecipação foi possível, de certa forma devido a criação da "Celera Genomics" por Craig Venter em associação com a PerKin – Helmer, empresa de biotecnologias que é uma concorrente directa do consórcio público e que afirmou que faria a sequenciação do Genoma Humano até 2003. Craig Venter, cientista brilhante, conseguiu descodificar em 1995 o genoma da bactéria "Haemophilus influenzae", em 2000 o genoma da mosca do vinagre, sendo ainda o responsável pela descodificação do genoma da bactéria que provoca a meningite.

Á frente do consórcio público esteve o prémio Novel James Watson, e hoje estão Ari Patrinos (D.O.E.) e Francis Collins (N.H.I.); Este é conhecido pelas suas contribuições para o reconhecimento dos genes envolvidos em várias doenças, como a fibrose quística ou doença de Huntigton.

Após esta descoberta, três centros de investigação, o Centro White Head de Cambridge, o Sanger de Hinxton, ambos ingleses e a escola de Medicina da Universidade de Saint Louis, nos Estados Unidos, também se dedicaram à procura dos segmentos que dentro da estrutura genética humana variam de pessoa para pessoa. A identificação dos denominados S.N.P. (Single Nucleotide Polymorphisme), seja de simples variações na posição das letras (nucleótidos ou bases) isoladas ou em fragmentos chave, poderá ajudar a encontrar os genes responsáveis por doenças como o cancro, a diabetes ou algumas complicações cardíacas.

Segundo os investigadores, o facto de uma pessoa ser portadora de uma simples variação na ordem de um dos mais de 3 milhões de nucleótidos pode significar que esta tenha mais probabilidades de desenvolver uma doença. Esta etapa agora iniciada pelos investigadores tem como fim revolucionar o tratamento das doenças e produzir fármacos eficientes. Aliás, em 3 de Dezembro de 2000, a mesma equipa que produziu a Dolly, os cientistas do Roslin Institute, em colaboração com colegas americanos da Viragen, criou uma galinha, a Brittney, que produz ovos que podem ajudar a produzir medicamentos que combatem o cancro, nomeadamente do útero e da mama.

---

actual♥ Em finais de Junho de 1999 o jornal Dayly Mail afirmou que os cientistas do laboratório Advanced Cell Techonology utilizaram as mesmas técnicas utilizadas na criação da Dolly para produzir um embrião humano masculino composto por cerca de 400 células.

A este propósito, e em declaração à agência Lusa, o Prof. Daniel Serrão, do Conselho de Ética para as Ciências da Vida, considerou que era uma boa notícia, se não for utilizado como técnica na reprodução a espécie humana.

Aliás, foi numa conferência realizada em Coimbra, sob o tema " Clonagem humana – Realidade Virtual", que o Professor de Genética Médica e de Ginecolo-

236   *A Clonagem – um desafio à ordem jurídica*

gia, que começou por abordar a questão da "dissonância afectivo – biológica" da criança gerada através da clonagem integral, em consequência da " ruptura entre a sexualidade e a procriação, se pronunciou no sentido em que "apesar dos perigos do "Clonialismo" é possível dar filhos a casais estéreis," e que "a ciência não deve parar, mas deve continuar a crescer com eficácia, racionalidade e razoabilidade".

Os testes genéticos e os Direitos Humanos, bem como a educação do público na área da genética foram os tópicos em discussão no Instituto de Higiene e Medicina Tropical, em Lisboa, no âmbito de uma conferência levada a cabo em Junho de 2000, pela Sociedade Portuguesa de Genética Humana e a British Council. Um dos objectivos foi o de criar um documento que contivesse directrizes para submeter à apreciação da Federação Internacional de Sociedades de Genética Humana.

Em Fevereiro de 2000, Bill Clinton, Presidente dos Estados Unidos da América, assinou uma " Executive Order" proibindo todo o departamento e agência federal de usar a informação genética que obtivesse, para qualquer acção de contratação ou promoção. Esta medida foi seguida pelo "American Medical Association, The American College of Medical Genetics, The National SocieTy of Genetics Counselours" e o "Genetic Alliance". As orientações a seguir eram as seguintes:

a) proibir todas as entidades patronais de considerar requisito de contratação, ou solicitar em qualquer momento, a realização de testes genéticos, para a atribuição de um qualquer benefício;

b) Proibir todas as entidades patronais de utilizarem as informações genéticas que possuíssem acerca dos seus empregados;

c) Providenciar que todas as informações genéticas obtidas, aquando da realização de testes genéticos fossem feitas com a salvaguarda de que toda a informação daí obtida seria confidencial.

Em Julho de 2000, a Inglaterra autorizou a clonagem humana para fins terapêuticos No dia 13 de Agosto de 2000, Tony Blair, Primeiro ministro britânico, deu liberdade de voto aos deputados do seu partido, a propósito da autorização da clonagem Humana. O texto da lei que permite a clonagem para fins terapêuticos, proíbe estritamente a clonagem para fins reprodutivos. O governo anunciou que deu o aval a um relatório oficial nesse sentido, segundo o qual a clonagem abrirá caminho a novas formas de tratamento.

---

actual. Em Julho de 2000, na reunião do G8, na ilha do Japão, Okinawa, os quinze membros do Conselho de segurança das Nações Unidas, consideraram, após acesa discussão, como princípio básico, o da proibição da clonagem de seres humanos em série; Para além desta questão, foi debatida a das patentes do genoma humano, pois os Europeus entendem que toda a informação pertence ao domínio público, enquanto os E.U.A., entendem que se deve patentear. Veja-se a este propósito os artigos 21 e 22 da Convenção dos direitos do Homem e a Biomedicina, aberta à assinatura dos estados membros do Conselho da Europa em Oviedo, em 4 de Abril de 1997.

Implicações

Quase todas as pessoas, quando se aborda um tema como este, responde instintivamente: «Eu não gostava de ter cópias minhas espalhadas por todo o mundo», ou «Isso nunca se fez, porque é que querem mudar as coisas?»

E quando se lhes pergunta se sabem o que é a Clonagem, a maior parte diz coisas baseadas unicamente no senso comum ou mesmo em preconceitos. Ora, a primeira coisa a fazer é explicar o que é Clonagem, demonstrando que esta não se limita àquelas ideias simplistas. Mas passemos então a referir em que consiste, diferenciando-a de outros modos de reprodução.

A forma de reprodução normal denomina-se sexuada, ou seja, pressupõe a existência de dois seres humanos, um do sexo masculino e outro do sexo feminino, tendo ambos 23 cromossomas [2], que são os contentores do património genético, o DNA.

O número de cromossomas, variável conforme as espécies, é de 46 na humana, num total de 22 pares de cromossomas homólogos, mais dois cromossomas sexuais, designados X e Y. A combinação XX corresponde ao sexo feminino e a XY corresponde ao sexo masculino. O óvulo, que é uma célula sexual, possui 23 cromossomas e, ao ser fertilizado por outra célula sexual, o espermatozóide, que possui outros 23 cromossomas, dá origem a um zigoto [3] com 46 cromossomas.

A Clonagem, por sua vez, é uma forma de reprodução assexuada na qual o óvulo é previamente desnucleado [4] e em seguida fertilizado com células, não sexuais, que podem ser mamárias [5], intestinais, estomacais ou

---

[2] Ver Glossário.

[3] Ver Glossário.

[4] Ou seja, extrai-se do óvulo o seu núcleo que contém toda a informação genética.

[5] Como aconteceu com a Dolly. No Roslin Institute retiraram células das tetas de uma ovelha "Finn Dorset" e colocaram-nas numa cultura com uma concentração de nutrientes muito baixa. Assim, privadas de alimento, as células deixaram de se dividir e desligaram os seus genes activos. Entretanto, retiraram um óvulo não fertilizado a uma ovelha " Scottish Blackface". O núcleo (com o seu DNA) é aspirado para fora, deixando "vazio" o óvulo que contém todos os elementos celulares necessários à produção de um embrião. As duas células são colocadas lado a lado e um impulso eléctrico provoca uma fusão entre as duas. Um segundo impulso estimula a divisão celular. Cerca de 6 dias depois, o embrião resultante foi implantado no útero de uma ovelha "Blackface". Após o período de gestação, a ovelha "Blackface" dá à luz a ovelha " Finn Dorset", a Dolly, que é geneticamente igual à dadora inicial. Este procedimento foi tentado inúmeras vezes, sem sucesso. Passado um ano sobre a sua criação, a Dolly já provou que é uma ovelhinha perfeitamente normal, ao dar à luz a uma outra ovelhinha.

outras. Estas células trazem consigo toda a informação genética e possuem os 46 cromossomas que são necessários para dar origem a um ser humano.

Surge-nos, assim, um ser humano com a informação genética exactamente igual ao dador das células. Claro que, para já, ainda é necessário que este zigoto seja implantado num útero e que se desenvolva dentro dele para completar a gestação. Mas quem sabe se não se vai descobrir uma forma de dar origem a seres humanos sem termos de recorrer a um útero ou até de conceber bebés em três meses de gestação. Pensemos que ainda há bem pouco tempo, cerca de 10 anos, não era possível saber o sexo do bebé que ia nascer e agora é uma prática corrente e absolutamente normal.

A Clonagem é, assim, uma das formas de reprodução manipulada. Esta, no entanto, pode ser feita de várias maneiras, seja sexuadamente, seja assexuadamente.

A sexuada pode ser executada por inseminação artificial, por fecundação artificial, mas sempre com recurso a dois componentes genéticos, quer sejam dos pais, quer sejam de um só deles, do dador ou da mãe portadora.

A assexuada, ou Clonagem, pode ser feita:

1 – Com componente genético de um dos cônjuges .

a) genes do pai, clonado em óvulo de mãe legal e gerado por ela – Clonagem homóloga;

b) genes do pai, clonado em óvulo doado e gerado por mãe legal;

c) genes da mãe, clonado em óvulo de mãe legal e gerado por ela – Clonagem antóloga;

d) genes da mãe, clonado em óvulo de mãe dadora e gerado por esta.

2 – Com componente genético de dador.

Genes da mãe portadora, clonado em óvulo de mãe portadora e gestado por ela – Clonagem heteróloga

Estas formas de reprodução manipulada suscitam sempre uma grande polémica à sua volta, pois estamos a lidar com questões que têm como base o bem jurídico mais importante, em todos as culturas, religiões ou épocas: a vida.

2. **Questões conexas** (actual♥)

Existem algumas questões conexas com aquela que aqui focamos, pois em todas se debate o valor da vida, nas suas diversas vertentes, quer seja no direito à mesma, que seja à sua modificação e eliminação. Aliás, muitas das dúvidas, nomeadamente éticas e de consciência, e discussões originadas pela Clonagem não são inteiramente novas, já que, de uma maneira ou doutra, foram abordadas e estão presentes, umas de modo mais claro e próximo, como no caso da inseminação e fecundação artificiais, e outras de modo mais remoto, nomeadamente, no abortamento provocado, na eutanásia, na transplantação de órgãos e de tecidos e nos ensaios clínicos em seres humanos.

---

actual♥ Sempre poderíamos fazer referência, como questão conexa, aos organismos geneticamente modificados (O.G.M.), pois as técnicas que levam a sua criação também são controversas.

Assim, segundo um estudo recente que foi realizado pelo professor Hans – Heinrich Kaatz, do Instituto de Apicultura da Universidade Alemã de Jena, foram encontrados genes resistentes aos herbicídas implantados na colza, que se transferiram para as bactérias e leveduras dos intestinos das abelhas jovens; Este estudo demonstra que os genes dos vegetais geneticamente modificados podem cruzar a barreira das espécies e causar mutações nas bactérias, facto que pode ter um impacto no papel essencial que as bactérias desempenham para que o corpo Humano possa lutar contra as doenças, fazer a digestão, coagular o sangue...

Segundo o Director Geral da Fundação Britânica para a Nutrição, Robert PicKard, esta descoberta é importante, mas não devemos esquecer que " o corpo humano aguentou perfeitamente D.N.A. estranho durante milhões de anos", sem que dai tenha havido um qualquer resultado negativo.

No entanto, e apesar de hoje sabermos que temos consumido produtos alterados durante anos, sem demonstrarmos qualquer sintoma de mal estar, nomeadamente o milho proveniente dos Estados Unidos da América, não significa que não exista o dever de informar se um produto é ou não um organismo geneticamente modificado, de forma a que o público possa optar pelo produto que quer consumir; Estas e outras questões não reúnem a opinião unânime da Europa (que entende que os produtos devem conter a informação da sua proveniência e da sua origem) e dos Estados Unidos (que entende que estes produtos não oferecem riscos para a saúde, antes pelo contrário, não havendo esta necessidade de rotulagem).

O Dec-Lei n.º 2/ 2001, de 4 de Janeiro de 2001, que regula a utilização confinada de microrganismos geneticamente modificados, transpondo para ao ordem jurídica interna a Directiva n.º 98/81/ C.E, do Conselho, de 26 de Outubro, que altera a Directiva n.º 90/219/C.E.E., do Conselho de 23 de Abril, vem precisamente regular estas questões tendo em vista a protecção da saúde humana e do ambiente.

Em Julho de 2000, na reunião do G8, na ilha do Japão, Okinawa, os quinze membros do Conselho de Segurança das Nações Unidas, discutiram precisamente estes temas: os organismos geneticamente modificados e a segurança alimentar (para além da clonagem, patenteação do genoma humano e o Síndroma da Imunodeficência Adquirida).

2.A) *As mães de substituição*

O primeiro caso que foi debatido em Tribunal ficou conhecido por *Melissa* ou *Baby "M"*.

Em 1987 o casal Stern dirigiu-se ao New York City Infertility Center para tentar encontrar uma solução viável para o seu problema de infertilidade. Elisabeth Stern, de 41 anos, foi aconselhada a não engravidar por sofrer de escleorose multípla.

Mary Beth Whitehead, casada, de 29 anos, ofereceu-se como mãe hospedeira nesse centro. Após ter sido submetida a um rigoroso exame foi considerada apta a receber o sémen de William Stern.

No contrato celebrado com o acordo de todos, Mary renunciou a todo e qualquer direito de mãe sobre a criança e comprometeu-se, após a inseminação artificial, a não fumar, não beber, não consumir drogas durante a gravidez e a abortar caso fosse detectada qualquer anomalia no feto. O casal Stern responsabilizou-se por todas as despesas médicas e legais e por pagar a Mary a quantia de dez mil dólares. Num outro contrato estipulou-se o pagamento de sete mil e quinhentos dólares, por aquele casal, ao New York City Infertility Center.

Contudo, depois do parto, Mary decidiu ficar com a bebé, a quem chamou de Sarah, recusando-se a entregá-la ao casal Stern, o qual recorreu judicialmente.

O tribunal de New Jersey reconheceu a força vinculativa do contrato ao ponto de satisfazer a pretensão de execução específica, tendo decidido que a bebé fosse entregue ao casal Stern, devendo Elisabeth Stern adoptá-la.

O Juiz Harvey Sorkow proferiu a sentença baseando-se nos seguintes fundamentos:

a) O casal Stern é estável emocionalmente e com bons recursos económicos podendo proporcionar à criança um lar;

b) pelo contrário, o casal Whitehead tem tido vários conflitos, separações e problemas de insolvência e alcoolismo;

c) o contrato de aluguer do útero não é equiparado à venda de crianças, não podendo William Stern ser acusado de compra uma vez que ele é o pai genético (biológico);

d) estes contratos devem ter o valor jurídico normal uma vez que não há nenhuma disposição legal a proibi-los ficando, assim, as partes adstritas ao seu cumprimento integral.

O casal Whitehead inconformado recorreu da sentença.

O caso foi reapreciado em 1988 pelo Supremo Tribunal de New Jersey como se tratasse de uma regulação do exercício do poder paternal de pais separados.

Foi, então, decidido que a bebé deveria ficar com as pessoas que reunissem melhores condições para a educar.

A função do contrato foi desvalorizada apesar de se admitir que o legislador o validasse, tendo, no entanto, sido aduzidos os seguintes argumentos contra o mesmo:

1 – É condenável o pagamento;

2 – As crianças quando tiverem conhecimento desse facto sentir-se-ão instrumentalizadas;

3 – As mães portadoras são tentadas a "vender" os seus filhos.

4 – Os pais serão aqueles que reunirem melhores condições económicas para "comprar" filhos;

5 – As clínicas e centros médicos tenderão a facilitar as situações;

6 – Esse pagamento é parecido com o que é proibido na lei da adopção (americana);

7 – O Direito Constitucional americano prevê que a procriação se traduz na possibilidade de ter filhos pelas vias naturais ou por meio das técnicas de procriação artificial;

8 – Não se pode alegar que o exercício desse direito foi retirado a William Stern;

9 – Nenhuma mulher pode renunciar previamente à sua condição de mãe por meio de contrato,

10 – À face da lei,William Stern e Mary Whitehead são os pais biológicos da bebé.

11 – A adopção decretada a favor de Elisabeth Stern caduca uma vez reconhecida a condição de mãe a Mary Whitehead.

Assim concluiu aquele Supremo Tribunal que, como os dois progenitores da criança não formavam um casal, cabia ao tribunal averiguar e decidir qual deles reunia melhores condições para ficar com a criança, porquanto aquele destino não podia ser resolvido por contrato, especialmente quando este é celebrado antes do nascimento.

O tribunal decidiu que o casal Stern deveria ficar com a criança.

Em França diversas associações facilitam o recurso às mães portadoras, entre elas as «Mères d´Accueil» e a «Association pour l´Insémination Artificielle par Substitution».

Nos E.U.A. foram também fundadas inúmeras associações, tais como o National Center for Surrogate Parenting em Washington, o Infertility Center of New York e o Surrogate Parent Foundation na California.

No Reino Unido, o Surrogacy Arrangements Act de 1985, proíbe os chamados "Surrogacy Arrangements" ou seja, como o próprio nome indica, os contratos de gravidez.

Em Espanha este tipo de contrato é nulo.

A lei alemã pune com pena de prisão o intermediário que realizar esta operação.

A lei francesa proíbe o contrato de gestação.

As questões mais importantes relacionadas com este tema são, portanto, as seguintes:

a) será que a mãe de substituição terá os mesmos cuidados durante a gestação, quando sabe que o bebé no fim terá que ser entregue a outra mãe?

b) que fazer quando ninguém quer o bebé que nasce, por exemplo, porque este tem malformações ou porque não tem os olhos azuis?

c) E se a mãe de aluguer falecer durante o parto?

d) E se os pais que a "alugaram" falecerem?

2.B) *A fertilização in vitro e os embriões excedentários*

Quando Louise Brown, a primeira bebé proveta, nasceu, muitas questões foram levantadas. O Dr. Steptoe insurgiu-se contra todos os argumentos que o acusavam de feiticeiro e de estar a brincar com a criação de vida humana, função atribuída a Deus. Este disse apenas que não criava vida, apenas procurava ajudá-la, como em todos os ramos da medicina era normal fazer. Disse ainda que, quando Lesley e Gilbert Brown, o consultaram a ele e ao seu colega fisiologista Robert Edwards, acerca do desejo de terem um filho, este não imaginava que os poderia ajudar. No entanto, tentou-o e conseguiu-o. Lesley sofria de uma malformação das trompas de falópio, que a condenava à esterilidade. Quando Louise nasceu foi a maior felicidade que teve, pois esta nasceu com 2,6 Kg, bonita e saudável.

A fertilização *in vitro* distingue-se da inseminação artificial, consistindo esta na irrigação do útero da mulher com o esperma do marido por uma seringa. Naquela retira-se um óvulo dos ovários da mãe através de uma micro-cirúrgia. Coloca-se aquele numa proveta sendo aqui fertilizado com o sémen do pai. Quando já está fecundado, em estado de embrião, este é implantado no útero da mãe. Geralmente não se retira um só óvulo, mas vários, pois a probabilidade de se obter uma gravidez, quando se implanta no útero o zigoto é de 15% a 20%. Por este motivo extraem-se cerca de quinze óvulos e implantam-se cinco ou seis, de forma a obter um maior número de probabilidades de engravidar. Os restantes embriões ficam congelados em azoto líquido, para o caso de a primeira tentativa de implantação não resultar e para evitar que a mulher seja novamente submetida a mais uma intervenção cirúrgica.

A este propósito têm surgido várias questões. Estes embriões excedentários, caso não sejam necessários, deverão ser reutilizados para outros casais, que queiram recorrer à fertilização *in vitro*, portanto doados, ou deverão ficar à espera que o casal queira ter mais filhos, ou deverão ser destruídos?

Os principais opositores em relação à fertilização *in vitro* são os grupos religiosos, que baseiam sistematicamente as suas dúvidas em razões éticas:

a) será que criar um bebé fora da relação sexual tradicional é imoral?

b) O que é um embrião? Um grupo de células ou um indivíduo?

c) Como devemos tratar os embriões excedentários? Serão vida humana?

É uma discussão ilimitada.

2.C) *O abortamento provocado*

O abortamento provocado consiste no direito concedido, já não à criação de uma vida, mas à sua interrupção. Aliás, ainda este ano houve, no nosso país, um referendo, que gerou uma forte discussão sobre este tema.

Sobre a despenalização ou não do abortamento provocado, fora das situações em que ele já está previsto, e que são sempre excepcionais, grande parte da população portuguesa absteve-se de se pronunciar e a que opinou dividiu-se o quase por igual, embora com supremacia do não, resultando as opiniões contrárias, fortemente polemizadas, da circunstância de não se entenderem, entre outros motivos, quanto ao momento em que passa a haver vida. Mas, se perguntar a alguém se era capaz de denunciar quem o tivesse realizado, raros o fariam. Também sabemos que de facto bem poucos aceitam o abortamento provocado, sem fundamentos graves.

A lei n.º 6/84, de 11 de Maio, alterou a primitiva redacção dos arts. 139.º e 141.º do Código Penal de 1982. A reforma do Código Penal (Dec--Lei n.º 48/95, de 15 de Março) manteve no essencial o regime anterior. O nosso sistema penal estabelece como princípio geral a punibilidade do aborto provocado – art. 140.º, mas verificado o pressuposto do consentimento, nos termos do art. 142.º, abre algumas excepções àquele princípio nos casos de

– indicação terapêutica – art. .º 142.º n.º 1.º *a)* e *b)*;

– aborto eugénico – art.º 142.º n.º1 *c)* e

– indicação ética ou criminológica – art.º 142.º n.º 1 *d)* .

2.D) *A eutanásia*

A eutanásia é um problema que levanta também imensas questões de ordem ética e jurídica mas, apesar de ser constantemente debatida, não existe nenhuma lei que a regule. Ela é apenas proibida. Aliás, esta é a atitude normal quando não se sabe dar respostas concretas a determinadas situações. Normalmente proíbe-se até que haja um certa unanimidade em sentido contrário.

Em 1993 surgiu na Grã-Bretanha a primeira sociedade a favor da Eutanásia Voluntária, o "Exit", seguido da "Hemlock Society", nos Estado Unidos da América, com a mesma finalidade. Em França, Bélgica e alguns países latinos têm surgido também sociedades para "o direito de morrer com dignidade".

Nos EUA, em alguns Estados, foi despenalizada a ajuda ao suicídio.

Na Holanda (Parlamento Holandês) e alguns países europeus, a lei que condena a ajuda ao suicídio não é aplicada quando se trata de doentes em estado terminal ou com sofrimento prolongado.

Convém no entanto distinguir entre:

1) suicídio medicamente assistido ou eutanásia passiva, em que o médico se limita a ser um mero assistente;

2) de eutanásia activa voluntária, porque neste o médico pratica o acto letal.

2.E) *A transplantação de orgãos e tecidos* (*actual*♠)

A transplantação de órgãos e tecidos, embora não isenta dúvidas, está regulada na Lei 12/93 de 22 de Abril e artigo 19.º e 20.º do C.D.H.B. (Convenção dos Direitos do Homem e da Biomedicina) .

Aquela lei estabeleceu alguns princípios gerais nesta matéria, nomeadamente:

1) consentimento expresso especifico do dador reduzido a escrito e perante uma instância estatal (Magistrado ou Notário);

a) confidencialidade, sendo proibido revelar a identidade do dador e receptor (salvo em casos de doação entre vivos);

b) não comercialização do corpo humano – a dádiva é gratuita sendo proibida a comercialização dos órgãos;

c) proporcionalidade riscos/benefícios – a dádiva não é permitida quando envolver a diminuição grave e permanente da integridade física e da saúde do dador;

A Clonagem – um desafio à ordem jurídica 245

d) não discriminação – os critérios usados em relação à selecção dos beneficiários têm que ser exclusivamente médico e
e) responsabilidade do clínico, independentemente de culpa.

---

actual1♥ O Parlamento Holandês, em 28 de Novembro de 2000, autorizou o recurso à eutanásia, com a salvaguarda de que os médicos envolvidos tenham plena consciência de que o doente sofre de dores insuportáveis, adjacentes a uma doença já diagnosticada. Desta forma os médicos passam a poder recorrer à eutanásia, sem estarem sujeitos a qualquer procedimento judicial, tendo que obedecer a um rigoroso protocolo. Além da garantia que os médicos têm de ter em relação ao sofrimento do paciente, cada caso deve ser submetido ao controle das comissões regionais especializadas, constituídas por médicos. O ministro da justiça Holandês, Berk Korthals, afirmou que " o direito através do qual é concedido o desejo de colocar um fim à vida de uma pessoa moribunda, tem o seu lugar numa sociedade adulta".

---

actual♠ (Raffaelo Cortesini, Presidente do XVIII Congresso da Sociedade de Transplantes, que teve lugar na primeira semana de Setembro de 2000 em Roma, pioneiro na área dos transplantes em Itália e defensor da utilização de técnicas alternativas à clonagem para a obtenção de órgãos, afirmou que se fosse possível dispor de um banco de células, através da conservação de extractos do cordão umbilical, cada indivíduo teria no futuro os instrumentos necessários para reparar o seu próprio organismo.

2.F) *Os ensaios clinicos em seres humanos*

Os ensaios clínicos em seres humanos estão regulados nos Decs.-Lei 97/94 de 9 de Abril, 97/95 de 12 de Maio e nos artigos 15.°, 16.° e 17.° da C.D.H.B..

A regra geral, no domínio da biologia e da medicina, é que a liberdade de investigação, apesar dos enormes progressos que possa vir a trazer à saúde e ao bem estar do ser humano, não é absoluta, encontrando-se limitada pelos direitos fundamentais.

Neste sentido orientou-se a Convenção de Nuremberga, a Declaração de Helsínquia e o Pacto Internacional relativo aos direitos civis e políticos adoptado pela ONU em 1966.

O Dec. Lei 97/94 estabeleceu alguns princípios gerais, nomeadamente:

a) o consentimento informado, livre, expresso e por escrito para a participação nos ensaios;
b) estrita observância dos princípios científicos reconhecidos;

246 A Clonagem – um desafio à ordem jurídica

c) respeito pela integridade física e psíquica das pessoas envolvidas;
d) proporcionalidade entre riscos e benefícios;
e) confidencialidade dos dados pessoais;
f) gratuidade quanto à participação dos sujeitos.

O investigador, por sua vez, está sujeito a algumas regras em relação ao sujeito do ensaio clínico quanto aos riscos, consequências e benefícios previsíveis, bem como aos métodos e objectivos prosseguidos.

O Dec. Lei 97/95 de 10 de Maio instituiu um Comité de Ética de Investigação [6] que tem uma função fiscalizadora da execução do ensaio em especial no que respeita aos aspectos éticos e à segurança e integridade dos sujeitos do ensaio clinico;

3. A Clonagem, liberdade pessoal e direito de se auto-reproduzir

Ouvimos quase pela primeira vez falar de Clonagem quando foi criada a ovelha "Dolly" no Roslin Institute, perto de Edimburgo, na Escócia, pelo investigador Ian Wilmut e pelos seus colegas. E a ideia com que ficamos foi que brevemente poderíamos fazer cópias nossas.

A questão fundamental com que nos deparamos face à evolução da ciência é saber como reagir. (actual♥)

O que devemos fazer?

Se o Estado quisesse impor medidas para controlar o crescimento da taxa de natalidade e decretasse que as pessoas só poderiam ter um determinado número de filhos e que a partir desse número limite todas as mulheres deveriam ser esterilizadas, toda a população se indignaria contra estas leis como ofensivas, violadoras da liberdade pessoal .

A essência da democracia é que o governo não interfere em questões do foro pessoal a não ser para as proteger. Os cidadãos devem ter liberdade para decidir o que devem ou não fazer em relação as suas vidas pessoais.

Não é em vão que o Direito da Família, nomeadamente o Português, é um dos ramos do Direito em que o Estado tenta não intervir a não ser para proteger os indivíduos, respeitando sempre a liberdade de auto-determinação de cada pessoa.

Tomemos como exemplo o nosso contrato promessa de casamento.[7]

---

[6] Um Comité de Ética de Investigação é diferente do Comité de Ética; Isto porque as suas competências são maiores. Assim têm autoridade para aprovar, rejeitar ou propor modificações aos protocolos de investigação.

Não é meramente consultivo, tem força vinculativa e decisiva na aprovação do projecto de investigação.

A Clonagem – um desafio à ordem jurídica   247

Neste não há lugar à execução específica. E porquê? Porque neste campo o Estado quis que o indivíduo tivesse liberdade e autonomia suficiente para decidir o que fazer com a sua vida pessoal. Por este mesmo motivo é que o Estado não protege da mesma forma os casamentos, as uniões de facto ou o concubinato.[8] É entendimento geral que se as pessoas não se quiseram casar era porque queriam afastar a produção dos efeitos jurídicos do casamento.

---

actual♥ O Washington Post, em Outubro de 2000 afirmou que numa conferência dada num hotel de Montreal, Rael, líder de uma seita religiosa americana, a Clonaid, que acredita na clonagem com a solução para a vida eterna, anunciou que tinha conseguido obter o dinheiro suficiente para clonar o primeiro ser humano. Esta alegada primeira clonagem será a da filha de um casal americano que morreu com dez meses de idade. Esta seita formou-se em Fevereiro de 1997, por Rael e por um grupo de investigadores, que criaram a Valiant Venture Corporation, com sede nas Bahamas. Esta seita oferece serviços a casais estéreis, a casais homossexuais, e a quem quiser ser clonado, seja lá por que for, pela módica quantia de $200,000. U.S., ou seja, cerca de quarenta mil contos; E quem quiser apenas preservar as suas células para uma eventualidade poderá fazé-lo por $50,000.U.S.

O aparecimento desta seita coloca-nos perante o facto de que, quer se queira quer não, a clonagem acabará por ser feita. Trará benefícios? Será uma loucura? Só quando esta fôr realizada poderemos sabé-lo.

Mas afinal de contas, porque tanto medo em relação à Clonagem se no fundo ela representa o fim de todos os nosso medos? E afinal quais são os nossos medos? Medo da falta de saúde? Medo da Morte?

Gregory StocK, Director do Programa de Medicina, Tecnologia e Sociedade na Universidade de Los Angeles, E.U.A, é de opinião que "não adianta

---

[7] O art. 1591.ºdo código civil dispõe que " O contrato pelo qual, a título de esponsais...duas pessoas de sexo diferente se comprometem a contrair matrimónio não dá direito a exigir a celebração do casamento...".

A especialidade da promessa de casamento é que nunca se poderia exigir judicialmente a execução específica do casamento nos termos do art. 830.º do CC, pois este dispõe que "1. Se alguém se tiver obrigado a celebrar certo contrato e não cumprir a promessa, pode a outra parte, na falta de convenção em contrário, obter sentença que produza os efeitos da declaração negocial do faltoso, sempre que a isso não se oponha a natureza da obrigação assumida."

[8] O art. 1577.º dispõe que "O casamento é o contrato celebrado entre duas pessoas de sexo diferente que pretendem constituir família mediante uma plena comunhão de vida, nos termos das disposições deste Código."

A plena comunhão de vida é aquela em que os cônjuges estão reciprocamente vinculados pelos deveres de respeito, fidelidade, coabitação, cooperação e assistência (art. 1672.º do CC).

proibir as experiência cientificas, porque as pessoas querem o melhor para os fi-lhos" e de que clonar um ser humano será um salto no escuro, mas será inevitá-vel. É o Homen novamente a fazer de Deus, mas de facto o Homen já anda a fazer de Deus há muito tempo, desde as vacinas, aos medicamentos e aos trans-plantes.

O direito à privacidade, conforme é comummente entendido, significa exactamente que as pessoas podem fazer o que quiserem com as suas vidas privadas, desde que não interfiram com a liberdade das outras pessoas. O direito à privacidade deveria ser chamado de o direito às decisões pessoais, integrando-se nesta esfera as decisões sobre a reprodução humana.

Este tema, embora já tratado em muitos "fóruns", tem tido maior pro-fundidade e extensão nos EUA, mercê do facto de aí se situarem os mais avançados laboratórios em matéria de engenharia genética, não obstante o caso mais mediático ter surgido na Escócia, o da ovelha Dolly. Daí que as universidades e centros de estudo americanos tenham desenvolvido já muitas reflexões de grande utilidade para todos.

James Hughes, por exemplo, um sociologista da Universidade de Connecticut, colocou as coisas do seguinte modo:

Permite-se que as pessoas façam escolhas em relação à sua reprodução sendo a criação de um ser humano através de Clonagem uma extensão de tal facto. Se um pai quiser gerar uma criança recorrendo à Clonagem, uti-lizando, enquanto acto de amor, as células de um filho que morreu, enten-dem os opositores desta forma de reprodução que tal decisão é um acto neurótico. Mas se um pai quiser ter um outro filho para substituir um outro que morreu não será mais neurótico ainda?

Por sua vez a comissão bio-ética da universidade de Michigan che-gou a algumas conclusões contraditórias depois de um inquérito que fez na sequência de um pedido formulado pela Comissão de Ética da investi-gação do Genoma Humano e que resumiu no seguinte:

– a privacidade genética das pessoas deveria ser preservada;

– as pessoas deveriam ter o direito de saber se tinham ou não riscos de possuir doenças genéticas;

"A ordem jurídica portuguesa não estabelece qualquer princípio geral de equiparação da união de facto ao casamento." RL,25/10/83:CJ,1983, 4.°-148.

O art. 2020.° atribui alguns efeitos do casamento às uniões de facto nomea-damente o direito de exigir alimentos da herança do falecido.

O art. 36.°garante o direito das pessoas a constituir família; O art. 67.° da Constituição da República Portuguesa protege a Família.

– o património genético de uma criança devia ser respeitado, se não houvesse tratamento possível;

– os casais não deveriam ser moralmente obrigados a fazer testes para definir a sua compatibilidade, assumindo todos os riscos daí decorrentes;

– os pais deveriam ser livres de escolher as alternativas reprodutivas que quisessem para evitar que um filho nascesse com uma doença de foro genético.

Apesar de os seus membros não estarem a pensar em concreto na reprodução assexual, esta última conclusão contem em si a ideia que possibilita a criação de um Ser Humano por transferência nuclear somática.

O Supremo Tribunal de Justiça dos EUA também tem esclarecido, através de inúmeras decisões, que acima de tudo está o direito à liberdade. Nomeadamente houve uma decisão, que data de 1972, em que se diz:

"Se o direito à privacidade significa algo, é o direito à individualidade, isto é, de se ser casado ou solteiro, sendo livre de qualquer intromissão do Estado em assuntos que afectam de tal forma uma pessoa como a decisão de constituir família, incluindo-se aqui o direito de a constituir de que forma se quiser."

Interpretando esta decisão alguns comentadores vêm entendendo que ela aceita implicitamente a reprodução assexual.

Outras decisões judiciais de tribunais norte-americanos especificam que o direito á privacidade inclui não só o direito a constituir família como também o direito a ser submetido às experiências médicas que se quiser para dar origem a um outro Ser Humano.

O consentimento reveste-se assim de um importância enorme, nestas questões.

Todavia, e legalmente, nem nos EUA nem em qualquer outro país está previsto na lei que dar origem a uma criança através de transferência nuclear somática esteja dentro do direito à privacidade e liberdade reprodutiva.

4. O consentimento informado

O consentimento informado começou por ser requisito necessário para qualquer tipo de intervenção médico-científica a partir das revelações feitas em Nuremberg, de que alguns médicos tinham feito experiências com seres humanos, sem que estes soubessem que estavam a ser objecto

250   *A Clonagem – um desafio à ordem jurídica*

de tais experimentações. Desta forma não podiam manifestar a sua concordância ou discordância.

O art.5.º da CDHB [9] dispõe que "qualquer intervenção [10] no domínio da saúde apenas pode ser efectuada depois da pessoa em causa dar o seu consentimento, de forma livre e esclarecida.

A esta pessoa deverá ser dada previamente uma informação adequada quanto ao objectivo e à natureza da intervenção bem como quanto às suas consequências e os seus riscos.

A pessoa em causa poderá, a qualquer momento, revogar livremente o seu consentimento."

O princípio do consentimento informado encontra-se igualmente consagrado no nosso Código Penal, nos arts.149.º,[11] 150.º, 156.º e 157.º, inserido nos crimes contra a integridade física, em que se regula quando o consentimento exclui a ilicitude, significando que os bens jurídicos relativos ao corpo e à saúde são livremente disponíveis pelo seu titular, excepto se contrariar os bons costumes.

No mesmo sentido preceituam o art. .8.º da lei n.º 12/93 de 22 de Abril que regula a colheita e o transplante de órgãos e tecidos de origem humana e o art.10.º do dec./lei n.º 97/94 de Abril que regula os ensaios clínicos em seres humanos.

O consentimento para ser válido tem que ser livre e esclarecido. È a consagração do princípio da autonomia da vontade.

O consentimento para ser válido precisa de preencher três elementos fundamentais:

a) a capacidade jurídica;

b) a voluntariedade sem manipulações e

c) a informação clara e compreensiva.

---

[9] Convenção dos Direitos do Homem e da Biomedicina adoptada pelo comité de ministros em 19 de Novembro de 1996 e assinada em Oviedo a 4 de Abril de 1997.

"Consentement – Article 5 – Régle Générale: Une intervention dans le domaine de la santé ne peut etrê effectuée qu`aprés de la personne concernée y a donné son consentement libre et éclaire.

Cette personne reçoit préalablement une information adéquate quant au but et à la nature de l`intervention ainsi que quant à ses conséquénces et ses risques.

La personne concernée peut, à tout moment, librement retirer son consentment."

Nos seus artigos 6, 7, 8 e 9, regula-se os aspectos específicos desta questão;

[10] O termo intervenção significa qualquer acto médico seja ele com fins preventivos, de diagnóstico, terapêutico, de reeducação ou de investigação

[11] Este artigo dispõe que para efeito de consentimento a integridade física considera-se livremente disponível.

A serem permitidas as experiências com a Clonagem, aqueles princípios gerais também deveriam estar sempre presentes nomeadamente através da descrição:

a) do procedimento proposto, tanto nos seus objectivos como na forma como ele iria ser levado a cabo;

b) dos riscos, mal estar e efeitos secundários possíveis, tanto para a pessoa em questão como para a criança;

c) dos benefícios, a longo e a curto prazo, para os pais e para a criança;

d) dos possíveis procedimentos alternativos com os seus riscos, mal estar, e efeitos secundários e explicação do porque da opção por aquele procedimento;

e) da disposição do investigador para ampliar os conhecimentos do investigando;

f) da comunicação ao investigando da possibilidade de desistir em qualquer altura, antes de iniciar a reprodução e

g) da explicação de que não iria obter qualquer tipo de lucro ao ser objecto daquela investigação.

E de que forma deveria ser dado esse consentimento?

O consentimento para ser eficaz, nestas situações, deveria ser dado de forma expressa e escrita, já que tem em vista proteger as duas partes, investigador e investigando, uma vez que a vontade dos dois deve ser uma só – a preservação da vida humana.

5. Argumentos a favor e contra a reprodução assexual humana

5-A) *Argumentos a favor da reprodução assexual humana*

Permitir aos casais poderem ter filhos através da transferência nuclear somática deveria fazer parte da liberdade procriativa. Uma criança pode ser realmente beneficiada se ficar livre de todas as doenças genéticas. E não devemos pensar apenas nos riscos que esta descoberta tem para a Humanidade, mas sim nos seus benefícios. De outra forma estamos a retirar toda a confiança que merecemos enquanto seres Humanos que pensam e actuam de uma forma livre e esclarecida numa sociedade democrática, e não enquanto autómatos de uma sociedade totalitária e racista. O perigo da selecção rácica existe, mas existirá sempre, mesmo que não se utilizem estas formas de dar origem a um ser humano mais forte. E normalmente as ideias de selecção rácica tem fundamentos de origem sócio-económicos.

Genericamente são apresentados os seguintes argumentos pelos biólogos para a defesa da Clonagem.

a) Benefícios para as crianças: (actual♥)

Com a reprodução assexuada é possível prevenir que as doenças genéticas de um dos membros do casal não se transmitam ao ser que se vai criar.

Pode haver erros ao querer dar uma melhor herança genética às crianças, mas esses mesmos erros podem ser cometidos ao planear a sua concepção, escolher uma escola, o tipo de desporto, etc...

As pessoas, no futuro, podem ser afectadas quer seja por aquilo que fizermos, quer seja no sentido em que podemos omitir algo que as beneficie. Podemos prejudicar as pessoas que estão para nascer na medida em que encorajarmos os seus pais para que tenham mais filhos, mesmo quando estes têm doenças genéticas. Lembre-se a propósito um caso que aconteceu na Venezuela em 1800, quando um marinheiro com a doença de Huntigton, saiu do seu navio e teve um filho com uma nativa. Em 1981 os descendentes deste marinheiro, eram tantos que rondavam os 3000, todos com o risco de contraírem a doença de Huntigton.

b) Benefícios para o casal.

– tomemos agora como exemplo um caso hipotético.

O António e a Berta tentaram várias vezes e durante vários anos ter filhos antes de recorrerem a uma clínica. Quando determinaram que o António não tinha esperma este facto provocou uma crise matrimonial. Ambos queriam ter filhos e por isso ponderaram várias hipóteses:

– inseminação artificial através de dador anónimo

– introdução dos genes do António no óvulo da Berta

Esta última hipótese pareceu-lhes bem melhor do que a primeira, uma vez que haveria uma ligação genética muito maior com o seu filho.

---

actual♥ Pensemos no caso de crianças que tenham leucemia; Até hoje era absolutamente necessário que estas crianças tivessem um dador de medula óssea compatível, por exemplo um irmão; Se os pais dessas crianças resolverem ter um filho, só para este fim, não se importando com o que possa acontecer a esta segunda criança, são levantadas algumas questões, nomeadamente do consentimento que esta criança não pode dar, da violação da sua integridade física, da instrumentalização desta criança; mas se fosse possível retirar à nascença da primeira criança células que se pudessem preservar para uma eventualidade futura, e que neste caso serviriam para fabricar a medula óssea, sem riscos de rejeição (como existem nos transplantes) porque o tecido era do próprio paciente. Qual afinal a melhor opção?

c) Benefícios para a saúde:
– o caso de Richard Dunaway.

Quando Richard Dunway, um homem de 58 anos, conduzia o seu tractor para Alabama estava longe de imaginar que a sua vida ia mudar para sempre. Ao sair daquele veículo sentiu que o seu corpo do lado direito não tinha forças e, subitamente, deixou de se lembrar quem era e o que fazia. Num segundo toda a sua vida mudou. A causa foi um glioblastoma, um cancro maligno do cérebro, o qual já tinha devastado a sua família, sendo ele mais uma vítima.

A comunidade cientifica vem se pronunciando quanto à interligação genética nas causas de morte. Muitas destas em tenra idade são causadas por doenças hereditárias. Enquanto não se tentar preveni essas mortes, nunca saberemos quanto tempo mais as pessoas podem viver.

Na América, em cada 2 milhões de pessoas que morrem anualmente, 750.000 têm como causa ataques do coração, 550.000 de cancro e 15.000 de acidentes. Mais de 70% das mortes podem ser prevenidas através de diagnóstico genético. Visto sob este prisma, dar origem a um ser humano através da transferência nuclear somática, não é assim tão descabido quanto isso.

Consideremos um caso que neste momento é apenas ficção, mas que se pode tornar realidade e é descrito por Gregory E. Pence.

Os pais do Robert queriam dar-lhe tudo do melhor que houvesse. Os melhores genes eram os do seu avô Herman que tinha 90 anos e que nunca tinha tido qualquer doença grave. Queriam que os genes fossem de um parente próximo para manter a relação genética. O Herman morreu quando o Robert tinha 8 anos. Actualmente o Robert tem 95 anos, pensa claramente e caminha todos os dias cerca de 15 Km. Por causa da sua longevidade pode receber cerca de 3 pensões de reforma, uma das forças armadas, outra da empresa para a qual trabalhou durante anos seguidos e outra de uma empresa que ele criou.

O Robert foi casado durante 60 anos com a mesma mulher e conhece todos os seus 17 netos e 18 bisnetos. Apesar de a maior parte dos seus filhos não ter escolhido replicar o seu genotipo, alguns fizeram-no e 3 dos seus bisnetos têm os genes do Robert. Está previsto que um criança que tenha os seus genes, tem uma esperança média de vida de 120 anos. Robert pensa muitas vezes e agradece aos seus pais o que fizeram. Ao tempo eles foram verdadeiros pioneiros. Hoje ele possui 35 anos extra de boa vida por causa do que eles fizeram." Eu nunca deixei de viver a não ser aos 110 anos."

5-b) Argumentos contra a reprodução assexual humana

Os opositores desta forma de reprodução costumam apresentar os seguintes argumentos, baseando-se fundamentalmente em motivos não científicos:

a) criar um ser humano através de Clonagem è contra a vontade de Deus;

b) a reprodução assexuada humana é uma forma diferente de reprodução e por isso é má;

c) a Clonagem é muito radical e diferente para ser experimentada;

d) as coisas estão a mudar imenso na medicina e a Clonagem é outro exemplo disso, não havendo certezas quanto a esta forma de reprodução;

e) se tenta mudar a forma tradicional como a reprodução sexual humana, algo correrá mal – a objecção do Parque Jurássico ou do fatalismo;

f) a Clonagem é artificial e reduz a especialidade human;

g) não se deve tentar o destino nem mudar o curso da natureza humana;

h) deixa de haver diversidade genética, correndo-se o risco de mais tarde serem necessários determinados genes eliminados, ao tentar o aperfeiçoamento;

i) risco para as crianças em duas vertentes:

– produção de danos através de erros na transferência genética ou no desenvolvimento do feto

– produção de danos através de expectativas irrealistas. Se fôr permitido que todos queiram que os seus filhos sejam perfeitos, a sociedade tornar-se-á intolerante para com aqueles que são imperfeitos.

j) criar um ser humano através de Clonagem é mais uma forma de controlar as mulheres – feministas.

l) os ricos terão crianças cada vez melhores, mais bonitas, mais inteligentes, mais fortes e saudáveis e os pobres continuarão miseráveis – miserabilistas.

6. Regulação da clonagem humana

No capítulo anterior foram apresentados argumentos que cada uma das facções, pró e contra a Clonagem, vão apresentando.

Mas, mesmo entre os seus defensores, ocorrem divergências sobre se o Estado deve ou não regulamentar a Clonagem. Tais dúvidas e consequentes debates foram suscitados nos E.UA. à volta de alguns casos judiciais, de que se ressaltam os seguintes:

Jonh Moore era um cidadão de Seatle, que tinha tratado a sua leucemia no Centro Médico Californiano. Um físico, David Godly, patenteou uma linha celular criada do tecido celular de Moore, que pensou ser valiosa para fazer tratamentos para a cura da leucemia. Moore, ao tomar conhecimento daquele acto, quis partilhar dos benefícios económicos de um produto extraído do seu corpo.

O Supremo Tribunal recusou-lhe qualquer direito de propriedade sobre o seu material celular. A decisão apenas frisou que o consentimento informado de Moore deveria ter sido dado antes de lhe ter sido extraído o material celular.

Esta decisão levantou um precedente. Os tribunais americanos têm entendido que ninguém pode comprar ou vender o seu próprio genotipo, seja para o que fôr, para criar embriões através de transferência nuclear somática, ou para criar tratamentos. Mas, se este procedimento fôr efectuado de forma esclarecida e sem objectivos lucrativos, passa a ser permitido desde que a pessoa, fonte do genoma, seja informada do propósito para o qual vão usar as suas células.

Os liberalistas americanos pensam que a regulação pelo Governo de qualquer área ligada à reprodução é um desvalor. Isto porque com ela tenta-se controlar, restringindo, a liberdade procriativa humana. Tomemos o exemplo da fertilização *in vitro*. Um ano depois do nascimento do primeiro bebé *in vitro*, Louise Brown, em 1978 foi feita uma recomendação pela comissão de Ética Americana para que o Governo provasse que aquela era considerada segura. Esta recomendação, porém, nunca teve nenhum efeito porque o nascimento do segundo bebé Elisabeth Carr em 1981, no Instituto Jones em Nolfolk, Virginia, pôs fim a estas preocupações. Se uma imagem vale mil palavras, este último bebé saudável afastou toda e qualquer dúvida.

Ora, dar origem a um ser humano através da Clonagem só pode ser executada com a assistência de especialistas. Ter os embriões formados é apenas uma parte do problema. A outra parte é implantá-lo, mantê-lo e gerá--lo sem problemas. Por tais motivos esta forma de reprodução, enquanto não houver regulação, acaba por ser concretizada por aqueles especialistas. Algumas clínicas de infertilidade já controlam o acesso aos seus serviços. Impõem à partida condições para dar a sua assistência. A maior parte fixa uma idade limite para as mães e não implantam embriões em mulheres solteiras. Para muitos estas condições são justificadas, para outros não, já que inexistem muitos mais serviços médicos em que se sinta que há o direito de os restringir ao público. Se a reprodução humana é uma coisa boa, porque é que só o é para algumas pessoas?

George Annas, um professor de Direito Americano, propôs nesta discussão que se criasse uma espécie de Instituto Estatal em que se decidisse quais as experiências que poderiam ser feitas no âmbito da reprodução humana. Tal proposta foi rejeitada dizendo-se que este tipo de instituto funcionaria bem em determinadas áreas tais como o Direito do ambiente, do consumidor, mas, quando se trata de áreas ligadas ao sexo, aborto ou reprodução são demasiado politizadas. São demasiado permeáveis a preconceitos e ideias religiosas, como aliás se verificou aquando da legalização do aborto. Disse-se então que abortar ou não iria depender mais da idiossincrasia dos membros do instituto do que das razões objectivas apresentadas.

Em 1981 surgiu o debate acerca dos embriões excedentários criados através da fertilização *in vitro* quando um casal de americanos Mário e Elsa Rios, que eram riquíssimos, decidiram fertilizar vários ovos da Elsa com esperma de um doador anónimo. Três embriões foram produzidos. Um foi implantado e os outros foram congelados num tanque com nitrogénio líquido para mais tarde ser implantado caso a primeira tentativa falhasse. Dez dias depois, a primeira tentativa falhou, mas os Rios estavam dispostos a fazer uma segunda tentativa. Em 1983 eles morreram num acidente de avião. Levantaram-se várias questões do foro ético uma vez que nem os Rios nem a clinica tinham previsto o que haveria de acontecer numa situação como esta. Poderiam os embriões ser simplesmente destruídos? Se fossem implantados em mães portadoras, poderiam estes reclamar a herança dos Rios? Os doadores anónimos deviam ser consultados acerca destas questões?

Outro caso famoso foi o da Mary Sue Davis and Júnior Davis do Tenesse que se divorciaram e lutaram pela custódia de sete embriões que estavam congelados numa clinica de fertilização in vitro. Inicialmente, Mary Sue Davis queria os embriões para poder ser mãe e o Júnior queria impedir que ela tivesse filhos com os seus genes. O tribunal de pequena instância atribuiu a custódia dos embriões a Mary Sue. Mas em 1992 o Supremo Tribunal do Tenesse decidiu que o Júnior não devia ser pai contra a sua vontade. Júnior ganhou esta causa em parte porque ambos se tinham voltado a casar e Mary Sue queria doar os embriões a um casal infértil. Em 1993 o Supremo tribunal dos EUA decidiu que o Júnior podia destruir os embriões.

Este tipo de casos dá para fazer prever como será o futuro das crianças criadas através da transferência nuclear somática. Amanhã como hoje serão crianças que crescerão no seio de famílias dissolvidas ou não. E muitos destes casais terão disputas acerca da custódia dos filhos. E nessa altura surgirão problemas relacionados com questões do tipo: "eu tenho mais direito porque foram os meus genes que deram origem ao nosso filho".

Perante tal quadro de casos concretos, em áreas de reprodução manipulada, creio que a melhor forma de encarar a clonagem humana, no futuro, será permitir que a mesma seja realizada e controlada em clinicas ou hospitais, sob o olhar atento e preocupado do Estado, criando legislação que regule o seu âmbito e suprima todo o vácuo jurídico relacionado com ela.

7. A clonagem e o projecto português sobre a utilização de técnicas de procriação assistida

Este projecto, apresentado em 19 de Março de 1997 pela ministra da saúde, Maria de Belém Roseira, no Parlamento, pretende dar resposta a muitas questões e preencher uma lacuna legislativa, uma vez que o Dec-Lei n.° 318/86 que estabelecia as condições de reprodução artificial provisórias nunca entrou em vigor, sendo certo que os artigos 1839 n.° 3 do Código Civil, 168.° do Código Penal, 90 da Lei 3/84 de 24 de Março e o Dec-Lei 319/86 de 25 de Setembro são claramente insuficientes para abarcar toda aquela nova realidade. Na sequência das recomendações, do Conselho Nacional de Ética, de 1993, o texto regula as técnicas de procriação medicamente assistidas e foca questões tais como a inseminação artificial, a fertilização in vitro, os embriões excedentários e a clonagem.

O projecto de lei do governo vem definir alguns aspectos estabelecendo que:

a) É admissível o recurso a técnicas de procriação medicamente assistida após rigoroso diagnóstico de esterilidade, certificado por equipa médica de que façam parte, pelo menos, dois especialistas qualificados com o mínimo de cinco anos de actividade em áreas médicas ligados à reprodução humana ou aprovação em ciclo de estudos especiais em medicina de reprodução;

b) os beneficiários deverão ser pessoas casadas que não se encontrem separadas judicialmente de pessoas e bens, ou vivam em comunhão de leito, mesa e habitação em condições análogas às dos cônjuges, há pelo menos dois anos, desde que de sexo diferente;

c) é proibido o recurso a técnicas de procriação medicamente assistida com o objectivo deliberado de criar seres humanos idênticos, designadamente por clonagem, ou de dar origem a quimeras ou de intentar a fecundação interespécies;

d) estas técnicas também não podem ser utilizadas para conseguir determinadas características do nasciturno, designadamente a escolha do sexo, a cor dos olhos;

e) é proibido o uso de embriões humanos para fins de investigação, salvo se esta tiver como finalidade o benefício do próprio embrião;

f) o recurso às mães de substituição é proibido; na hipótese de tal suceder a mulher que suportar a gravidez em nome de outrém é havida para todos os efeitos legais como a mãe da criança que vier a nascer;

g) os beneficiários devem prestar o seu consentimento livre, esclarecido, de forma expressa e por escrito, perante o médico responsável;

h) todos aqueles que tiverem conhecimento do recurso a técnicas de procriação medicamente assistida, ou da identidade de qualquer dos participantes nos respectivos processos, estão obrigados a não revelar a identidade dos mesmos e a manter o sigilo do próprio acto de procriação assistida.

As pessoas nascidas em consequência de processos de procriação medicamente assistida com recurso a dádiva de gâmetas ou embriões só podem obter as informações que lhes digam respeito por razões médicas, devidamente comprovadas, ou por razões ponderosas, que têm que ser devidamente autorizadas pelo Tribunal de Família da área de residência do interessado;

i) a inseminação com sémen de um terceiro dador só pode verificar-se quando, face aos conhecimentos médico-científicos objectivamente disponíveis, não possa obter-se gravidez através da inseminação com sémen do marido ou daquele que viva maritalmente com a mulher a inseminar;

j) Se da inseminação vier a nascer uma criança, será esta havida como filha do marido da mãe ou daquele com quem a mãe viva maritalmente, desde que este haja consentido na inseminação.

O dador de sémen não pode nestes casos ser havido como o pai legal da criança, não lhe cabendo quaisquer direitos ou deveres em relação a ela;

k) Após a morte do marido ou do homem com quem viva em união de facto não é lícito à mulher ser inseminada com esperma do falecido, ainda que este haja consentido no acto da inseminação. Mas, se da violação desta norma, resultar o nascimento de uma criança, ela é havida para todos os efeitos legais como filha do falecido;

l) Na fecundação *in vitro* não deve haver lugar á criação de embriões excedentários.

m) Os beneficiários de embriões devem ter idade não superior a 45 anos, a mulher, e 50, o homem;

n) Sendo os embriões destinados a outro casal, devem ser privilegiados aqueles que não tenham filhos naturais ou adoptivos;

o) A dadora de ovócitos não pode ser havida como mãe da criança que vier a nascer, não lhe cabendo quaisquer direitos ou deveres em relação a ela.

O art. 4.º do Projecto Português sobre a utilização de técnicas de procriação assistida elaborado pela comissão para o enquadramento legislativo das novas tecnologias [12] não aceita a clonagem. Ao querer proibi-la toma-se uma posição algo precipitada, sem suficiente discussão pública, num momento em que tal técnica está a ser ensaiada, podendo trazer inegáveis benefícios, ainda que conceda haver objecções relevantes. O projecto no seu art. 4.º determina quais as técnicas que devem ser proibidas, estando entre elas, a clonagem Humana.([a])

8. A Clonagem – questões de ordem prática face ao sistema legal vigente

O que há de novo e diferente na clonagem, e que não se perfilava nas outras formas de manipulação da gestação humana, é que, geneticamente, o novo ser pode ter como ascendente um único Pai.

Bem sabemos que a civilização e a sociedade do bem estar e pleno emprego tem trazido grande independência às mulheres. As estatísticas aí estão para nos informar que o número de famílias monoparentais tem vindo a aumentar por esse facto, quer porque aquelas já não se sentem tão coagidas socialmente a casar, só porque engravidaram, quer porque assumem o divórcio com outra naturalidade, sem os receios das suas ancestrais, então quase totalmente dependentes do poder financeiro do «chefe de família».

---

actual♥ Em 19 de Outubro de 2000, foi aprovado através da resolução da Assembleia da República n.º 1/2001, para ratificação, a Convenção dos Direitos do Homem e da Dignidade do ser Humano face às aplicações da biologia e da Medicina: Convenção dos direitos do Homem e a Biomedicina, aberta à assinatura dos estados membros do Conselho da Europa em Oviedo, em 4 de Abril de 1997, e o Protocolo adicional que proíbe a clonagem de seres humanos, aberto à assinatura dos Estados Membros em Paris, em 12 de Janeiro de 1998; O Presidente da República, Jorge Sampaio, através do Decreto do Presidente da República n.º 1/2001, ratificou a referida Convenção.

---

[12] A comissão para o enquadramento legislativo das novas tecnologias foi criada por Despacho n.º 37/86 do então Ministro da Justiça, Mário Raposo.

Na clonagem, todavia, à monoparentalidade genética pode ou não corresponder uma família do ponto de vista social igualmente monoparental. E, se na reprodução sexuada há sempre um pai e uma mãe, como referências genéticas e sociais, ainda que um possa ser ausente, por vicissitudes várias, na assexuada, só há a referência genética do pai ou da mãe, sendo certo que, para já, só é possível a gestação com recurso a uma mãe hospedeira, o que concede uma inegável vantagem à mulher. Neste quadro, e tendo em conta as suas implicações éticas e sociais, o dilema surge.

Naquele projecto apresentado ao Parlamento Português proíbe-se a clonagem humana, não se sabendo se o mesmo vai ou não ser aprovado. actual0♥

E se, mesmo assim, ela for feita de qualquer das formas ?

Será que se pode dizer que um clone, ou seja esse novo ser, é inexistente [13], nulo [14], ou anulável [15]?

Qual é a sanção jurídica para alguém que foi criado de uma forma diferente, e por isso e só por isso, proibida por lei?

Será que podemos dizer que um clone não é um ser humano e que não tem direito à vida?

Será que podemos condená-lo desde o momento que nasce ou até antes e obrigar eventualmente a mãe legal ou portadora a abortar?

---

actual0♥   Com a ratificação por Portugal da Convenção dos Direitos do Homem e da Dignidade do ser Humano face às aplicações da biologia e da Medicina: Convenção dos direitos do Homem e a Biomedicina, aberta à assinatura dos estados membros do Conselho da Europa em Oviedo, em 4 de Abril de 1997, e o Protocolo adicional que proíbe a clonagem de seres humanos, aberto à assinatura dos Estados Membros em Paris, em 12 de Janeiro de 1998, não há dúvidas em relação à orientação do Projecto Português.

---

[13] A inexistência dá-se quando nem sequer aparentemente se verifica o corpus de certo negócio jurídico, quando nem sequer na aparência existe uma qualquer materialidade que corresponda à própria noção de tal negócio – Manuel de Andrade, Teoria Geral da Relação Jurídica, II.

[14] O art. 286.º do CC " A nulidade è invocável a todo o tempo por qualquer interessado e pode ser declarada oficiosamente pelo tribunal."

Opera ipso jure, isto é, tem efeitos meramente declarativos.

[15] O art. 287.º do CC "1. Só têm legitimidade para arguir a anulabilidade as pessoas em cujo interesse a lei a estabelece, e só dentro do ano subsequente à cessação do vício que lhe serve de fundamento. 2. Enquanto, porém, o negócio não estiver cumprido, pode a anulabilidade ser arguida, sem dependência de prazo, tanto por via de acção como por via de excepção."

Opera uma alteração na ordem jurídica existente pois um acto que até então era válido passa a ser inválido. Tem por isso efeitos constitutivos.

Será que é legítimo destruir o embrião mesmo antes de este ser implantado no útero da mulher?

Será que não deverá ser protegido nos mesmos termos de qualquer outro embrião?

Ou será que, face à lei eternamente ficar no limbo, sem direitos nem deveres?

Voltando ao caso jurídico hipotético descrito no início deste trabalho, é óbvio que muitas dúvidas se levantarão, nomeadamente, a de saber, se pode ser registado e, em caso afirmativo, quem são os pais ou se pode ter só um.

Pode ser considerada, face a esta nova realidade a presunção prevista na lei que o pai é sempre o marido da mãe?

Qual é a verdadeira questão que se levanta com a clonagem?

É o direito à diferença e à identidade física?

9. Glossário

ÁCIDO NUCLEICO: ácido orgânico complexo formado por uma longa cadeia de nucleótidos, presente no núcleo e, por vezes, no citoplasma das células vivas. Os dois tipos denominados DNA e ARN, constituem a base da hereditariedade. Os nucleótidos compõe-se de um açúcar (desoxirribose ou ribose),um grupo fosfato e uma das quatro bases púricas. Ordenam-se ao longo da cadeia de ácido nucleico e constituem o código genético.

DNA-ÁCIDO DEXORRIBUNUCLEICO: Molécula complexa que contém a informação genética necessária a um organismo vivo. É um ácido nucleico de cadeia dupla que constitui a base da hereditariedade genética em praticamente todos os organismos vivos. Com excepção das bactérias, está organizado em cromossomas e contido no núcleo celular. O DNA é formado por duas cadeias de subunidades nucleotídicas, cada uma das quais composta por um açúcar dexorribose ligado a um grupo fosfato e a uma base orgânica, que pode ser uma purina ou uma pirimidina . Os açúcares e os fosfatos alternados formam as cadeias laterais; as bases unem-se entre si por ligações de hidrogénio, formando pares de bases, que unem as duas cadeias da molécula de DNA, como os degraus de uma escada torcida. A sequência dessas bases constitui o código genético, que programa o desenvolvimento e as actividades das células e dos organismos.

ARN-ÁCIDO RIBONUCLEICO: ácido nucleico envolvido na síntese de proteínas. Possui normalmente uma cadeia simples, ao contrário do DNA, e consiste num grande número de nucleótidos unidos, cada um dos quais compreende o açúcar ribose, um grupo fosfato e uma de quatro bases. O ARN é copiado do DNA por emparelhamento de nucleótidos livres com as bases complementares da cadeia simples (codificadora) do DNA molde. Neste processo, o uracilo emparelha com a adenina e a guanina com a citosina, formando uma cadeia polinucleotídica que se separa então, após o que o ARN se desloca para os ribossomas onde é traduzido em proteínas a partir de aminoácidos livres.

O ARN existe em três formas principais, cada uma delas com uma função diferente na síntese das proteínas. O ARN mensageiro é o molde para a síntese das proteínas. Cada codão (conjunto de três bases) da molécula do ARN corresponde a um determinado aminoácido, de acordo com o código genético. Este processo tem lugar nos ribossomas, que se compõe de proteínas e de ARN ribossómico . O ARN de transferência é responsável por se combinar com um aminoácido específico e por emparelhar uma sequência especial própria (anti codão) com o codão correspondente do ARN. É deste modo que o código genético é traduzido em proteínas.

CLIVAGEM: quebra (hidrólise) do DNA em locais específicos por acção, por exemplo, de endonucleases de restrição. Processo pelo qual o citoplasma duma célula se divide devido a constrição da membrana celular durante a divisão celular. Processo pelo qual um zigoto se divide originando as células iniciais do embrião. Na clivagem "determinada", a divisão celular segue um padrão preestabelecido que permite identificar a linhagem das células.

CLONAGEM: A Clonagem usa-se com vários sentidos e é, por isso, um termo ambíguo que pode levar a confusões, em que convém distinguir:
– Clonagem molecular;
– Clonagem celular;
– Embrião gemelar;
– Transferência nuclear somática
Só esta última, é que ocorreu é com a Dolly e só esta última é que preocupa a maior parte das pessoas.

Na Clonagem molecular, pedaços de D.N.A., contendo genes, ou seja informação genética são duplicados numa bactéria hospedeira.

Na clonagem celular, cópias de células são feitas, tendo como resultado uma linha celular, um procedimento que é possível repetir, aonde cópias da célula original, podem-se repetir sem fim.

No embrião gemelar, um embrião que já se tinha formado sexualmente é dividido em duas metades. Teoricamente este processo podia continuar infinitamente, mas na prática, há um número limitado de vezes em que um embrião pode ser gemelado.

Finalmente, existe um processo em que se retira o núcleo da célula de um adulto. Depois é implantado este núcleo num óvulo que foi previamente desnucleado. Através de estímulos eléctricos, estes são fundidos. Um ovócito, um pré-embrião com cerca de cem células ou menos, começa a desenvolver-se porque o estímulo eléctrico que produz a fusão também estimula o desenvolvimento do óvulo . Este processo chama-se de transferência nuclear somática.

CLONE: grupo de células ou de organismos derivados duma única célula ou indivíduo por reprodução assexuada (mitose) e que são em geral geneticamente idênticos. Conjunto de moléculas de DNA r ecombinante contendo a mesma sequência inserida.

CÓDIGO GENÉTICO: informação para a construção das proteínas (as moléculas estruturais básicas da matéria viva), inscrito no material genético. A singularidade duma proteína é determinada pela sequência linear dos aminoácidos que compõe os polipeptídeos que a formam. Os quatro nucleótidos que compõe o DNA são lidos em grupos de três ao longo da cadeia do ARN correspondente. Cada tripleto especifica um determinado aminoácido.

Esta relação entre a sequência de bases e a sequência de aminoácidos constitui a hereditariedade.

CROMOSSOMA: Estrutura filamentosa do núcleo da célula da célula eucariota que contém a informação genética (genes). Cada cromossoma consiste numa molécula de DNA associada a proteínas estruturais. O local dum cromossoma onde se situa um determinado gene é o locus desse gene.

CROMOSSOMA HOMOLÓGO: Cada um dos cromossomas de um par morfologicamente semelhante e que apresenta os mesmos loci genéticos. Cada cromossoma de um desses pares é homólogo do outro e emparelha com ele durante a meiose.

CROMOSSOMA SEXUAL: Cromossoma que influencia a determinação do sexo dum indivíduo. Nos seres humanos, as fêmeas possuem dois cromossomas sexuais semelhantes chamados cromossomas X, enquanto os machos possuem um cromossoma x e outro y.

ENGENHARIA OU MANIPULAÇÃO GENÉTICA: Manipulação do material genético por técnicas bioquímicas, tendo em vista a investigação de funções e da reprodução celulares ou criação de plantas, animais ou microrganismos com qualidades específicas. Os organismos a que se adicionou um gene estranho chamam-se transgénicos. Entre as suas aplicações práticas contam-se a produção do crescimento, da insulina e de outras hormonas, da vacina contra a hepatite B e do interferão por animais transgénicos ou por micro organismos recombinantes. As suas técnicas de base incluem a clivagem e a recombinação do DNA em laboratório, produzindo novas combinações de genes, a incorporação ou a deleção de segmentos de material genético e a formação de células quiméricas nas quais o DNA pode provir de dois indivíduos da mesma espécie ou de espécies diferentes.

ESTERILIZAÇÃO: acto de tornar infecundo.

ESTERILIDADE: existe quando há pelo menos um ano de tentativas infrutíferas, para se iniciar uma gravidez. Pode ser primária, em que não acontece nenhuma gravidez, ou secundária, que surge após uma gravidez, quando existe um fibromioma uterino. Pode ser ainda absoluta, em que não existe qualquer possibilidade de gravidez, ou relativa, isto é temporária.

FENOTIPO: aspecto visível de um organismo produto da cooperação entre a sua constituição hereditária e as condições ambientais.

GENE: Unidade básica de hereditariedade que controla uma característica de um organismo. Pode considerar-se uma extensão do DNA organizada duma forma específica. O termo, inventado em 1909 pelo geneticista dinamarquês Wilhelm Johannsen, refere um factor hereditário que afecta um carácter.

GENOTIPO: que tem o mesmo aspecto e a mesma constituição genética.

GENÉTICA: Estudo da hereditariedade e das suas unidades. Foi fundada pelo monge austríaco Gregor Mendel, cujas experiências com plantas o levaram a concluir que a hereditariedade tem lugar por meio de partículas discretas, os genes.

GENOMA: Totalidade dos genes de um organismo. O termo também se emprega, em vez da palavra cromossoma, para designar o DNA das bactérias e dos vírus.

HEMOFILIA: Nome de várias doenças hereditárias que dão origem a deficiente coagulação do sangue, pelo que hemorragias prolongadas resultam mesmo de pequenos ferimentos e se dão hemorragias internas dolorosas sem causa aparente. As hemofilias estão quase sempre ligadas ao sexo. Os indivíduos do sexo masculino afectados pela forma mais comum não sintetizam Factor VIII, uma proteína envolvida na coagulação do sangue.

HEREDITABILIDADE: Grau em que uma dada característica é determinada pela hereditariedade.

HEREDITARIEDADE: Transmissão de factores genéticos que determinam as características dos indivíduos, duma geração para a seguinte.

HETEROZIGÓTICO/HETEROZIGOTICO: Organismo que possui dois alelos diferentes para um caracter. Nos organismos homozigóticos, em contrapartida, ambos os cromossomas transportam o mesmo alelo. Numa população exogâmica, um indivíduo é geralmente heterozigótico em relação a alguns genes e homozigótico em relação a outros. Os heterozigotas produzem dois tipos de gâmetas para um determinado "locus".

HOMOZIGÓTICO/HOMOZIGOTO: Organismo que possui dois alelos idênticos para um dado carácter. Os indivíduos homozigóticos quanto a um carácter transmitem-no sempre: a sua progénie terá uma aparência semelhante (fenótipo) a eles próprios se cruzarem com indivíduos homozigóticos para o mesmo alelo. As espécies ou variedades endogâmicas são homozigóticas para a maioria dos caracteres. Os alelos recessivos só se exprimem na condição homozigótica. Os homozigotas produzem um só tipo de gâmetas.

HORMONA: Substância química segregada numa parte do corpo, normalmente em pequenas quantidades, e transportada para outro lugar, onde produz uma resposta.

«IMPRESSÕES DIGITAIS» GENÉTICAS: Técnica utilizada para distinguir o DNA de indivíduos diferentes da mesma espécie. Em vários locais do genoma há conjuntos de sequências repetidas semelhantes. O número de repetições em cada sítio varia imenso de indivíduo para indivíduo, mas pode preparar-se uma sonda que se hibrida com a sequência comum de cada repetição. O DNA é cortado em fragmentos por uma enzima de restrição e sujeito a electroforese em gel; a sonda é então aplicada ao gel. O padrão de bandas que daí resulta é característico de apenas um determinado indivíduo – e daí o paralelismo com as impressões digitais. A técnica é suficientemente sensível ao ponto de destrinçar entre parentes próximos e tem sido aplicada em trabalhos forenses, em testes de paternidade e no estudo do comportamento reprodutivo e da variação genética e de populações de animais selvagens.

IMPOTÊNCIA: incapacidade para realização de relações sexuais por debilidade de erecção que impede o coito.

OVÓCITO: ovo (célula reprodutora feminina) antes da fecundação que assim, como o espermatozóide (célula reprodutora masculina), conta apenas com um jogo de cromossomas – as demais células do organismo têm todas um par.

REPRODUÇÃO ASSEXUADA: Forma de reprodução que não envolve a produção e a fusão de gâmetas (células sexuais) dos dois progenitores. Apenas intervém um progenitor e a descendência recebe, portanto, apenas os genes desse progenitor. A reprodução assexuada tem a vantagem de não obrigar a procurar um parceiro (animais) nem ao desenvolvimento de complexos mecanismos de polinização (plantas). A desvantagem é que se produzem apenas indivíduos idênticos (clone), de modo que não existe variação.

REPRODUÇÃO SEXUADA: Processo reprodutivo dos organismos que requer a união ou fertilização dos gâmetas. Estes são normalmente produzidos por dois indivíduos, embora a auto-fertilização tenha lugar em alguns hermafroditas . A maioria dos organismos, com excepção das bactérias e das cianobactérias (algas azuis), apresenta alguma forma de processo sexuado. Se exceptuarmos alguns organismos inferiores, os gâmetas são de dois tipos: óvulos e espermatozóides. Os óvulos são produzidos pelas fêmeas e os espermatozóides pelos machos. A fusão dum gâmeta masculino com um gâmeta feminino dá origem a um zigoto, a partir do qual se desenvolve um novo indivíduo. As alternativas à reprodução sexual são a partenogénese e a reprodução assexuada por meio de esporos.

SIDA: Síndroma da Imunodeficiência adquirida; doença provocada pelo vírus da Imunodeficiência humana (HIV), um retrovírus. O HIV é transmitido por fluxos corporais, sobretudo secreções sanguíneas e sexuais. O vírus tem uma vida curta no exterior do corpo, o que torna as vias de transmissão da infecção que não sejam o contacto sexual, a transfusão de sangue e a partilha de agulhas infectadas extremamente improváveis. A infecção pelo HIV não é sinónimo de desenvolvimento da SIDA; muitas pessoas que possuem o vírus no seu sangue não estão doentes. O efeito do vírus naqueles que desenvolvem a doença é tão devastador para o sistema imunitário que torna a vítima susceptível a uma gama de doenças «oportunistas» que não se desenvolveriam noutras circunstâncias.

TERAPIA GÉNICA: Substituição clínica de genes defeituosos, ou inserção de genes normais em células vivas, para compensar uma anomalia genética (ex.: um gene defeituoso não consegue produzir uma proteína necessária). O segmento correcto de DNA pode ser injectado directamente nos tecidos, na esperança de que algumas células o recolham e o incorporem; ou então as células do paciente podem ser removidas do seu corpo, submetidas a cultura em laboratório e, com o emprego das técnicas de engenharia genética, efectua-se a correcção do material genético. As células podem então ser injectadas de novo no tecido original na esperança de que sobrevivam e se reproduzam. A terapia génica é particularmente adequada no caso de doenças genéticas do sangue, porque as células sanguíneas são facilmente retiradas, crescem bem em cultura de tecidos e repovoam com êxito a medula óssea quando injectadas. Embora este tipo de terapia génica possa curar o paciente, não pode evitar que o defeito seja transmitido à descendência; só se fosse efectuado ao nível das células germinais.

TRANSGÉNICO: Relativo a um organismo em que foram introduzidos deliberadamente um ou mais genes estranhos por meio de engenharia genética. O DNA estranho está presente tanto nas células germinais como nas células somáticas e pode por isso transmitir-se às gerações seguintes.

ZIGOTO: Óvulo após fertilização mas antes de sofrer clivagem (segmentação) e iniciar o desenvolvimento embrionário, isto é, uma célula diplóide (que possui dois conjuntos de cromossomas) resultante da fusão de dois gâmetas haplóides (cada um deles com um conjunto de cromossomas).

10. Bibliografia

"Who's afraid of Human Cloning"
Gregory E. Pence
"A Mercadoria Final – Ensaio sobre a compra e venda de partes do
Corpo Humano"
Giovanni Berlinger
Volnei Garrafa

"Engenheiros da Vida"
Renato Dulbecco
Riccardo Chiaberge

"Clonai e Multiplicai-vos"
Clara Pinto Correia

duas
"Mãe há só uma – O contrato de gestação"
Guilherme Freire Falcão de Oliveira

"Os enxertos de órgãos"
Laurente Degos

"Transplantes – Relevância Jurídico Penal"
Madalena Lima

"A Genética"
Jill Bailey

"A colheita de Órgãos e Tecidos nos Cadáveres – Responsabilidade
Médico Criminal nas intervenções e tratamentos médico – cirúrgicos"

"Bioética"
Luis Archer, Jorge Biscaia e Walter Oswaldo

"Convenção dos Direitos do Homem e da Biomedicina Anotada"
Paula Martinho da Silva

"Virtuais Implicações Jurídico – Civilísticas da Clonagem"
Stela Marcos de Almeida Neves Barbas
Conferência proferida na Universidade Autónoma de Lisboa em 12
de Maio de 1997

ÍNDICE

Será que proibir a clonagem humana é a solução
     – Um caso prático
1– Introdução;
2 – Questões conexas
    2.A)– Mães de substituição;
    2.B) – Fertilização in vitro,e os embriões excedentários;
    2.C)– O abortamento provocado;
    2.D)– A eutanásia;
    2.E) –A transplantação de órgãos e de tecidos;
    2.F) – Os ensaios clínicos em Seres Humanos;
3 – A clonagem, liberdade pessoal e direito d se auto-reproduzir
4 – O consentimento informado
5-Argumentos a favor e contra a reprodução assexual humana
    5.A) Argumentos a favor da reprodução assexual humana
    5.B) Argumentos contra a reprodução assexual humana
6 – A regulação da clonagem humana
7– A Clonagem e o projecto português sobre a utilização de técnicas de procriação assistida
8 – A clonagem – Questões de ordem prática face ao sistema legal vigente
9 – Glossário
10 – Bibliografia.

ÍNDICE

1. Advocacia a Cores.
   Mariana Albuquerque de Oliveira 9

2. A deontologia profissional e o "Direito de Protesto" de um Advogado Estagiário.
   Andrea Gonçalves 23

3. As novas tecnologias ao serviço do Advogado.
   Pedro Guilherme Moreira 35

4. A responsabilidade do transportador na Convenção de Genebra de 19/05/1956, relativa ao contrato de transporte internacional de mercadorais por estrada.
   Leandro Covas 71

5. Vénia, regra deontológica ou privilégio de classe?
   Rosário Paixão 173

6. You must remember this... (O Advogado, a Palavra, a Memória e a Verdade).
   João Seixas 197

7. A clonagem – um desafio à ordem jurídica.
   Catarina Afonso 231